企业法律风险检测指南

ENTERPRISE LEGAL RISK DETECTION GUIDE

主编 / 蓝永山

大连海事大学出版社

ⓒ蓝永山 2021

图书在版编目(CIP)数据

企业法律风险检测指南 / 蓝永山主编. — 大连 ：
大连海事大学出版社，2021.12
ISBN 978-7-5632-4239-9

Ⅰ.①企… Ⅱ.①蓝… Ⅲ.①企业法－研究－中国
Ⅳ.①D922.291.914

中国版本图书馆 CIP 数据核字(2021)第 278070 号

大连海事大学出版社出版

地址:大连市黄浦路 523 号 邮编:116026 电话:0411-84729665(营销部) 84729480(总编室)
http://press.dlmu.edu.cn E-mail:dmupress@dlmu.edu.cn

大连金华光彩色印刷有限公司印装　　　　　　大连海事大学出版社发行

2021 年 12 月第 1 版　　　　　　　　　2021 年 12 月第 1 次印刷
幅面尺寸:170 mm×240 mm　　　　　　　　　　印张:20.75
字数:392 千　　　　　　　　　　　　　　印数:1～1200 册

出版人:刘明凯

责任编辑:王桂云　　　　　　　　　责任校对:张　冰　刘宝龙
封面设计:解瑶瑶　　　　　　　　　版式设计:解瑶瑶

ISBN 978-7-5632-4239-9　　　　定价:62.00 元

编委会成员

序

社会主义市场经济建设是我国社会主义建设事业最伟大的成就之一,党的十八届四中全会通过的《中共中央关于全面推进依法治国若干重大问题的决定》中指出"社会主义市场经济本质上是法治经济"。市场经济与法治唇齿相依。法治既保障市场的自由运行,维护市场规则,也是对市场进行宏观调控的手段,并对市场主体的行为进行引导、监督和管理。企业作为最重要的市场主体之一,依法从事市场活动和依法维护自身权益是企业设立和经营中的重要准则。

法律风险是企业运营中最常见的风险之一,识别、监控和防范法律风险是企业经营活动中必备的基本功,也是中国企业在参与"一带一路"建设中"走出去"的指南针。本书从企业法律风险的检测识别出发,结合作者司法实践经验,总结归纳常见的法律风险,分别从企业治理、合同管理、人力资源管理、企业财税管理、知识产权管理和刑事合规等方面,列明了法律规范体系和企业运营中的主要法律风险,并结合企业运营的特点,指出了检测法律风险的具体方法和路径。依照本书提供的知识体系和操作方案,企业可以结合自身行业特点和经营方式,检测企业的法律风险,及时防范或实时监控可能出现的法律纠纷,减少或规避可能的经济损失。

"法律的生命在于实践,而非逻辑。"本书是一部关于企业经营中法律风险检测的法律实务著作,契合当前市场经济体系不断完善、法律体系不断健全的时代背景。本书内容由浅及深,知识体系完整,兼顾企业运营特点,便于实务操作,既可以为企业高管、法务等企业管理人员提供了解企业法律风险检测的渠道,指导企业经营中防控法律纠纷,亦可以为律师、企业法律顾问等专门法律职业人员检测企业法律风险及从事其他法律实务工作提供实操方法。

北京金诚同达(大连)律师事务所成立于 2020 年 10 月,其公司与商事业务研究委员会在蓝永山律师的带领下,迅速形成了一支法学理论扎实、实践经验丰富,并且职业态度严谨、创新氛围浓厚的职业化和专业化律师团队。该团队在繁忙的律师工作之余,结合司法实践经验,完成本书的写作,既是该团队智力成果的结晶,也是多年来我国社会主义法治建设事业奔涌的潮流中的一朵浪花。

我国香港地区著名仲裁专家杨良宜先生曾感叹于内地企业经营中的粗放，经常因忽略商务游戏规则，而遭受经济损失。经过改革开放四十余年的发展，我国经济体制改革和法律体系建设均取得了伟大成就，今天不断完善的市场规则和法律制度，对现代企业的发展提出了更高的要求。希望本书和其他有志于促进企业健康成长、不断适应市场经济发展的同仁们一道，为新时代法治建设事业和经济建设事业的进步添砖加瓦。

　　时光荏苒，我与永山结识二十年了，从同窗相识，到同路相知，结友如此，不胜荣幸。今挚友佳作问世，欣喜不禁。是为序。

初北平

2021 年 8 月 6 日

前　言

　　企业是以盈利为目的的组织,所谓盈利,不过开源与节流两项。然而当下的企业家往往看中可以创造多少收入和可以节省多少开支,并不总是能关心到如何避免本可以避免的损失。《红楼梦》里有一句谚语"身后有余忘缩手,眼前无路想回头",这句话是一句逆耳之言,但在当今的社会中却有很好的警示作用。当企业家看到可能创造的巨大盈利,抑或想到可以节省的巨额税费,往往是非常乐观的,这是人性使然;而期盼的巨大盈利,变成商业交易的陷阱,或者"节省"了巨额税费,却换来主管机关的制裁的时候,往往是追悔莫及的。因此,如何运用法律知识规避可能出现的风险,保障企业健康、稳步运行,也应当成为企业家的关注点。

　　我国经历了改革开放以来四十多年的经济快速发展,积累了巨量的社会财富,同时也逐步摸索出了社会主义法治、社会建设的宝贵经验。我们的国有或民营经济主体在经历了时代大潮的起起伏伏之后,企业家中的佼佼者早就意识到创业不易而守业更难的道理。不论何种规模的企业,如何保障企业的长续发展都是一项繁复的巨大工程,而建立健全的企业规章制度,实现规范化管理,是其中重要的一项举措。

　　各位读者应当都听说过"扁鹊见蔡桓公"的故事,还有一个与此相关的小故事:魏文王有一次问扁鹊,他们家三兄弟中谁的医术最好。扁鹊说家里大哥的医术最好,二哥的医术差些,而扁鹊医术最差,并且进一步解释说:"大哥治病,是在病情发作之前,那时病人自己还没有意识到自己身体不适,大哥就下药铲除了病根,这使他的医术难以被人认可,因为他治未病,所以没有名气,只是在我们家中被推崇备至。我的二哥治病,是在病初起之时,症状尚不明显,二哥就能药到病除,使人都认为二哥只是治小病很有效。我治病,都是在病情十分严重,病人痛苦万分,病人家属心急如焚之时,他们看到我在经脉上穿刺,用针放血,或在患处敷以毒药,以毒攻毒,或动大手术,直指病灶,使重病患者的病情得到缓解或很快治愈,所以我名闻天下。"

　　扁鹊的这个故事和古人所谓"圣人不治已病,治未病,不治已乱,治未乱"这句名言可谓异曲同工。而作为一名司法实践经验颇多的律师,我也经常在实务中慨叹,如果在企业设立之初能够明确股东或合伙人的权利义务,或者设置企业合理的治理结构,是不会发生某些争议的;如果在合同拟定和审核的环节有专门的法律人才协助,就不至于为他人得逞;如果企业有完备的财务、人事和知识产

1

权保护等制度,就不至于造成无可挽回的损失;如果注意企业活动的合规性,就不会带来公权力机关的制裁。由此,我和北京金诚同达(大连)律师事务所的同仁们一道编写了本书,希望可以帮助企业尽量避免损失于未然,消弭风险于无形。

本书共分七编,其中第一编为本书概述,阐述了企业法律风险和检测,该编由蓝永山撰写和统稿。第二编阐述了企业治理的法律风险检测体系与检测指标,该编由滕凡、陈玲撰写,滕凡统稿。第三编讨论了企业合同管理中的法律风险及检测,该编由孔宪毅、万博、李兰兰、赵红燕撰写,孔宪毅统稿。第四编研究了人力资源管理中的法律风险与检测,由王兴刚、崔岩、孙莉华、谭晓玲、于新澈撰写,王兴刚统稿。第五编论述了知识产权管理中的法律风险与检测,由杨宁撰写和统稿。第六编为企业涉税风险检测,由王翼彪、廉润达、崔鸿鸣和王艺儒撰写,王翼彪统稿。第七编为企业经营涉及刑事责任的法律风险与检测,由姜瀛、王翼彪撰写,姜瀛统稿。全书由蓝永山负责统稿。

从历史上来看,我国的法律职业发展的道路是不够顺利的,在奴隶制社会和封建社会时期,专门的司法体系并不足够独立和完善,国家整体上的治理方略和政权结构,以及长期以来官僚体系文化的影响,导致了我国传统的社会治理模式还是以人治为主,百姓对司法体系的畏惧和厌恶心理非常明显。新中国成立之后,特别是改革开放以来,我国的经济生活出现了翻天覆地的变化,市场经济的兴盛决定了社会治理模式必然从人治走向法治,我国的法律职业才得到了长足的进步。我国律师职业也是伴随着市场经济体制的逐步成长才得到了充分的发展。可以说,律师职业已成为国家法治建设的一种黏合剂,也成为市场经济建设的一种调节器。

律师的本职工作是在司法实践中为社会生活中各行业和社会成员提供法律服务,因此走职业化和专业化的路线是律师职业发展的必由之路。在过去四十年间,我国的律师职业走过了西方国家数百年的发展道路,取得了惊人的成就,但仍然任重道远,还需要一代又一代优秀人才坚持不懈地努力。

本书编撰过程中得到了北京金诚同达(大连)律师事务所的支持,以及律师事务所诸位同仁的帮助,在此再表最忠忱的感谢!

蓝永山

2021 年 10 月 10 日于大连

目 录

第一编　企业法律风险检测概述

第一章　企业法律风险的概念、种类及危害 …………… 2
　　第一节　企业法律风险的概念 ………………………… 2
　　第二节　企业法律风险的成因与种类 ………………… 4
　　第三节　企业法律风险的危害 ………………………… 6

第二章　企业法律风险检测的目标、方案 …………… 9
　　第一节　企业法律风险检测的目标 …………………… 9
　　第二节　企业法律风险检测的方案 …………………… 10
　　第三节　企业法律风险检测与防控的关系 …………… 17

第三章　企业法律风险检测的体系与指标 …………… 19
　　第一节　企业法律风险检测的价值 …………………… 19
　　第二节　企业法律风险检测的体系 …………………… 20
　　第三节　企业法律风险检测的指标 …………………… 22

第二编　企业治理的法律风险检测体系与指标

第一章　企业法律风险检测的意义、步骤和方法 …… 27
　　第一节　企业法律风险检测的必要性 ………………… 27
　　第二节　企业法律风险检测的步骤和方法 …………… 28

第二章　企业设立过程中的法律风险 …………………… 30
　　第一节　企业经营形态的选择 ………………………… 30
　　第二节　股权架构、股东权利义务 …………………… 32
　　第三节　企业出资形式与隐名出资 …………………… 39
　　第四节　章程的法律效力及有关问题 ………………… 44
　　第五节　企业设立不能的法律风险 …………………… 48

第三章　企业治理结构的法律风险检测 ……………… 49
　　第一节　企业治理结构的一般形式 …………………… 49
　　第二节　股东会的职权划分及法律风险 ……………… 51
　　第三节　董事会的职权划分及法律风险 ……………… 54
　　第四节　总经理的职权及职权行使方式 ……………… 57

第五节　监事会的职权及职权行使方式 ……………………… 59

第六节　股权转让有关法律问题 ………………………………… 59

第七节　公司僵局与解决方式 …………………………………… 67

第四章　企业治理的法律风险检测指标设置 ………………… 73

第一节　设立过程及股权架构法律风险检测指标 ………… 73

第二节　股东主体资格及出资形式法律风险检测指标 …… 74

第三节　高级管理人员法律风险检测指标 ………………… 74

第三编　企业合同管理中的法律风险检测

第一章　企业合同管理中的法律风险概述 …………………… 76

第二章　订立商事合同的法律风险检测 ……………………… 80

第一节　要约与承诺 …………………………………………… 80

第二节　预约合同 ……………………………………………… 83

第三节　未生效合同、无效合同、效力待定合同、可撤销合同 …… 84

第四节　缔约过失责任 ………………………………………… 89

第三章　履行商事合同的法律风险检测 ……………………… 90

第一节　履行商事合同的法律风险 ………………………… 90

第二节　履行商事合同过程中引发法律风险的具体形态 …… 93

第四章　商事合同变更、转让与终止中的法律风险检测 …… 99

第一节　商事合同变更的法律风险检测 …………………… 99

第二节　商事合同转让的法律风险检测 …………………… 100

第三节　商事合同终止的法律风险检测 …………………… 103

第五章　违约纠纷处理法律风险检测 ………………………… 107

第一节　合同纠纷概述 ………………………………………… 107

第二节　合同纠纷的处理原则与处理方案 ………………… 107

第三节　合同纠纷的解决途径 ……………………………… 109

第四节　合同纠纷有关管理工作及注意事项 ……………… 113

第六章　企业合同管理中法律风险调查问卷设计 ………… 116

第一节　合同管理法律风险检测指标 ……………………… 116

第二节　法律风险调查问卷 ………………………………… 117

第四编　人力资源管理中的法律风险检测

第一章　人力资源管理法律风险概述 ………………………… 121

第二章　劳动合同相关的法律风险检测 ……………………… 125

第三章　劳动者权利与社会保障的法律风险检测⋯⋯⋯⋯⋯⋯⋯⋯⋯ 135

第四章　劳动争议解决中的法律风险检测⋯⋯⋯⋯⋯⋯⋯⋯⋯⋯⋯ 140

第五章　人力资源管理的法律风险检测指标体系⋯⋯⋯⋯⋯⋯⋯⋯ 147

第五编　知识产权管理中的法律风险检测

第一章　知识产权管理的内容及风险应对⋯⋯⋯⋯⋯⋯⋯⋯⋯⋯⋯ 159

　第一节　知识产权的概念⋯⋯⋯⋯⋯⋯⋯⋯⋯⋯⋯⋯⋯⋯⋯⋯⋯ 159

　第二节　知识产权管理的内容⋯⋯⋯⋯⋯⋯⋯⋯⋯⋯⋯⋯⋯⋯⋯ 160

　第三节　知识产权管理中的法律风险与应对⋯⋯⋯⋯⋯⋯⋯⋯⋯ 161

第二章　专利管理中的法律风险检测⋯⋯⋯⋯⋯⋯⋯⋯⋯⋯⋯⋯⋯ 162

　第一节　专利基本问题概述⋯⋯⋯⋯⋯⋯⋯⋯⋯⋯⋯⋯⋯⋯⋯⋯ 162

　第二节　专利相关问题及法律风险⋯⋯⋯⋯⋯⋯⋯⋯⋯⋯⋯⋯⋯ 163

　第三节　专利侵权的法律问题⋯⋯⋯⋯⋯⋯⋯⋯⋯⋯⋯⋯⋯⋯⋯ 170

　第四节　专利法律纠纷典型案例⋯⋯⋯⋯⋯⋯⋯⋯⋯⋯⋯⋯⋯⋯ 173

第三章　商标管理中的法律风险检测⋯⋯⋯⋯⋯⋯⋯⋯⋯⋯⋯⋯⋯ 174

　第一节　商标基本问题概述⋯⋯⋯⋯⋯⋯⋯⋯⋯⋯⋯⋯⋯⋯⋯⋯ 174

　第二节　商标相关问题及法律风险⋯⋯⋯⋯⋯⋯⋯⋯⋯⋯⋯⋯⋯ 174

第四章　著作权管理中的法律风险检测⋯⋯⋯⋯⋯⋯⋯⋯⋯⋯⋯⋯ 190

　第一节　著作权基本问题概述⋯⋯⋯⋯⋯⋯⋯⋯⋯⋯⋯⋯⋯⋯⋯ 190

　第二节　企业著作权管理的主要作用⋯⋯⋯⋯⋯⋯⋯⋯⋯⋯⋯⋯ 191

　第三节　企业著作权问题常见风险类型⋯⋯⋯⋯⋯⋯⋯⋯⋯⋯⋯ 194

　第四节　企业著作权法律风险防范建议⋯⋯⋯⋯⋯⋯⋯⋯⋯⋯⋯ 196

第五章　商业秘密保护中的法律风险检测⋯⋯⋯⋯⋯⋯⋯⋯⋯⋯⋯ 201

　第一节　商业秘密基本问题概述⋯⋯⋯⋯⋯⋯⋯⋯⋯⋯⋯⋯⋯⋯ 201

　第二节　常见侵犯商业秘密的行为及后果⋯⋯⋯⋯⋯⋯⋯⋯⋯⋯ 204

　第三节　企业商业秘密保护措施⋯⋯⋯⋯⋯⋯⋯⋯⋯⋯⋯⋯⋯⋯ 205

　第四节　案例评析⋯⋯⋯⋯⋯⋯⋯⋯⋯⋯⋯⋯⋯⋯⋯⋯⋯⋯⋯⋯ 210

第六编　企业涉税风险检测

第一章　增值税涉税风险检测⋯⋯⋯⋯⋯⋯⋯⋯⋯⋯⋯⋯⋯⋯⋯⋯ 214

　第一节　对纳税主体身份选择的涉税风险检测⋯⋯⋯⋯⋯⋯⋯⋯ 214

　第二节　对特殊销售行为的涉税风险检测⋯⋯⋯⋯⋯⋯⋯⋯⋯⋯ 215

　第三节　对适用税率的涉税风险检测⋯⋯⋯⋯⋯⋯⋯⋯⋯⋯⋯⋯ 218

　第四节　对计提销项税额的涉税风险检测⋯⋯⋯⋯⋯⋯⋯⋯⋯⋯ 221

第五节 财政补贴收入的涉税风险检测 ·················· 227

第六节 对增值税减免税政策适用的涉税风险检测 ·················· 228

第七节 对虚开增值税专用发票的涉税风险检测 ·················· 231

第二章 消费税涉税风险检测 233

第一节 对适用税目和税率的涉税风险检测 ·················· 233

第二节 对纳税环节及纳税义务发生时间的涉税风险检测 234

第三节 对计税依据及应纳税额计算的涉税风险检测 ·················· 238

第三章 企业所得税涉税风险检测 244

第一节 对收入总额的涉税风险检测 ·················· 244

第二节 对扣除项目的涉税风险检测 ·················· 251

第三节 资产税务处理检测 ·················· 255

第四节 对应纳税额的涉税风险检测 ·················· 258

第四章 土地增值税涉税风险检测 ·················· 261

第一节 对征税范围的涉税风险检测 ·················· 261

第二节 对土地增值税预缴的检测 ·················· 263

第三节 对应税收入的检测 ·················· 265

第四节 对扣除项目金额的检测 ·················· 267

第五章 个人所得税涉税风险检测 ·················· 277

第一节 对非居民个人有限纳税义务承担的涉税风险检测 ·················· 277

第二节 对综合所得和分类所得划分的涉税风险检测 ·················· 278

第三节 对计税依据的涉税风险检测 ·················· 283

第四节 对特殊计税方法的涉税风险检测 ·················· 287

第七编 企业经营中刑事法律风险检测

第一章 企业经营中涉罪与刑事责任 ·················· 290

第一节 犯罪构成与刑事责任的承担 ·················· 290

第二节 企业经营中涉及犯罪的刑事责任承担 ·················· 292

第二章 企业经营中常见刑事犯罪种类 ·················· 294

第一节 企业内部管理活动中涉及的刑事犯罪类型 ·················· 294

第二节 企业外部生产经营活动中涉及的刑事犯罪类型 ·················· 300

第三节 企业投融资刑事法律风险 ·················· 304

第四节 知识产权保护中的刑事法律风险 ·················· 316

参考文献 ·················· **320**

第一编

企业法律风险检测概述

　　一个农夫赶着他心爱的毛驴在赶路，走在前面的毛驴不慎掉进了一个深坑。农夫一看，这个坑太深了，根本没有办法救出毛驴，而他又不忍心毛驴在坑底活活饿死。思来想去，他最后决定直接将驴子埋在坑中。

　　农夫找到铲子向坑里扔土，然而每扔一次土，毛驴就本能地抖掉身上的土。如此反复，深坑慢慢变成了浅坑，最后毛驴轻松走出了深坑。

　　并非所有掉进深坑的毛驴都一定会死掉。同样的道理，并非每一次遭遇的危机都意味着企业会倒下。没有绝对糟糕的危机，只有绝对糟糕的危机管理。

第一章
企业法律风险的概念、种类及危害

　　企业经营是盈利性活动,但是美好的期待未必能直接产生预期的效果。为了保障企业经营可以获得预期效益,预防可能导致损失的风险,具有重要意义。

　　现代企业管理的过程中,针对风险的管控是重要内容,可以说正确地识别风险、准确地掌控风险、巧妙地规避风险,是现代企业经营中的重要部分。如何洞悉风险与经营环境变化之间的辩证关系,是现代企业风险管理的研究重点,也是关乎企业存续的关键环节。

第一节　企业法律风险的概念

一、风险

　　"风险(risk)"一词属于舶来品,有人认为来源于阿拉伯语,也有人认为来源于西班牙语或者拉丁语,这个词代表的含义是在渔船或者货船出海的过程中,"风"即代表可能出现损失,因此用"风险"比喻可能带来损失的事件。现代意义的"风险"一词则表达遇到破坏或者损失的机会或危险。

　　对于"风险"一词目前没有统一的定义,不同的学者对其内涵有不同的理解,有的认为风险是事件,认为其发生及其可能导致的结果是不确定的;有的认为风险是损失,损失的大小和多少是不确定的;有的认为风险是损害,可能发生的损害程度是不确定的。

二、企业风险

企业风险是指企业在其生产经营活动的各个环节可能遭受到的损失威胁。企业风险设计企业经营管理的各个方面,例如采购、生产、销售等经营环节中。

企业风险按照划分的标准不同,有以下不同的分类。

按照风险产生的原因不同来分类,企业风险可以分为自然风险和人为风险。

按照风险的特征分类,可以分为静态风险和动态风险。静态风险又称为纯粹风险,是指该风险仅可能带来损失,如火灾、地震等。动态风险又称为投机风险,是指该风险存在受益之机会,也伴随着损失的可能,如投资新项目、开发新产品等。

按照风险的来源分类,企业风险可以分为财产风险、人身风险和责任风险。财产风险是指该风险来源于财产可能遭受的损失。人身风险是指企业由于人员变动或员工个人工作能力丧失而形成的损失的可能。责任风险指企业由于对外承担赔偿责任而出现的风险。

按照企业对风险承受能力不同,企业风险分为可接受的风险和不可接受的风险。根据企业自身经营状况来判断,有的风险是企业可以承受的,有些风险一旦发生损害,企业不能承受其损失,该类风险为不可接受风险。企业经营中必须排查和杜绝不可接受风险,否则对企业的经营会产生极其严重的危害。

按照风险产生的企业内外环境划分,企业风险又可以分为环境风险、过程风险和决策信息风险。环境风险是企业外部环境所产生的风险。过程风险是企业在生产经营过程中,各种内部原因带来的风险。决策信息风险是企业在决策中,由于信息掌握不足或决策能力有限而造成的风险。

按照《巴塞尔协议》中对企业风险的分类,企业风险分为市场风险、信用风险和操作风险三类。这种分类是按照企业的环境、自身建设和动态管理来区分的。

按照国务院国有资产监督管理委员会在《中央企业全面风险管理指引》中的划分,企业风险包括:战略风险、市场风险、运营风险、财务风险和法律风险。

安达信会计师事务所将企业风险分为市场风险、信用风险、作业风险、法律风险、会计风险、资讯风险和策略风险。

由此观之,在企业经营的各类风险中,法律风险也是其中一项重要的风险,而且法律风险也渗透到企业自身建设和生产经营的各个方面,对企业健康发展具有重要影响。

三、企业法律风险

结合我国当前实践中的一般看法,企业法律风险是指企业在设立、生产和经营等环节,由于企业或企业的股东、高级管理人员等,做出的具体的法律行为不规范而导致的,与企业所期待的目标相违背的不利后果发生的一种可能性。

由于我国的社会主义法治体系尚处于完善的阶段,法律制度的体系性尚有待社会主义事业的不断实践,进而得到发展和完善。因此企业在生产经营中,往往需要及时地评估其经营策略的法律后果,不断检测法律风险的存在与否和程度大小,方能确保企业的生产经营等环节具有良好的运行态势,确保企业的健康肌体不受损害。

当代市场经济的本质是法治经济。在频繁和复杂的商品交易背景下,政府依靠人为调整的方式,不足以尽善尽美地调配社会资源、完成市场管理。因而公权力机关应当以"守夜人"的方式来管理经济社会发展,让市场这只"无形"的手来合理调配社会资源,让市场中每个个体以利润为出发点,充分发挥其积极主动性;同时让法律这只"有形"的手,来规范市场运行的秩序,宏观上调控市场的发展,微观上保障市场主体的合法权益、约束市场主体的违法行为。所谓法治经济,就是国家通过制定法律规范,调整经济关系,规范经济行为,指导经济运行,维护经济秩序,使整个经济逐步按照法律预定的方式快速、健康、持续、有序地发展。

现代企业应当适应当前市场经济发展的趋势,在法治的轨道上从事生产经营行为,接受法律规范,才能保证自身快速、健康地发展。这就需要企业重视规范市场运行的法律法规,在法律体系之内开展经营活动,适时检测法律风险,规避可能带来的法律责任。

第二节　企业法律风险的成因与种类

一、企业法律风险的成因

企业法律风险和其他事物一样,有其内在和外在的成因。探究和把握企业法律风险的各方面成因,对于分析和检测企业法律风险,具有积极的促进作用。

当前的研究中,对企业法律风险的成因有不同的分析方式,比较典型的包括,将企业法律风险分为内在的法律风险成因和外在的法律风险成因。

(一)企业内在的法律风险成因

企业内在的法律风险成因,是指企业法律风险的成因来源于企业自身的人员、结构、运营方式等,包括企业与企业员工之间利益对立统一的关系;企业政策或制度的内在缺陷,或者政策或制度执行缺陷;企业自身规模过大、机构庞杂;企业自身决策信息不足等。

1.企业与企业员工之间利益对立统一的关系。企业与企业员工之间的利益是存在对立统一的关系的:从整体和长远来看,企业和企业员工之间存在利益方面的统一,企业发展壮大,企业员工也能从中受益;企业利润不足,经营困难,员工利益也会受损。但是从个体来看,从短期效果来看,企业和企业员工之间的利益也可能存在矛盾。而企业作为一个社会组织,其经营活动本身体现为组织内成员的行为,运营的风险,首先是人的风险。企业经营的好坏,归根到底,是人的因素发挥的作用,特别是企业管理层面的人的因素,可以决定企业的生死存亡。因此,管理企业中人的因素带来的法律风险,是企业经营中最为重要的方面之一。

2.企业政策或制度的内在缺陷,或者政策或制度执行缺陷,也是企业经营中都无法绝对克服的缺点。从理论上来说,不存在完美的政策和制度,也不存在完美的执行结果。但是如何将政策或制度的运行成本同收益保持在合理的限度内,减少企业政策或制度本身或其执行中可能带来法律风险,就需要有恰当的监督和检测机制,将企业法律风险控制在一定的范围和限度之内。

3.企业自身发展规模过大、机构庞杂,是当前现代企业发展过程中比较突出的问题。日趋激烈的全球化竞争,带来了企业规模的不断扩大。为了应对有效组织生产和经营要素的要求,企业内部组织结构和运行模式的复杂化、重叠化等现象非常突出。这也是企业出现法律风险的一个成因。

4.企业自身决策信息不足,也容易产生企业行为带来法律风险。新的世纪是信息的世纪,信息的数量大和时效快的特点都非常突出,企业决策过程中,由于自身掌握的信息不足,导致决策失误带来的法律风险数不胜数,是企业法律风险成因中最为常见的情况之一。

(二)企业外在的法律风险成因

企业外在的法律风险成因,是指企业法律风险的成因来源于企业外部,可能产生企业法律风险的因素,包括政治、经济、文化和法律环境的变化,竞争对手、合作伙伴等经营行为关联方面的矛盾,以及导致企业承担法律责任的非人为因素,例如意外事件、不可抗力等。

1.政治、经济、文化和法律环境的变化,可能对企业的经营产生较大的影响,特别是可能引发企业的法律风险。例如国家政策、法律法规的不断调整,可能会影响企业的经营行为,导致法律风险的产生或增加。

2.竞争对手、合作伙伴等经营行为关联方面的矛盾。

3.导致企业承担法律责任的非人为因素,例如意外事件、不可抗力等。

第三节　企业法律风险的危害

造成企业的设立和经营过程中存在法律风险的因素是多种多样的,由于成因的不同,法律风险也存在各种不同的形式和危害。总体来说,由于法律风险的不同形式和性质,对企业带来的危害有关乎企业自身资质、企业产品、企业营销、企业资产安全、企业人力资源、企业财务和纳税,以及企业融资等方面的各个环节,下面就其中的有重要影响的内容做简要介绍。

一、法律风险对企业自身资质的危害

由于企业存在法律风险,可能对企业自身的资质产生一定的危害,而这样的危害可能会直接危及企业的存废,企业经营者不得不重视。产生危及企业自身资质的风险来源较多,比较突出的是在企业设立的过程中,忽略了企业日后可能产生的经营困难和股权纠纷,没有严格把关设立企业的相关文件,进而造成的危害。例如,当前很多公司设立中提交备案的章程仅为通过登记机关的审核,采用比较粗略的模板修改而成,在如何保障小股东权益、如何解决公司僵局、如何构建企业决策机制和监管机制等方面没有结合自身的实际情况进行设计。这样的情况在企业经营较为顺利或者开办的初期,可能不存在太多问题。但是一旦企业经营出现分歧,或者经营出现困难,又或者大股东的经营管理行为侵犯小股东权益等情形出现时,可能会导致企业内部的严重矛盾,更恶劣的可能出现企业内部的诉讼或者举报等情况,或者公司出现治理僵局的情形,不得不解散公司等。

二、企业产品法律风险的危害

企业是以盈利为目的的社会组织,其以自身的商品或者服务等内容,面向客户收取回报,是经营活动的主要内容。企业产品是企业的核心竞争力,产品不合格,是企业法律风险的一种重要的表现形式。如果企业产品是商品,制造和销售不合格产品可能导致企业承担产品质量的责任。20世纪末,美国的通用汽车公司曾因为销售的汽车存在质量不合格的情况导致用户死亡,在美国被判处超过49亿美元的产品质量责任赔偿。这使得通用汽车这样的大企业也伤筋动骨,多年萎靡不振。

同理,以自身的服务作为产品的企业,也存在提供的服务不符合约定,承担违约责任的情形;还有提供的服务造成购买服务方损失的,还要承担履约侵权的责任。例如,律师事务所为企业出具法律意见如果有过错,导致客户损失的,也要承担赔偿责任。这样的案例在国内已经屡见不鲜。

三、企业营销法律风险的危害

企业在市场中开展营销活动的过程中也需要遵守相关法律法规,否则其中法律风险可能带来的损失也是非常巨大的。

首先,在企业营销的宣传过程中,需要按照《中华人民共和国民法典》《中华人民共和国广告法》(以下简称《广告法》)等法律法规开展宣传工作。当前很多消费者维权的案件,都是商家在宣传工作中有或多或少的"虚假宣传"或"夸大宣传",宣传材料也是企业对外介绍自身和自身产品的窗口,被人抓住作为证据,很可能带来不利的法律后果。另外,不适当的宣传也可能违反《广告法》等法律规范,轻则被迫变更自己的广告策略,重则可能招致监管机关的行政处罚。

其次,企业的营销环节还要特别重视采购或者销售合同的订立和履行。企业开展采购或者销售活动,是经营中最重要的内容之一,如果不能重视相关合同的订立和履行,往往直接导致财产损失或者承担违约的法律责任,是最为常见的法律风险带来的损失。例如,现在很多企业在合同订立中,没有针对合作方开展相关调查,导致合同相对方资质较差的情况下与对方签约,对方违约后,自己的损失无法得到赔偿,这是企业涉诉中经常出现的问题。也有的企业在签订合同的过程中未注意对自己不利的合同约定,导致出现纠纷后,被对方抓住条款约定的某一点漏洞,不得不承担不利于自己的后果。更多的企业则在合同履行的过程中未尽注意义务,有交付标的物延迟,或者交付标的物质量不合格等情形,给自己带来不应有的损失。

四、企业人力资源法律风险的危害

企业是社会组织,企业中每个作为个体存在的人,都对企业的生产经营活动起着作用。可以说人力资源是企业的灵魂。但是从另外一个角度来看,如果人力资源方面不能依照法律规范制定规则,也可能给企业带来致命的危害。企业的高级管理人员可能出现的关联交易,高级管理人员离职后从事同业竞争等,都可能导致企业的重大损失;企业一般员工的聘任和解聘如果不符合法律规范,也会影响企业运营;企业员工履职的疏忽也可能造成第三人损害,其损害的赔偿也可能需要企业承担雇主的替代责任。

五、企业财务和纳税的法律风险的危害

企业的财务管理和纳税行为也是当前存在较大法律风险的领域。企业在经营过程中存在账目管理不符合规范,纳税义务履行瑕疵等现象,是比较常见的。很多企业在合理避税与逃避税款的边缘游走,给企业带来非常大的风险。

六、企业投融资法律风险的危害

近十年,企业参与投融资的行为非常活跃,不论是企业对外投资,还是企业引入投资,都需要特别的注意法律风险可能带来的危害。俏江南融资中签订对赌协议,其中的约定对于企业经营者而言即存在较大的法律风险,后来引发的危害也是显而易见的。

第二章
企业法律风险检测的目标、方案

　　既然企业法律风险是普遍存在的,企业法律风险可能带来的危害也是巨大的,那么如何识别、控制和防范企业法律风险,就是企业经营活动中非常重要的环节了。本书将重点探讨如何针对企业存在的法律风险进行检测,为企业经营者提供智力支持,以保障企业的健康发展。

第一节　企业法律风险检测的目标

　　企业法律风险检测是针对企业的设立和经营管理的现状和过程中可能存在的法律风险,以及可能引发法律风险的环节进行检测的活动。对企业的法律风险进行检测,依据的是现行有效的法律体系和开展法律风险检测的工作者从事法律工作的从业经验来具体实施的。这项工作属于社会实践学科,并非自然科学范畴,也不像自然科学那样具有完整的闭合的答案,而是依据法律规范和司法实践的经验,在一定概率范围内,预测可能存在的法律风险,并提示企业针对该类风险进行防范。

　　因此开展法律风险检测的工作,必须结合特定企业经营活动的实际情况,参照相关法律规范和司法实践的具体情形,为企业提供智力支持。一般来讲,开展企业法律风险检测,主要可以实现以下几个目标。

　　(1)通过针对企业治理结构法律风险检测避免或减少可能出现的企业治理结构混乱带来的危害。

　　(2)通过针对企业财税管理法律风险检测避免或减少企业财务管理方面的疏漏可能带来的损失,以及纳税方面可能出现问题带来的行政和刑事责任。

　　(3)通过针对合同管理法律风险检测避免或减少企业在对外商事活动中订立和履行合同方面可能出现的危害。

（4）通过针对知识产权与商业秘密保护法律风险检测，实现企业知识产权与商业秘密的保护，保障企业相关权益。

（5）通过针对企业的人力资源管理法律风险检测，实现企业用人制度的完善，确保企业员工的劳动积极性和保障企业与员工之间健康和谐的关系，减少或者避免由于企业用人制度缺陷造成企业损失的纠纷。

（6）通过针对企业经营活动的刑事合规，避免企业从事涉嫌犯罪的经营，保障企业健康发展。

以上几个目标是企业进行法律风险检测过程中最为重要的内容，通过企业法律体检还可以实现其他的目标。古人云，千里之堤毁于蚁穴，很多重大的损失往往其危险是埋藏在很多细节之中的，通过针对企业法律风险的检测，进一步实现对这类风险的识别和预防，将对企业在顺利实现盈利、减少经营损失等方面，具有不可估量的作用。

第二节　企业法律风险检测的方案

为了实现企业的规范化运营，促进企业对外经济活动的合法和健康开展，提升企业经济活动的效益，避免因法律风险酿成损失，企业应当适时开展法律风险的检测工作。结合当前国家相关机构的建议和司法实践的一般经验，可以简单概括开展企业法律风险检测工作的一般方案包括：法律风险检测工作的调查范围、法律风险检测的方式方法、法律风险检测数据的分析归纳，以及法律风险检测工作的具体内容等方面。

一、法律风险检测工作的调查范围

法律风险检测工作的调查范围通常包括针对目标企业的文件查阅、访谈、实地考察、问卷调查等手段，对公司的基本情况、法人治理结构、资产财务状况、人事岗位安排以及各部门业务流程等，进行系统的诊断、检查，向企业的经营者提供全面、系统的信息资料，并对该信息资料中反映出来的与法律冲突的情况及可能发生的风险进行评估说明。

为了摸清法律风险检测目标企业的基本状况，需要对目标企业的设立和经营历史有一定的了解，对目标企业的经营范围和主要经营活动情况有一定的掌握。在这一阶段的调查中，主要调研包括但不限于以下几项内容。

(一)企业设立的基本情况

企业设立,包括历史沿革、营业执照、股东出资协议、公司章程(或合伙企业的合伙人协议等)、验资报告、完整的组织机构图、历次股东会、董事会、监事会的决议等。

(二)企业股东文件

企业股东文件,包括股东自然状况(法人股东营业执照)、股东之间是否存在关联关系、公司股权是否存在质押等情况。

(三)企业名下资产状况

例如企业拥有土地使用权、房屋所有权、智慧财产权属等方面的资产状况。

(四)企业的生产经营活动情况

企业的生产经营活动,包括但不限于企业的经常性经营活动的业务流程、业务管理等文件,企业的主要产品或服务的情况。

(五)企业合同管理的规范和运作情况

企业合同管理的规范和运作情况,主要调查企业日常经营中使用的合同范本,签订合同的流程,企业主要合作对象的资质和合作往来的整体情况等。

(六)企业的人力资源管理制度

企业的人力资源管理制度,包括员工管理制度、员工劳动保障制度等方面的材料。

(七)企业生产经营的规章制度

企业生产经营的规章制度,包括生产操作的规范产品,以及质量检测制度等。

二、开展法律风险检测的方式方法

针对目标企业开展法律风险检测,主要采用以下的方式开展调查。

(一)针对企业员工开展调查问卷

工作组通过前期准备工作,根据各部门不同的工作性质,以及工作中所涉及的法律问题以及可能出现的风险和需要明确的事项,根据不同部门的不同岗位制定调查问卷。调查问卷由有关部门的相关人员填写完毕后,交还工作组,进行整理、分析。

(二)针对重点岗位员工采用访谈的方式开展工作

调查问卷之后,对于工作组在公司提供的相关文件以及调查问卷中发现的新的问题,对特定人员进行询访,进一步了解各部门的运营状况,以及可能存在的风险。

(三)针对企业重点项目进行实地考察

为更加全面地了解目标企业的经营状况,对企业经营中的重点项目或者重点部门的运行状况进行实地考察跟踪,并针对现场发现的问题向实际参与工作的企业员工问询操作情况。

三、企业法律风险的分析与归纳

在法律风险检测的第三个部分,根据调查情况,出具调查报告,就在调查过程中查明的事实、公司运作过程中存在的法律风险以及改进防范的办法进行说明。

(一)企业法律风险的分析依据

开展企业法律风险检测,需要依据企业提供的相关材料以及风险检测中调查和咨询取得的数据和信息,其中主要包括以下几种材料。

1.目标企业提交的企业相关资料

该项材料主要是指企业注册的资质文件,例如企业的出资占股情况、企业的经营范围、公司章程(或合伙协议)等文件。

2.针对企业各层级员工开展的调查问卷

该部分材料系针对各层级员工结合企业涉足行业,员工工作内容等方面设计的调查问卷。该部分材料可以反馈企业运营的动态管理情况和实际经营情况,可以比较客观地取得企业法律风险的隐藏点。

3.企业员工访谈纪要

该部分材料一般针对较为关键的岗位(即凭借经验推断的主要法律风险点),进行细致的访谈,有针对性地向关键岗位工作人员提出问题和取得实际工作情况的反馈。

4.针对目标企业重点工作现场开展的现场考察记录

该部分材料系针对目标企业运营过程中可能涉及法律风险的重点工作现场进行实地考察所取得的现场考察记录,对取得法律风险检测结果也具有非常重要的实际价值。例如,对于生产型企业的法律风险检测,就需要到生产车间查看其安全生产规章制度是否得到了全面和有效的执行;对建筑施工企业的法律风险检测也需要对其施工现场检测其施工过程中的安全监督情况,甚至在必要时安排建筑施工的专业人员评价其施工材料是否符合合同要求等。

(二)企业法律风险的分析方法

针对目标企业的资质和运营状况取得一定的检测素材后,还应当凭借科学和系统的评价方法,针对取得的数据和信息开展分析工作,具体常用的分析方式包括以下方面。

1.信息甄别法

企业法律风险检测工作的基础在于企业注册和运营等各方面信息,识别企业法律风险检测过程中提取的有效信息,是完成法律风险检测的重要环节。通过在法律风险检测工作取得的调查资料了解公司运营的真实状态,获取企业设立、运营、发展、流程等实际信息,企业曾经经历以及正在面临的风险信息,企业各部门与法律风险有可能存在联系的有效信息等,才能开展科学的和可靠的专业分析,得出对识别法律风险有帮助的资料情况。

信息甄别应当采用科学的方式方法,一般在法律风险检测的过程中,首先可以在调查问卷的设计过程中即安排可供甄别的特殊选项,在访谈中也应注意收集受访人的态度等方面的信息,这样才能有利于取得企业真实有效的运营情况,有利于后期结合有效信息开展法律风险的分析。

2.法律风险事故树分析法

事故树分析法,是系统论中针对事故原因进行系统分析和评价的方法,又称为事故逻辑分析,是对事故进行分析和预测的一种方法。事故树分析法是系统安全分析的一种方法,首先运用在工程研究中,后来在其他领域都得到了较好的运用和实践验证。

事故树分析法就是针对所分析的系统可能发生的事故条件及可能导致的灾害后果,按照流程的先后顺序和因果关系绘制成程序图(也称为事故树图),用以表示导致事故的各种因素之间的逻辑关系,并进一步分析安全问题或系统运行的功能问题,判断事故的概率以及时间的结构重要程度,在此基础上提出进一步的安全防范措施。

在企业法律风险检测的过程中,结合企业的实际经营情况,以其可能产生的危害事件(事故)为锚点,建立事故树模型,借助事故树分析方法,探讨企业运营过程中的风险节点,具有较好的目标导向性和直观性,可以较好地实现企业法律风险检测数据的分析工作。

3.法律风险因素分析法

风险因素分析法又称为情景分析法,是风险因素识别过程中的重要工具,其功能是分析判定在构成风险的各种要素中,何种因素对安全运营的影响最大或次之的方法。因素分析法可以分析风险因素与法律风险的关系,从而确定风险因素对法律风险的影响方向和影响程度的一种方法。

四、企业法律风险检测的具体内容

企业法律风险检测的工作指向企业设立和运营的整体过程,即使企业自身的营运规模较小,也具有很高的复杂性,因此需要在针对企业进行法律风险检测的过程中,将整体的法律风险检测工作划分为不同的部分,针对各部分的特点,运用不同的检测方法,有区别地开展检测工作。

目前企业法律风险检测的过程中,一般按照企业的设立和内部治理、企业与外部交易、企业的人力资源管理、企业的财税管理、企业的知识产权和商业秘密管理和企业的刑事合规等方面,部分地开展法律风险检测。这些部分之间是有机结合的,统一在一起是企业整体的设立和运营过程,分开来则各自具有各自的特性,可以有针对性地开展法律风险的检测。

(一)企业治理结构法律风险检测

企业(包括个体工商户、合伙企业或者公司法人)的治理结构是联系并规范企业的所有人同经营管理人之间权利义务关系的根本。例如,比较典型的企业是公司法人的情况下,企业治理结构是构建股东、董事会、高级管理人员权利和义务分配,以及与此有关的聘选、监督等问题的制度框架。企业治理结构法律风险检测主要是识别与评估上述制度框架内所涉及的法律风险,为完善企业治理结构、构建和谐管理和运营关系提供决策依据。

企业治理结构由于企业类型的不同,有不同的架构,也存在不同的法律风险点。因此在检测企业治理结构的法律风险的过程中首先应当区别不同类型的企业,在企业类型不同的基础上,按照相应的管理法规,设计不同的企业治理结构风险检测方案。

一般来讲,企业治理结构的法律风险检测,主要针对企业架构法律风险、重大制度法律风险、投融资法律风险;其中针对公司法人的法律风险检测则需要另外注重公司股东会的架构、董事会架构与董事监事高管义务履行法律风险、监事会架构法律风险、股权纠纷法律风险评估等内容;针对合伙企业的法律风险检测则对合伙人协议等方面着重考察。

(二)财税管理法律风险检测

伴随着国家税收征管体系的逐步完善,企业涉税和内部财务管理等方面,越来越引起企业经营者的注意。充分了解企业目前财务管理情况与税收缴纳情况,全面审查企业各项税收优惠政策运用情况以及在税务筹划方案中企业可能存在的法律风险,评价企业税务筹划空间,为企业充分运用税收优惠政策,培养依法纳税意识提供决策依据。

在企业法律风险检测中重点考察企业税收缴纳基本情况、企业税务管理法律风险、涉税刑事责任法律风险、运用税收优惠政策的法律风险、企业日常经营活动中税务筹划的法律风险、企业特殊经营行为中税务筹划的法律风险等方面。

(三)合同管理法律风险检测

企业对外经营过程中的经济活动通常以合同的缔结与履行的方式完成,因此对企业的合同管理进行法律风险检测,是对企业开展法律风险检测的重要内容之一。合同管理的法律风险检测主要包括:对重大合同及已经发生的纠纷进行全面审查,综合评价合同签订、履行、管理过程中可能存在的法律风险,为有效预防、控制应收账款法律风险提供决策依据。其中对企业的合同管理进行法律风险检测主要包括:静态合同法律关系风险、合同动态管理法律风险、应收账款管理法律风险。

(四)知识产权与商业秘密保护法律风险检测

企业占有的知识产权与商业秘密是企业顺利开展经营活动和获取商业利益的重要凭借。保护企业的知识产权和商业秘密,同时排除企业自身的经营活动不侵犯他人的知识产权与商业秘密,对于企业经营活动的顺利实施,都具有重要的意义。

企业法律风险检测中应当全面审查公司专利、著作权、商标等知识产权以及商业秘密现有保护制度,评估知识产权与商业秘密在转让、许可使用等方面的法律风险,为企业规划知识产权与商业秘密保护制度提供决策依据;亦应当全面审查企业内部商业秘密保护措施的合法性与有效性,如涉密人员与商业秘密范围界定是否全面、保密协议条款设计是否存在瑕疵等。同时审查商业秘密对外使用过程中可能存在的法律风险,如商业秘密的转让与许可。

(五)人力资源管理法律风险检测

人力资源管理是企业对其各级员工的系统性管理,涉及员工的职级、待遇等方方面面。科学的和合理的人力资源管理系统,对催发员工的工作积极性和激发企业活力有重要的作用。反之,企业的人力资源管理中如果不符合法律规范,可能不但有损企业员工的工作积极性,影响企业的正常经营,而且还可能为企业带来诉累,并影响企业的社会形象等。

企业法律风险检测工作对企业人事管理制度的制定机构、程序、内容的合法性与合理性进行全面审查,评价企业人力资源管理可能存在的法律风险,为完善人力资源管理制度提供决策依据。主要内容包括:人事管理制度制定合法性、人力资源管理制度条款设计的合法性、评估已发生以及潜在劳动纠纷仲裁与诉讼风险等。

第三节　企业法律风险检测与防控的关系

企业法律风险检测与企业法律风险防控是手段与目的的关系。只有做好企业法律风险检测工作,方能做好法律风险的防范;反之,做好了法律风险的检测,如何开展法律风险的防范,也就有了清晰的目标,也更容易确定风险的防控方法。

一、法律风险检测是防控的重要环节

企业法律风险检测工作是结合企业设立和运营过程的实际情况,检测其可能出现的法律风险的工作。该项工作的实际指向是法律风险的防范与管控。从现实意义上考察,法律风险充斥在整个企业的设立和运营的过程中,甚至存在于企业的兼并和撤销的过程中,企业法律风险不可能彻底被清除,而只能降低风险转化为实际损害的概率。换言之,企业法律风险检测不可能使企业消灭其自身设立和经营中存在的法律风险,而只能促使企业通过合理的手段,在实际运营中尽量规避该风险转化为实际损害,后者的过程即是法律风险的防范与管控。从法律风险防控的角度来看,开展法律风险的检测,识别法律风险的具体存在点和具体风险特征,是开展法律风险防控的第一步,亦即前置性工作;法律风险检测,是企业法律风险防控的重要环节。

二、法律风险防控是法律风险检测的目的

法律风险不可能经过检测即自行消失,开展法律风险检测的目的也不可能是径行消灭识别出的法律风险,这也不符合企业开展经营活动的一般常识。因为归根结底,企业的经营活动是以盈利为目的的冒险活动,没有了冒险就没有了盈利空间,而"冒险"中自然就包含了法律风险。

例如,在某项合同的签订和履行中,如果想实现完全没有风险,大概唯一的方法只能是不签订合同,也不开展该项经营;而一旦与对方签订合同,就存在对方可能由于各种事由违约,或者企业自身由于各种原因无法履约的情况。

因而,企业进行法律风险检测,识别出某一项法律风险之后,应当采取的理

性对策是,尽量提前设置方案,减少该风险转化为现实的可能性;或者设置方案,减少该风险转化为现实损害后给自己带来的损失。从这样的角度来看,法律风险检测的目的就是法律风险的防控。

三、法律风险检测与防控结合

从前述法律风险的检测与防控两者之间的关系来看,开展法律风险检测的目标在于法律风险的防控,而法律风险的防控离不开法律风险的检测。因而,两者务必在企业的经营实践中加以结合:一方面定期地开展企业法律风险的检测工作,另一方面结合风险检测的结果,适时进行法律风险的防范与控制。

当代的社会主义市场经济的本质是法治经济,不但企业自身的设立和合并或撤销需要按照法律规范操作,而且企业的市场行为也需要在法治的轨道上运行。通过法律风险的检测与防控的工作,可以促使企业减少法律风险转化为现实危害的可能性。

第三章
企业法律风险检测的体系与指标

第一节　企业法律风险检测的价值

综观与企业共存的各种风险,其最终往往表现为法律风险。从宏观上看,现代市场经济是法治经济,法律是规范企业一切经营活动的最低行为准则。从微观上看,企业发生各种风险的后果是,一方面会给企业造成重大损失,另一方面往往体现在法律责任的承担上。因此,法律风险防范已成为企业运营和发展过程中所面临的重大课题,企业风险管理中最重要、最基本的要求,就是企业法律风险防范。兵法云"杀敌一千,自损八百"。对于企业而言,法律风险防范最主要的工作是事前预警,而不是"事后灭火"。所以,对于法律风险管理工作而言,事后控制不如事中控制,事中控制不如事前控制。事前控制就是企业自身的免疫系统,能够使企业法律风险防范于未然。通过诉讼挽救危局并非是解决纠纷最好的方式,因为最好的方式是:未雨绸缪,防患于未然。这就需要企业法律风险检测。

尽管企业的法律风险检测十分重要,但是在实践中多数企业尤其是中小企业并不重视法律风险检测,由此也造成了诸多问题,究其原因主要有以下两点。

一、法律风险检测意识淡薄

法律风险检测意识的淡薄,不重视企业在设立、变更、终止以及日常续存期间的法律风险是目前企业中法律风险检测存在的主要问题,这主要体现在两方面。

1.缺乏法律风险检测专职人员

许多企业虽然有法务部门,但并没有设置专门的职务和岗位来管理此类事项,出现了企业自身并不重视法律风险检测,出了问题也不能明确到负责人员的情况,从而造成种种困难。

2.缺乏法律风险检测的体系

法律风险检测意识的淡薄使企业缺乏专业的法律风险检测体系,譬如对于常年任职员工,过了合同期限却没有按时签订新的劳动合同,从而产生劳动者维权带来的法律风险。信息化的发展为企业管理带来诸多便利,同时信息的公开也为劳动者维护自身权益提供了方便,劳动者的维权意识普遍增强,对于企业来说,许多潜在的问题不能及时发现,会在日后爆发为对企业形象利益有损的重大问题,从而为企业带来不必要的困扰。

二、缺乏规范的法律风险检测方法

一些企业虽然具备法律风险意识,但是缺乏有效的管理理念与检测方法,同样也会产生诸多问题。法律风险检测应当重视建立完善的流程和体系,许多企业在进行检测时只能聘请外部律师进行检测,不仅花费了昂贵的费用,而且由于律所、律师之间方式的不同,使法律风险检测的方式方法不具有连续性,往往是换一个人换一种检测方法。这就不利于企业在长时间经营的过程中对于法律风险持续性地排除。

第二节　企业法律风险检测的体系

法律风险控制的最终目标并不是单纯地追求所有法律风险的最小化。现代企业是一个风险的集合体。对于企业来讲,风险与收益往往是相互矛盾和对立的,高收益必然带来高风险,风险承受度与预期利益之间的矛盾是企业发展过程中经常需要解决的问题。对风险的过度控制将带来商业机会的丧失和管理成本的增加,企业需要正确处理好业务发展和公司风险承受能力之间的关系,在法律风险可承受的范围内,使企业利益最大化的同时,实现风险程度和风险控制成本最小化。因此,企业在进行法律风险控制前需要首先拟定本企业进行法律风险管理的整体战略,确立企业对整体法律风险进行管理的基本原则,法律风险管理战略应该是构建法律风险防范体系的"总纲"。法律风险管理战略首先要考虑企业的整体战略思想和发展目标,并与其保持一致。其次要分析评估企业法律风险环境,法律风险管理战略既要包括各项预防性措施,也要包括针对突发性事件的管理预案。再有要根据企业的实际确定法律防范工作的重点。比如生产型企业要注重知企业法律风险要"事前预警",而销售型企业则要注重合同管理、客户资料保密和销售渠道的维护等。最后还要根据企业在不同时期的发展方向和发展重点,对法律风险管理战略进行适时的调整,使风险管理切合企业自身实际,符合企业不同时期的发展需要。以建立和优化法律风险控制制度和流程为手段,为法律风险防范提供有利的内部环境。

有效的法律风险防范机制应当建立适合企业实际的法律风险管理制度和流程,使其渗透到企业管理的各个方面。首先要搭建包括合同管理制度、知识产权管理制度、商业秘密管理制度、案件纠纷管理制度、授权委托制度、印鉴管理制度等在内的各项适应企业实际的法律管理制度。实施包括编制风险管理岗位手册,宣传包括企业风险管理及控制的政策在内的各方面法律风险控制举措,使企业风险控制管理在制度上得到充分保障,并形成能够推动制度正常有效运行的工作机制,把企业的一切经营活动都纳入法律化轨道,增强企业法律风险控制能力。其次要不断拓展法律管理思路,开拓法律工作模式,创新理念,使法律工作从传统的事务性工作转变为管理性与操作性并重的工作主旨。强化事前预警意识和防范措施,从研究和发现法律风险的成因入手,尽早识别和消除风险根源,提前对风险进行预防,杜绝简单的事后补救,建立并完善法律风险预警工作机制。构建风险分析评估、风险控制管理、分析监控更新等法律风险防范工作流程,提高法律风险管理的执行效率。比如在构建合同管理体系时,首先,应当全面梳理企业的合同风险。从客户分类、业务分类、交易模式分类出发,综合考虑产业链风险、政策法规风险,对企业的合同进行全面梳理,明确从哪一角度出发更适合企业合同的法律风险分类管理。第二,建构合同模板。在对企业不同类型的合同进行归纳总结的基础上,建立合同模板。第三,建立合同操作指引及风险提示。对合同模板的具体操作和操作过程中的法律风险进一步作出详细规范。第四,实行合同流程管理。包括:签订前管理、签约管理、履行管理、凭证管理、预警管理、评审管理等。第五,对员工进行合同培训。经过这些工作,才会逐渐形成一个比较完整规范的企业合同管理体系。此外,在建立企业法律风险防范各项制度和流程的过程中,也要强调精细化的法律管理手段,形成企业内部上下协调统一、灵活高效的企业法律风险控制管理体系,发挥法律管理对风险控制机制的监督保障作用。

企业应该对重大经营决策提前进行合法性和法律可行性研究,建立重大决策法律论证制度,使企业法律顾问和相关法律专业人员参与企业重大投资决策和经营决策全过程,保证企业重大举措的风险控制。企业法律风险来源于经常性的经营管理活动,因此不仅要对重点项目进行风险防范,还要从整体上控制法律风险,从关键环节入手,点面结合、全程监控,将企业对外合同交易、市场拓展、劳动管理、财务管理等经营管理活动都纳入法制化、规范化的轨道,使法律风险控制在更广范围内、更高层次上发挥应有的作用。以搭建法律风险信息化管理平台为桥梁,保持顺畅的信息交流和沟通渠道企业的法律管理要从传统的事务性工作脱离出来,实现跨越式发展,就需要借助现代化的信息管理手段。企业可以依托电子化系统,对现有资源进行梳理和整合,搭建统一的法律风险信息和知识管理平台,构筑通畅的信息沟通渠道和信息交流平台。企业一方面可以通过广泛、便利、快捷的信息传递与更新,实现法律风险的信息化管理;另一方面还可以利用信息化处理方法进行对风险的调查和分析,落实风险控制制度和流程,从而提高整体风险控制效率和效果。同时,企业也应重视和加强企业之间的交流和合作。企业与企业之间不仅是竞争对手,也是合作伙伴,应当建立稳定的交流与合作关系。这样不仅可以使企业获得更多有价值的信息,而且可以取长补短,共同发展和进步,特别是通过企业之间一些经典案例的交流,可以开拓思路,增长经验,有利于为企业建立法律风险防范机制提供良好的外部环境。

第三节　企业法律风险检测的指标

从两个角度分析与识别企业治理与运营方面的法律风险情况:一方面是引发企业法律风险的原因,包括法律环境、违规行为、违约行为、侵权行为、不当行为和怠于行使权利等;另一方面是企业所从事的各类经营、管理活动。系统梳理、扫描公司设立、存续、治理、运营全过程,透过 16 大维度、108 项法律风险指标,全景、重点地剖析企业易发、高发的法律风险。

一、企业治理法律风险检测指标

1.企业法定代表人资格符合国家规定的任职资格条件;

2.企业设立时程序规范;

3.企业章程符合法律规定;

4.企业章程或股东协议中约定固定回报条款;

5.企业设置股东名册、签发出资证明书;

6.设立分公司应办理登记手续；

7.登记事项变更应办理变更登记；

8.企业合并或分立应履行通知、公告等程序；

9.企业被吊销营业执照或解散应及时办理清算手续；

10.股东的出资形式符合规定情形；

11.注册资本按期缴清或资产已办理过户手续；

12.用于出资的资产不存在抵押、质押等权利负担情形；

13.股东已交付货币、实物或转移财产权；

14.股东在企业成立后无抽逃出资的情形；

15.企业新增注册资本时，符合企业章程或法律规定；

16.企业减少注册资本时，应履行通知、公告等法定程序；

17.企业增加或者减少注册资本时，应办理变更登记；

18.股东资格不存在违反国家禁止性规定的情形；

19.企业的登记股东与实际股东一致；

20.股东为私募基金企业应办理私募投资基金登记；

21.控股股东无损害企业与其他中小股东表决权、分配权、知情权等权益的情形；

22.股东的财产与企业的财产不应混同；

23.董事、监事、高管人员无违反《公司法》第146条规定的五种任职资格的情形；

24.董事、监事、高管人员无竞业禁止情形或违反忠实、勤勉义务的情形；

25.董事、监事、经理变更应办理备案手续；

26.董事会、监事会的设立与企业章程应一致；

27.董事、监事人数符合法定人数要求；

28.监事会的组成人员中应有职工代表；

29.股东会、董事会、监事会的职权、召集、议事规则应遵守规范；

30.无股份企业直接或者通过子企业向董事、监事、高级管理人员提供借款的情形；

31.无企业机构设置职责不清晰、缺位或交叉，工作流程不明确的情形（如未设置法务部门等风险防控部门、内控混乱等）；

32.股权转让符合企业章程或法律规定；

33.转让股权后应修改企业章程以及股东名册；

34.股份公司发起人持有的股份，应遵守自成立之日起一年内不得转让的规定；

35.股份公司董事、监事、高管人员每年转让的股份遵守比例、年限或章程的规定；

36.无伪造股权转让法律文件的情形；

37.无并购重组标的合法性、税务、决策、审批等方面违反法律规定的情形；

38.企业改变经营范围应办理变更登记；

39.无未取得规定的经营资质或经营资质未年检、过期的情形（建设工程、房地产、医药、采矿等关于资质管理的规定）；

40.投融资或担保的决议程序应符合企业章程及法律规定的情形；

41.投融资或担保的比例不超过企业章程规定的限额；

42.无企业控股股东、实际控制人、董事、监事、高级管理人员利用关联关系损害企业利益的情形；

43.无关联交易决策程序违规的情形；

44.控股股东、实际控制人及其所控制的企业与公司之间无同业竞争关系。

二、财务与税务法律风险检测指标

1.会计与财务管理符合国家财会准则；

2.无粉饰业绩或财务数据造假情形；

3.无违规开具、取得或使用发票的情形；

4.无使用股东、董事、高管或员工个人账户存储、转账企业资金的情形；

5.无违规取得税收优惠或政府补贴的情形；

6.企业无欠缴税款或逃税等行为；

7.关联交易符合税法规定的独立交易原则；

8.缴个人所得税。

三、合同管理法律风险检测指标

1.企业应对合同相对方的资质、信用等情况进行审查；

2.合同条款无不完备或存在无效条款情形；

3.无未按企业规定的审批手续或权限签订合同以及企业公章、合同专用章保管不善、使用混乱等情形；

4.合同无履行混乱或存在违约的行为；

5.无怠于行使解除权、异议权、撤销权、抗辩权等合同相关权利的情形；

6.企业无对外投资，违反规定成为对所投资企业的债务承担连带责任的出

资人的情形;

7.企业无产品、服务或营销违规或侵害消费者权益的情形;

8.企业无将部分业务分包、转包、委托给不具备相应资质的其他企业的情形;

9.企业主营业务依赖的客户/供应商无违规经营行为;

10.企业业务运营中无商业贿赂、不正当竞争、垄断等行为。

四、人力资源管理法律风险检测指标

1.企业应与员工签订书面劳动合同;

2.签订的劳动合同无缺乏法定必备条款或条款违规等情形;

3.签订的劳动合同试用期不得超过法定期限;

4.企业应为员工及时、足额缴纳社会保险费;

5.涉及劳动者切身利益的规章制度应经过职代会讨论、公示等程序;

6.企业在劳务派遣、劳务外包业务活动中无违规情形;

7.企业在薪酬福利、培训、职工权益保护、竞业限制、商业秘密保护、解除劳动合同等方面无违规情形。

五、诉讼、仲裁、行政、刑事法律风险检测指标

1.企业无超过诉讼时效的债权;

2.企业案件应留存相关证据或适当举证,避免致使企业处于不利地位的情形;

3.无怠于申请强制执行,致使企业权益受损的情形;

4.无违反工商、税务、环保、劳动保护等规定受到行政处罚的情形;

5.无对生效的行政机关的处罚决定不及时履行或拒不履行,导致高额滞纳金或罚款的情形;

6.无未正确识别不合法的行政行为或不注重收集和固定证据,致使企业合法权益受损的情形;

7.应在法定期间内申请行政复议或者提起诉讼,避免丧失救济途径;

8.无因环境保护、知识产权、产品质量、违法经营、侵犯人身权等原因而产生的重大侵权责任情形;

9.无涉嫌非法吸收公众存款、虚开发票等单位犯罪的情形。

第二编　企业治理的法律风险检测体系与指标

第一章

企业法律风险检测的意义、步骤和方法

第一节　企业法律风险检测的必要性

　　企业是以营利为目的的,在追求其利益最大化的过程中,必然会和相关法律法规产生一定磨合。正如我们自己并不一定完全了解自己的身体状况一样,企业的创立者和管理者们也并不一定了解各自企业的完整状况。

　　缺乏对自身状况的了解,就缺乏对正在进行和将要进行行为的必要参考,在决策时遗漏本应该被纳入考虑的各种风险因素,而造成决策错误和损失。而通过企业法律体检,企业管理者们可以:

一、了解企业法律风险状况

　　通过对法律风险管理工作的分析评价,可以使企业了解其所面临的法律风险的全貌。便于企业领导层面及法务管理部门充分知悉企业法律风险管理的现状,为决策提供充分的依据,有利于针对性地开展法律风险的防范工作。能够及时发现企业法律风险管理中存在的现实问题。

二、确定针对性措施

　　了解风险是为了控制风险,分析评价企业法律风险管理的最终目的,是针对企业存在的风险采取相应的防范措施,拒绝风险的再次发生。在充分调研企业

法律风险的前提下,可以提出企业法律风险防范的对策,有效避免风险的发生,整体提高公司的法律风险防御能力。

三、确定风险防控的重点

通过分析评价,可以清楚地分析出企业法律风险的分布情况,据此确定企业法律风险防御的重点。企业风险的防御重点可以根据不同的标准划分确定。如根据损失金额划分、根据风险的影响、根据对企业生产经营的影响等。有了防御重点,风险防范工作才可以有的放矢。

第二节　企业法律风险检测的步骤和方法

一、企业法律风险检测的步骤

(1)确定企业要检测的级别和范围(应注意区分基础检测和高级检测)。

(2)制定企业法律检测方案,根据体检方案对企业选定的体检范围对企业单位相关部门和人员进行走访调查、通过调查问卷的形式对企业进行情况了解,对收集到的信息进行汇总,综合全方位的材料进行分析,结合我国相关规定做出法律评价,得出初步风险调查分析报告。

(3)针对得出的初步风险调查报告进行评审,结合各方专长,取长补短,最终制作正式法律风险报告,针对发现的风险问题提出解决方案,与企业就出现的风险问题进行沟通和交流,并可针对企业法律风险突出的环节,与相关负责人和执行人进行风险防控的法律知识培训。

(4)采取合法的方式排除风险,给企业营造一个健康、良好的发展经营环境,为企业进一步扩大经营规模、增强市场竞争力保驾护航,扫除障碍。

二、企业法律风险检测的具体方法

(1)通过对企业体检部门的负责人和执行人会谈;

(2)通过对企业员工进行问卷调查；

(3)通过查看企业资质证件、执照；

(4)通过审查企业签订的合同；

(5)通过查看企业资产证书和登记手续；

(6)通过查看规章制度及了解制度的执行力情况；

(7)通过查看内部职责分工及其责任承担分工等。

第二章
企业设立过程中的法律风险

第一节　企业经营形态的选择

一、投资者选择经营组织时需要考虑的因素

现代经营社会中,经营组织形态大体可分为:公司、合伙企业、个人独资企业等。因各种经营组织形态依据的法律不同,投资者应当结合其经营特点、目的及法律的不同要求进行不同形态的选择,但选择组织形态时,应重点考虑以下方面。

(一)投资者的责任

根据《公司法》第 3 条的规定:"公司是企业法人,有独立的法人财产,享有法人财产权。公司以其全部财产对公司的债务承担责任。有限责任公司的股东以其认缴的出资额为限对公司承担责任;股份有限公司的股东以其认购的股份为限对公司承担责任。"有限责任公司和股份有限公司的股东仅承担有限责任,当公司资不抵债时不需要股东用个人财产进行抵偿,但公司注册资金未到位或存在《公司法》规定需由股东承担责任的情形除外;根据《合伙企业法》的相关规定,除有限合伙人承担有限责任外,普通合伙、特殊的普通合伙及有限合伙中的普通合伙人均承担无限连带责任;根据《个人独资企业法》第 2 条的规定:"本法所称

个人独资企业,是指依照本法在中国境内设立,由一个自然人投资,财产为投资人个人所有,投资人以其个人财产对企业债务承担无限责任的经营实体。"个人独资企业承担无限连带责任。因此投资者应当首先根据责任不同进行组织形态的选择。

(二)设立的条件、程序和费用

合伙企业、个人独资企业的设立条件较为宽松,设立程序较为简单,费用低廉,非现金出资可以不需评估机构进行评估作价;而设立公司门槛较高,尤其是设立股份有限公司需要严格的设立条件、复杂的设立程序和较高的设立费用。

(三)企业的税赋问题

合伙企业、个人独资企业不必缴纳企业所得税,只是由企业主和合伙人从企业盈余分配所得缴纳个人所得税;而公司除缴纳个人所得税外,还应缴纳企业所得税。

(四)期限不同

合伙企业、个人独资企业受投资者"生死去留"的影响,而公司不受其影响,可永续存在。

(五)投资者的控制权不同

公司财产属公司所有,投资者不能直接占有和控制。尤其是股份有限公司中的上市公司,上市公司和控股股东的人员、资产、财务必须严格分开,严格控制股东占用上市公司的资金和财产的情形。

二、公司制是现代企业经营的主要形式

20世纪中后期以后,公司制已经成为现代企业的主要形式,在我国,90%以上的经济体选择公司制作为经营主体。公司设立是指公司设立人依照法定的条件和程序,为组建公司并取得法人资格而必须采取和完成的法律行为。公司设

立不同于公司的设立登记,后者仅是公司设立行为的最后阶段;公司设立也不同于公司成立,后者不是一种法律行为,而是设立人取得公司法人资格的一种事实状态或设立人设立公司行为的法律后果。所以,公司设立的实质是一种法律行为,属于法律行为中的多方法律行为,但一人有限责任公司和国有独资公司的设立行为属于单方法律行为。

公司设立是指发起人为了公司成立而实施的一系列行为。公司成立的标志为工商部门颁发营业执照。营业执照颁发,公司成立,公司设立结束。实践中大部分发起人只重视公司设立的结果,不重视设立过程中存在的法律风险,从而导致公司成立后(或不成立)出现大量的纠纷。

第二节　股权架构、股东权利义务

公司设立的目的是为股东盈利,而一谈设立公司,必谈上市、新三板、IPO,仿佛公司设立的目的 TOVC,为了迎合投资人。公司是商事行为主导的产物,公司存在的目的是为股东谋取利益最大化。有些创始人是为了情怀而创立公司,但那毕竟是少数。

创立公司的大多数人仍然是为了实现财务自由和利益最大化。融资及上市不是目的,只是手段,或者说只是阶段性目的,不是最终目的。被投资人挤走的创始人也不在少数,对于这些被挤走的创始人来说,如果不引进投资人,还可以小富即安,衣食无忧;引进了投资人反而带来了更大风险,钱多了不见得是好事情,比如俏江南等。

所以说,如何进行股权结构设计还是要看创始人及创始团队要做什么,达到什么目的。

一、股权架构设计需要考虑的因素

(一)几个主要的股权比例节点

(1)1%的股权可以依赖法律向公司提起诉讼维护自己的合法权益;

(2)10%的股权,可以召开临时股东会、董事会,提议解散公司;

(3)34％的股权,有一票否决权；

(4)51％的股权可以算相对控股,能够掌控股东会决议的普通事项,比如任命董事、对外投资担保等；

(5)67％的股权,可以算作绝对控股了。

(二)内部关系

一个项目,尤其是 80 后、90 后的创业项目,创始团队基本都是同学、同事、亲戚、朋友,因为谁都不可能和一个陌生人去创业。感情是维系创始团队的润滑剂,但感情不是维系创业团队的基础,基础是利益。因为一旦选择了创业,大家在一起谈的就不仅仅是亲情友情了,更多的是这个公司如何生存发展,下个月的房租、水电、人员工资、研发进展、销售额度等十分具体的问题了,而这些问题又和利益挂钩。

遇到困难时大家同舟共济可能还容易过去,一旦取得巨大成功而分配利益时,人性往往充分暴露,为了利益打得头破血流的创始人也不在少数,甚至夫妻离婚的也大有人在。所以在初始阶段,最好能够合理分配股权,尽量避免纠纷。

(三)与投资人的关系

如果一个项目靠股东借款或者项目本身的滚动可以实现资金良性循环,或者创始人追求的是有限的利益,则没人强迫创始人必须融资。

只是现在创业形势高涨,创业者遍地都是,投资人也遍地都是,搞得一个项目如果不融资,好像就是做错了什么似的。而尤其重要的是,一些不规范的投资人其实质就是打着投资人的幌子从事民间借贷,而又比民间借贷多了很多条条框框。

创业者要处理好与投资人的关系,重要的是要知道投资人要什么。无论是财务投资人还是战略投资人,人家最终还是要看回报的。要么养鸡,不停地下蛋;要么养猪,养肥了吃肉。但是创始人可是把公司当孩子养的。看不到回报,创始人无法向投资人交代,要么出局,要么清盘。

一个企业要做大做强,引入投资人是必经之路,创业者必然会享受投资人带来的资金、渠道,也必然会面临投资人对公司经营管理上的指指点点,甚至丧失部分权益。但这也是企业成长的必经之路,应对不了这些,就无法成长为一个企业家,而只能是一个生意人。

（四）与人才的关系

一个项目不能没有人才，哪怕开个小吃店，也需要至少一个厨师，一个收银员和一个服务员。与人才的关系实际上就是如何留住人才的问题。对于核心团队的技术人才、管理人才，光靠工资和奖金肯定是不够的，也不能让人才感受到归属感。创业者之间最好能够达成一定共识，从股权架构的角度看，留出空间以便将来作为股权激励。当然股权激励的具体操作办法可以有多种，也可以设定一定的考核方式，但是在初创阶段最好能够有这个意识。

（五）股权分配原则

（1）股权结构简单明晰；
（2）存在一个核心股东，即"带头大哥"；
（3）股东资源互补；
（4）股东之间信任合作；
（5）为融资及股权激励预留一定股权空间。

二、股东权利分类及内容

（一）不同的分类标准，公司股东权利有所不同

1.按照股东权的内容分类

按照股东权的内容，分为自益权和共益权。

（1）自益权，是指股东以自己的利益为目的而行使的权利，如请求公司分配公司盈余的权利，请求分配剩余财产的权利。这类权利无须其他股东的配合即可行使。

（2）共益权，是指凡股东以自己的利益兼以公司的利益为目的而行使的权利。共益权主要是公司管理决策权，体现股东个人意志，具有社员性，可归类为人身权。它主要包括表决权、代表诉讼提起权、临时股东大会召集请求权、提案权、质询权、任免董事等公司管理人员请求权、要求法院宣告股东会议决议无效请求权，以及对公司董事、监事提起诉讼的权利等。

自益权与共益权的界限是相对的。自益权旨在维护股东的个体利益,共益权则以维护公司利益和股东整体利益为目的,自益权主要与财产利益相关,共益权则主要与公司治理利益相关。自益权均为单独股东权,而共益权则不受此限。从本质上说,两类权益的最终目的均在于确认和保护股东利益,具有同一性。

2.按照股东权的来源分类

按照股东权的来源,股东权利可以分为法定权利和约定权利。

(1)法定权利,是指《公司法》等明确规定了的权利,如请求权、收益权、选举权、选择管理者权等。

(2)约定权利,往往是股东各方一致同意创设权利或者对权利的限制,如约定不按照出资比例享有表决权,如将优先购买权排序。但后者必须是约定在章程中,上升并凝固为全体股东的一致理念,而不宜通过股东会决议来排斥小股东的意愿。

3.按照股东权的性质分类

按照股东权的性质,股东权利可以分为固有权和非固有权。

(1)固有权,是指除非得到股东明示的同意,不得以章程或者股东会决议予以剥夺或者限制的权利,它又叫不可剥夺权;非固有权是指可以依照章程或者股东会决议予以限制或者剥夺的权利,又称为可剥夺权。

(2)非固有权,往往是和股东的基本权益相关的权利,如对股份和出资的所有权,股东的知情权、优先受让权、普通股的表决权、损害赔偿的请求权等。因而,这类权利常常由公司法加以明确规定,以强行法形式赋予股东,不宜在章程中予以剥夺或限制。

4.按照公司的法律性质分类

按照公司的法律性质不同,可以分为封闭公司的股东权与公开公司的股东权。有限责任公司(含一人有限公司)是相对比较封闭的,股东之间秉持人合性,所以对于股份的对外转让等,需要征得其他股东的同意,且其他股东同等条件下享有优先购买权;而在股份公司、上市公司中,基于其公众性、资合性原则,股份转让(除特定人群)并不受限制,遵循的是价格优先。

5.按照股东权的行使方式分类

按照股东权的行使方式,可以分为单独股东权和少数股东权。

(1)单独股东权,是指股东自己就可以行使的权利,自益权和共益权的表决权都是单独股东权。

(2)少数股东权,是指须持有公司一定比例的股份才可以行使的权利,《公司法》第 40 条规定只有持有公司股份 10％以上有表决权的股东才享有临时股东会召集请求权。行使少数股东权的,既可以是股东一人亦可是数人共同去做。法律设置少数股东权的目的在于防止股份多数决的滥用。

(二)按照我国《公司法》规定,股东享有的权利

1.股东身份权

股东首先是一种身份/资格,股东资格体现在:(1)公司向股东签发的文件,如向股东签发出资证明书、股东名册等;(2)公司向国家备案的文件,如公司章程等。股东应当重视股东名册的登记和工商登记,这些是主张股东权利的直接证据,否则,如果未经工商登记或者变更登记的,尽管可以取得股东地位(如隐名股东),但却不能对抗第三人。

2.参与重大决策权

股东有权参与股东会,并就股东会审议事项享有投票权/表决权。尤其对公司重大事项有权通过自己的投票来分享公司决策,如果是大股东,这种分享就是直接享有公司决策权。决策权(尤其是控制权)是最核心的股东权利。公司的大多数股东纠纷都是围绕决策权或控制权展开的。

3.选择、监督管理者权

选择、监督管理者权,体现在:(1)股东通过参加股东会,有权选择股东代表董事;(2)通过选择的董事组成的董事会,再去选择经理层;(3)股东通过股东会可以选择监事;(4)通过选定的监事、董事来监督经理层。

4.资产收益权

核心是分红权,公司其实是一个投资工具。股东投入资产的目的是获利。所以,法律上规定了在没有特殊约定的情况下,股东可以按照实缴的出资比例或者章程规定的其他方式分取红利;在公司解散清算后,公司财产在分别支付清算费用、职工的工资、社会保险费用和法定补偿金,缴纳所欠税款,清偿公司债务后的剩余财产,股东有权按照出资比例或者按照公司章程的规定予以分配。

5.知情权

股东有权查阅、复制以下公司文件:公司章程;股东会会议记录;董事会会议决议;监事会会议决议;财务会计报告,但股东要求查阅公司会计账簿的,应当向公司提出书面请求,说明目的。公司有合理根据认为股东查阅会计账簿有不正当目的,可能损害公司合法利益的,可以拒绝提供查阅,并应当自股东提出书面

请求之日起十五日内书面答复股东并说明理由。

6.关联交易审查权

股东有权通过股东会就公司为公司股东或者实际控制人提供担保作出决议,在作出该项决议时,关联股东或者受实际控制人支配的股东,不得参加该事项的表决。该项表决应由出席会议的其他股东所持表决权的过半数通过。

7.提议、召集、主持股东会临时会议权

《公司法》规定,代表十分之一以上表决权的股东(以及三分之一以上的董事、监事会或者不设监事会的公司的监事)有权提议召开股东会临时会议,董事会应当根据提议召开临时会议,否则,代表十分之一以上表决权的股东可以自行召集和主持。

8.决议撤销权

《公司法》赋予小股东请求撤销程序违法或者实体违法的股东会、董事会决议:股东会或者股东大会、董事会的会议召集程序、表决方式违反法律、行政法规或者公司章程,或者决议内容违反公司章程的,股东可以自决议做出之日起 60 日内,请求人民法院撤销。

9.退出权

《公司法》规定,有下列情形之一的,对股东会该项决议投反对票的股东可以请求公司按照合理的价格收购其股权:(1)公司连续五年不向股东分配利润,而公司该五年连续盈利,并且符合本法规定的分配利润条件的;(2)公司合并、分立、转让主要财产的;(3)公司章程规定的营业期限届满或者章程规定的其他解散事由出现,股东会会议通过决议修改章程使公司存续的。

10.诉讼权和代位诉讼权

如果董事、高级管理人员违反法律、行政法规或者公司章程的规定,损害股东利益的,股东可以直接向人民法院提起诉讼。公司权益受到侵害时,公司可以提起诉讼。在公司不会或者不可能提起诉讼时(如公司董事、监事、高级管理人员侵害公司权益时,由于他们直接控制着公司,不可能代表公司提起诉讼),股东可以书面请求监事会/监事,或者董事会/董事向人民法院提起诉讼。如前述人员在收到股东书面请求后拒绝提起诉讼,或者自收到请求之日起 30 日内未提起诉讼,或者情况紧急、不立即提起诉讼将会使公司利益受到难以弥补的损害的,股东有权为了公司的利益以自己的名义直接向人民法院提起诉讼。

三、股东义务的内容

股东义务是指有限责任公司、股份有限公司的股东应承担的和股东权利相联系的义务。

真正法律规定的义务并不多,《公司法》更多的是设定权利,而较少设定义务。主要的法定义务如下。

(一)股东的出资义务

股东应当按期足额缴纳公司章程中规定的各种所认缴的出资额。股东以货币出资的,应当将货币出资足额存入有限责任公司在银行开设的账户;以非货币财产出资的,应当依法办理其财产权的转移手续。股东不按照前款规定缴纳出资的,除应当向公司足额缴纳外,还应当向已按期足额缴纳出资的股东承担违约责任。

(二)股东的清算义务

股东的清算义务,是指在公司解散时,股东为终结公司作为当事人的各种法律关系,使公司的法人资格归于消灭,必须对公司未了结的业务、财产及债权债务关系等进行清算、处分的行为和程序。

(三)股东的不滥用权利义务

公司股东应当遵守法律、行政法规和公司章程,依法行使股东权利,不得滥用股东权利损害公司或其他股东的利益;不得滥用公司法人独立地位和股东有限责任损害公司债权人的利益。公司的控股股东、实际控制人、董事、监事、高级治理人员不得利用其关联关系损害公司利益。

四、股东权利义务的特点

(一)共同的身份前提

不论行使权利还是履行义务,都必须是以具有股东身份为前提。但是否出资、出资多少、是否参与公司的管理则不是必备条件。

(二)权利义务的相伴相生

《公司法》上很多规定既是股东的权利也是股东的义务,如出资、选举、表决、清算等。

(三)法律地位的重要性

股东的权利义务,可谓是《公司法》的核心内容,现有的四部司法解释中对股东权利义务又有更进一步的、更详细的规定。

(四)可设定性

除了法律规定,同时股东权利义务也可以通过公司章程予以设定,《公司法》在条款中授权股东自行约定。但需要注意的是,对权利义务的创设及限制,应当以不违反法律、行政法规,不违背公序良俗为前提。

第三节　企业出资形式与隐名出资

一、出资形式的选择

我国法律的规定,股东可以用货币出资,也可以用实物、知识产权、土地使用权等其他非货币财产权利出资。对于非货币财产权利的范围,只要可以用货币估价并可以依法转让的,就符合我国法律关于出资形式的要求。

但是,对于一些特殊形式的非货币财产权利,我国法律仍然予以限制。比如,依据我国法律规定,出资人不得以劳务、信用、自然人姓名、商誉、特许经营权或者设定担保的财产等作价出资等。

二、出资形式不当的法津风险

不适当履行出资的法律风险,是指出资形式选择不当,依据我国法律,公司的设立申请将不被受理和批准。因此股东在出资前,应该对我国法律关于公司设立的规定进行全面了解,或者借助专业机构的帮助,对出资资产进行严格的审核。

不适当履行,是指出资人在履行出资的过程中,出资的时间、形式或手续不符合设立协议的约定或者法律的规定。

(一)不按规定的期限交付出资或办理实物等财产权的转移手续引发的法律风险

出资人履行出资,应当依据设立协议的约定或者我国法律的规定,及时交付货币或者办理非货币财产权利的转移手续。出资人不适当履行出资,一方面,可能因此延误公司设立,致使公司错失发展契机;另一方面,出资人还要承担起一系列的违约责任、出资填补责任和连带赔偿责任;给他人造成损失的,还要承担赔偿责任。

(二)非货币出资财产存在权利瑕疵引发的法律风险

非货币财产权利瑕疵,主要是指出资人以实物、知识产权、土地使用权等非货币财产权利出资,但是对这些非货币财产权利并不具有合法的处分权利。出资人交付的非货币财产权利存在权利瑕疵,很可能会阻碍财产权利转移手续、延误出资履行、影响公司成立。同时,不合法使用他人的财产权利,还可能因为侵权在先,将公司卷入一系列的赔偿纠纷旋涡。出资人自己,如果向其他出资人恶意隐瞒资产权利归属,构成犯罪的,也将承担刑事法律责任。

三、隐名出资的有关法津问题

隐名出资是指为了规避法律或出于其他原因,借用他人名义设立公司或者以他人名义出资,且在公司的章程、股东名册和工商登记中,均记载为他人的实际出资人。与此相对应,显名股东(或挂名股东)是指记载于工商登记资料上而没有实际出资的股东。

(一)隐名股东产生的原因

(1)实际出资人为了规避法律某些限制性规定而隐名;

(2)实际出资人担心财富外露,为保护个人隐私而隐名;

(3)实际出资人不懂公司经营管理,自愿隐身幕后;

(4)公司设立人数超过法律限制,实际出资人不得已而隐名;

(5)通过股权转让或者受赠、继承取得股东资格,尚未办理股东登记变更手续而成为隐名股东。

(二)隐名股东的法律关系

隐名股东的法律关系主要包括三个方面:即隐名股东与名义股东间的法律关系、隐名股东与公司(以及其他股东)间的法律关系、隐名股东与公司外第三人(包括公司债权人与股权受让人)间的法律关系。

(三)隐名股东易引发的五类案件

1.股东资格确认纠纷

隐名股东的身份不被公司或者股东认可时,将直接影响隐名股东权利的行使,易引发股东资格确认之诉。股东资格确认之诉,一般分为以下几种情形。

(1)隐名股东身份不被公司认可时的股东资格确认之诉,如果隐名股东的股东资格不被认可,《公司法》规定的法定权利将无法保障,股东利益将会受损。在此情形下,股东往往会提起股东资格确认之诉。

(2)当隐名股东与显名股东因出资协议发生争议时的股东资格确认纠纷隐名股东和显名股东通常以协议方式确定双方之间的权利、义务关系。一旦显名股东和隐名股东对协议内容和效力有争议时将会直接影响隐名股东的资格和实体权益,如显名股东认为隐名股东的出资为借贷而非投资时,将会导致隐名股东提起股东资格确认之诉,提供协议和出资证据用以证明自己为实际投资人;当显名股东主张双方签订的协议属于《民法典》规定的无效情形时,隐名股东也会提起股东资格确认之诉。

(3)隐名股东继承时的股东资格确认之诉。《公司法》第76条规定,自然人股东死亡后,其合法继承人可以继承股东资格。在自然人的隐名股东死亡之后,如果公司或者公司其他股东对死者的股东资格不予认可时,其法定继承人则可能提起股东资格确认之诉。

2.股东出资纠纷

股东具有不足额出资、不适当出资、虚假出资、抽逃出资等出资瑕疵行为,不但会导致公司人格否定,而且出资瑕疵的股东还要根据《公司法》第94条的规定补足出资差额,其他股东也应承担连带责任。

最高人民法院《关于审理涉及会计师事务所在审计业务活动中民事侵权赔偿案件的若干规定》第10条规定:被审计单位的出资人虚假出资、不实出资或者抽逃出资,事后未补足,且依法强制执行被审计单位财产后仍不足赔偿损失的,出资人应在虚假出资、不实出资或者抽逃出资数额范围内向利害关系人承担补充赔偿责任;最高人民法院《关于审理公司纠纷案件若干问题的规定(一)》第10条规定:债权人请求公司清偿债务,公司不能清偿的,债权人可以同时对出资不足的股东和公司设立时的其他股东提起诉讼,请求其在出资不足数额及利息的范围内对公司债务承担补充赔偿责任;第12条规定:债权人请求公司承担债务,公司不能清偿的,债权人可以对抽逃出资且未予返还的股东提起诉讼,请求其在抽逃出资的数额及利息范围内承担补充赔偿责任。

隐名股东出资瑕疵导致显名股东对债权人承担赔偿责任时,显名股东往往以自己非实际出资人而是名义股东提出抗辩,但是人民法院依然会根据公司登记"公示主义"的外观原则,结合最高人民法院关于适用《〈中华人民共和国公司法〉若干问题的规定(三)》第27条"公司债权人以登记于公司登记机关的股东未履行出资义务为由,请求其对公司债务不能清偿的部分在未出资本息范围内承担补充赔偿责任,股东以其仅为名义股东而非实际出资人为由进行抗辩的,人民法院不予支持"之规定,判决显名股东承担法律责任,其他股东承担连带责任。显名股东和其他足额出资的股东向债权人承担赔偿责任之后,会向隐名股东提起股东出资之诉进行追偿。

3.股权转让纠纷

(1)显名股东擅自处分股权引发股权转让纠纷

《公司法》第33条第三款规定:"公司应当将股东的姓名或者名称及其出资额向公司登记机关登记;登记事项发生变更的,应当办理变更登记。未经登记或者变更登记的,不得对抗第三人。"如果显名公司未经隐名股东的许可擅自处分股权的,第三人基于对工商登记内容的信赖,相信显名股东为真正的股权人时,第三人和显名股东签订的股权转让协议有效。隐名股东和显名股东之间的协议只能约束双方,不能对抗第三人。即使隐名股东主张显名股东的处分行为无效时,司法机关也会在查明第三人为善意之后,确认显名股东的处分行为有效。隐名股东可另案要求显名股东因擅自转让股权而赔偿给其造成的经济损失。

(2)因隐名股东处分股权引发变更公司登记纠纷

隐名股东作为实际出资人,对股权具有完全的处分权。当隐名股东将自己的股权对外转让、抵押或者做其他处分时,通常需要公司办理股权变更登记手续,也需要显名股东的配合才能完成。此时,如果公司或者显名股东不配合隐名股东办理股权变更登记,受让人的股东资格难以确定,其股东权益也无法保障。如果显名股东的行为给受让人造成经济损失的,受让人会依据最高人民法院关于适用《〈中华人民共和国公司法〉若干问题的规定(三)》第28条"原股东处分股权造成受让股东损失,受让股东请求原股东承担赔偿责任、对于未及时办理变更登记有过错的董事、高级管理人员或者实际控制人承担相应责任的,人民法院应予支持"之规定,要求隐名股东承担赔偿责任。

4.发起人责任纠纷

公司设立不能或者因设立时产生的损害赔偿责任或股东出资不足发生争议,将产生发起人责任纠纷。

公司设立不能的原因有多种,如股东人数不符合法律要求;公司注册资金、出资方式、经营场所违背法律规定;未进行公司名称核准;公司申请文件不符合要求;股东自愿放弃成立公司等。当公司设立不能时,对其在设立阶段产生的行为和费用,我国《公司法》第95条做出明确规定:

(1)公司不能成立时,发起人对设立公司行为产生的债务和费用承担连带责任;

(2)发起人对认股人以缴纳的股款,负有返还股款并加算银行同期存款利息的连带责任;

(3)在公司设立过程中如发起人的过错行为致使公司利益受到损害的,发起人应当对公司承担赔偿责任。

公司设立时名义股东对外签订的合同,产生的违约责任或者履约后果,需要隐名股东承担而可能发生发起人责任纠纷。

5.执行异议纠纷

显名股东因个人债务导致其名下股权被执行的,直接损害隐名股东的权益,隐名股东可根据《民诉法》第225条之规定,以案外人、利害关系人的名义启动执行异议之诉。

上述五种纠纷,是隐名股东最易引发的案件。除此之外,隐名股东的存在还会导致其他纠纷的发生。因此,应尽早建立完善的隐名股东制度,让隐名股东"隐"而无"患"。

第四节 章程的法律效力及有关问题

一、章程的概念

公司章程是指公司依法制定的基本文件,规定了公司名称、住所、业务范围和经营管理制度等重大事项。公司章程由所有股东在共识的基础上制定。它是公司要求的书面文件,规定了公司组织和活动的基本规则,并约束公司、股东和高级管理人员。

二、章程自由约定事项

通过《公司法》赋予公司章程可自由约定的事项谈谈解决方案,下述内容均可在公司章程中自由约定。

(一)股东持股比例可与出资比例不一致

对于该问题,公司法并未明确规定可由公司章程另行约定,但司法实践已经认可上述约定属于公司股东意思自治的范畴。在公司注册资本符合法定要求的情况下,各股东的实际出资数额和持有股权比例应属于公司股东意思自治的范畴。股东持有股权的比例一般与其实际出资比例一致,但有限责任公司的全体股东内部也可以约定不按实际出资比例持有股权,这样的约定并不影响公司资本对公司债权担保等对外基本功能实现。如该约定是各方当事人的真实意思表示,且未损害他人的利益,不违反法律和行政法规的规定,应属有效,股东按照约定持有的股权应当受到法律的保护。

(二)分红比例、认缴公司新增资本比例可与出资比例不一致

《公司法》第34条规定:股东按照实缴的出资比例分取红利;公司新增资本时,股东有权优先按照实缴的出资比例认缴出资。但是,全体股东约定不按照出

资比例分取红利或者不按照出资比例优先认缴出资的除外。

(三)表决权可与出资比例不一致

《公司法》第 42 条规定:股东会会议由股东按照出资比例行使表决权;但是,公司章程另有规定的除外。

(四)可通过公司章程限制股权转让时的剩余股东同意权、优先购买权

侵害股东优先购买权的股权转让协议的效力是有瑕疵的,《公司法》之所以对股东对外转让股权设置剩余股东同意权、优先购买权等制度进行限制,主要是基于对有限公司人合性和股权自由转让两种价值理念的平衡。随着市场经济的发展,实践中公司情况千差万别、公司参与者需求各异,需要更多个性化的制度设计。欲顺应此种实际需求,法律需减少对公司自治的干预,由股东通过公司章程自行设计其需要的治理规则。因此,公司法规定,有限责任公司股权转让的场合,允许股东通过公司章程事先自由安排出让股东与剩余股东二者间的利益分配。

《公司法》第 71 条规定:有限责任公司的股东之间可以相互转让其全部或者部分股权。

股东向股东以外的人转让股权,应当经其他股东过半数同意。股东应就其股权转让事项书面通知其他股东征求同意,其他股东自接到书面通知之日起满三十日未答复的,视为同意转让。其他股东半数以上不同意转让的,不同意的股东应当购买该转让的股权;不购买的,视为同意转让。

经股东同意转让的股权,在同等条件下,其他股东有优先购买权。两个以上股东主张行使优先购买权的,协商确定各自的购买比例;协商不成的,按照转让时各自的出资比例行使优先购买权。

公司章程对股权转让另有规定的,从其规定。

(五)公司章程可排除股东资格的继承

《公司法》第 75 条规定:自然人股东死亡后,其合法继承人可以继承股东资格;但是,公司章程另有规定的除外。

(六)全体股东一致同意的,可以书面形式行使股东会职权

《公司法》第 37 条规定:股东会行使下列职权:

"(一)决定公司的经营方针和投资计划;……(十一)公司章程规定的其他职权。

对前款所列事项股东以书面形式一致表示同意的,可以不召开股东会会议,直接做出决定,并由全体股东在决定文件上签名、盖章。"

(七)召开股东会会议的通知期限可另行约定

《公司法》第 41 条第一款规定:"召开股东会会议,应当于会议召开 15 日前通知全体股东;但是,公司章程另有规定或者全体股东另有约定的除外。"

(八)公司章程对公司董事、监事、高级管理人员转让本公司股份的限制可高于《公司法》

《公司法》第 141 条第二款规定:"公司董事、监事、高级管理人员应当向公司申报所持有的本公司的股份及其变动情况,在任职期间每年转让的股份不得超过其所持有本公司股份总数的百分之二十五;所持本公司股份自公司股票上市交易之日起一年内不得转让。上述人员离职后半年内,不得转让其所持有的本公司股份。公司章程可以对公司董事、监事、高级管理人员转让其所持有的本公司股份作出其他限制性规定。"

三、股东协议与公司章程的关系

股东协议是公司股东以出资设立、经营公司为目的,而在股东之间约定权利义务的文件。股东协议的主要作用在于表明股东投资公司的目的、确定公司的基本性质和结构,以及分配和协调股东之间的权利义务关系,其协议本质应属于合同,依法受我国《民法典》相关规定调整。

股东协议一般不是必备的法律文件,主要依据当事人的意思表示形成,只对签署协议的股东具有约束力。

公司章程是指公司必须具备的、由发起设立公司的投资者制定的,并对公司、股东、公司经营管理人员具有约束力的、调整公司内部组织关系和经营行为

的自治规则,依法属于我国《公司法》所规制的范围。

公司章程部分内容对签署股东而言具有合同的性质,相互之间具有约束力。公司章程除了对签署股东、内部经营管理人员具有约束力外,还具有涉他性,经公示后对公司外部相关主体(如善意第三人)具有一定的利害关系。

公司章程是必备性文件,任何公司成立都必须以提交公司章程为法定条件,需依法在工商登记部门备案。

因此,投资协议与公司章程系由投资人形成的两种在本质存在不同的协议安排。两者在性质、功能、效力时间、调整对象、范围都有差别,应区别对待。

当股东协议与公司章程在实践中发生条款冲突时,应当区分是针对股东内部之间的事项还是股东与合理信赖公司章程的第三人之间的事项,在具体适用时须区分对内适用和对外适用两种不同情形。

对内适用上,公司章程和股东协议并非简单的取代关系,两者通常情况下是一种并行的关系。用于调整股东间内部权利义务关系的股东协议和公司章程,当两者在约定上产生冲突时,我们认为应当探究股东真实意思表示,而非简单地以取代关系来判定适用效力问题。

为避免不必要之争议,建议股东间如通过协议做出与公司章程不一致内容时,在协议中注明:"本协议书自股东各方签章之日起生效,不因目标公司章程的签署而被取代或变更;公司章程条款与本协议内容约定不一致的,以本协议为准。"

对外而言,公司章程作为对公司最为重要和基本问题做出明确规定的公众性法律文件,是公司股东以外包括债权人以及其他社会公众是其赖以了解公司的基本依据。

由于股东协议并非工商登记必备文件,因此无须经过对外公示程序,所以股东协议并不具有"对外"效力。在处理股东与第三人之间事项时,理应依据经过登记公示的公司章程相关规定来加以判断。这是商事外观主义和第三人信赖利益的必然要求和充分体现。

综上所述,股东协议与公司章程的效力孰优孰劣不能一概而论,因两者的调整范围并不相同。我们认为,在"你有我无"的情形之下,公司章程与股东协议并不会存在冲突的问题;只有在两者均有约定时,才会产生冲突问题。在确定两者的效力适用规则时,应以"内外有别"作为判别标准;在处理股东间权责问题时,如公司章程无相反规定,则应适用股东协议相关约定;在公司章程亦有规定时,应当根据实际情况进行区分,判别股东"真实意思表示"。在处理股东出资等带有"对外"性质事项时,应当优先考虑适用公司章程相关规定。在公司章程规定不明或是无相关规定时,股东协议相关约定可以作为补充适用。

第五节　企业设立不能的法律风险

　　设立不能,是指在公司设立过程中,由于资本没有筹足、没有达到我国法律规定的成立要件、发起人未按期召开创立大会、创立大会做出不设立公司的决议等原因,导致公司的设立申请没有被公司登记管理机构审核批准。公司设立不能,将引发一系列的法律风险。

一、发起人承担连带责任的法律风险

　　公司设立不能,对于公司设立前以及设立过程中已经发生的债务、费用等,如果在事前没有约定或者提前做好安排,极易引发纠纷。对于股份有限责任公司,我国法律还做出了特殊规定,即公司不能成立时,公司发起人要对公司设立行为所产生的债务和费用、返还认股人的股款及同期利息、过失致公司利益损害承担连带责任。

二、资本"回转"过程中的法律风险

　　出资人出资申请设立公司,依据我国法律的规定,要将货币出资足额存入指定账户、将非货币财产权利转移给公司。如果公司设立申请未被批准通过,出资资本在"回转"的过程中,就需要出资人事前做好各项防范准备,以避免引发纠纷,防止资金和人力成本增加。

第三章
企业治理结构的法律风险检测

第一节　企业治理结构的一般形式

我国的公司治理制度的研究是伴随着国有企业的改革而实行的。1999年9月22日党的十五届四中全会审议通过了《中共中央关于国有企业改革和发展若干重大问题的决定》，其中提到"公司法人治理结构是公司制的核心。要明确股东会、董事会、监事会和经理层的职责，形成各负其责、协调运转、有效制衡的公司法人治理结构。所有者对企业拥有最终控制权。董事会要维护出资人权益，对股东会负责。董事会对公司的发展目标和重大经营活动作出决策，聘任经营者，并对经营者的业绩进行考核和评价。发挥监事会对企业财务和董事、经营者行为的监督作用。"此后，公司治理问题逐渐成为《公司法》领域的热点问题，长盛不衰。

治理结构将法人治理机制视为一种内部治理体制，主要通过股东会、董事会、监事会的机构设置，明确各机构的权责分配，达到三者间约束与权力制衡的目的。广义的法人治理结构更多依赖于公司外部市场的间接调节，即以公司股票价格、证券市场的收购机制等形式，促使公司不良经营者面临被股东罢免、被其他公司收购的压力，达到公司治理的目的。从本质上看，狭义与广义的法人治理结构理论均强调公司的权力分配制衡机制，不同的仅仅在于两者所采取的手段与方式。

美国是以外部控制强、内部控制弱为特征的模式，日、德是以内部控制强、外部控制弱为特征。由于我国是以公有制经济为主体的制度环境，在公司治理结构上,我国基本采用了混合的发展模式,即吸收英美模式的经验,大力发展股票市场,拓宽企业的融资渠道。目前,我国上市公司采取的公司治理结构在机构设置上有些类似于德国模式,在权力配置上则更接近于日本模式。公司机构主要由股东大会、董事会、监事会组成。我国股份有限公司采取了分权制衡的原则,股东大会是公司的最高权力机关,享有较广泛的权力,参与公司的经营事务决策。董事会是公司的经营决策机关,对股东大会负责,董事会拥有的权力,非经法定程序,股东大会不能剥压或限制的。监事会是公司的监督机关,负责监督董事、高级管理人员执行公司执务,对违反公司章程和违反股东大会决议的董事、高级管理人员提出罢免的建议以及监督董事、高级管理人员积极履行义务,防止消极的不作为,损害公司中小股东的权益。

目前,世界上主要存在三种模式的法人治理结构:英美模式、日本模式和德国模式。

英美模式。该模式是以股东意志为主导的治理模式。其特点主要为:股权高度分散,强调股东自治,股东会有很强的约束力。采取单一委员会制,即公司不设监事会,董事会中独立董事数量较多,董事会下设各个专门委员会,由公共会计师、审计员等负责日常的监督执行工作。

日本模式。其特点主要为:股东权利相对弱化,因此经营阶层决策的独立性较强。银行在企业中占有重要地位。为了平衡企业内部的关系,防止经营者权力过于集中产生的腐化,对经营者实行较多的约束,如设立监察人制度。

德国模式。该模式强调股东、经营者与职工共同决策。其特点主要为:实行双层委员会制,除董事会外,公司还设立了监事会,且监事会是公司的最高权力机构,它有权决定董事会成员的任免、薪金待遇,也有权对公司的重大事项做出决策。工会的力量强大,职工监事以经营参与的方式广泛地参与企业的治理。

上述三种法人治理模式各有侧重,英美模式较注重外部治理结构,使管理层能追求较为单一的盈利目标,但对经营者控制不足;德国模式较注重内部治理结构,能较好地控制"经营者控制",但效率略显低下;日本模式则较折中。我国2005年在对《公司法》进行大幅度修订时,并未企及制定出一个完美的、可以全国统一的公司治理结构,而是根据我国的实际情况,将公司的具体架构交由公司章程确定,这也体现了我国《公司法》作为私法的意思自治原则。

第二节　股东会的职权划分及法律风险

一、股东会的概念及职权

股东会是由公司全体股东组成的公司最高权力机构,是股东在公司内部行使股东权的法定组织,在股份有限公司中,称为股东大会。股东会是公司的法定必备但非常设机构。

股东会是公司最高权力机构,根据我国《公司法》第 37 条规定,股东会行使下列职权:

(一)决定公司的经营方针和投资计划;

(二)选举和更换非由职工代表担任的董事、监事,决定有关董事、监事的报酬事项;

(三)审议批准董事会的报告;

(四)审议批准监事会或者监事的报告;

(五)审议批准公司的年度财务预算方案、决算方案;

(六)审议批准公司的利润分配方案和弥补亏损方案;

(七)对公司增加或者减少注册资本做出决议;

(八)对发行公司债券做出决议;

(九)对公司合并、分立、解散、清算或者变更公司形式做出决议;

(十)修改公司章程;

(十一)公司章程规定的其他职权。

二、股东会会议的召集

股东会会议分为定期会议和临时会议两种。定期会议应当依照公司章程的规定按时召开。所谓股东会的定期会议,是指按照公司章程规定在一定时期内必须召开的会议。股东会的临时会议,是指公司章程中没有明确规定什么时间召开的一种不定期的会议。临时会议相对于定期会议,是指在正常召开的定期会议之外,由于法定事项的出现而临时召开的会议。临时会议是一种因法定人员的提议而召开的会议。

《公司法》第 40 条规定："有限责任公司设立董事会的,股东会会议由董事会召集,董事长主持;董事长不能履行职务或者不履行职务的,由副董事长主持;副董事长不能履行职务或者不履行职务的,由半数以上董事共同推举一名董事主持。有限责任公司不设董事会的,股东会会议由执行董事召集和主持。董事会或者执行董事不能履行或者不履行召集股东会会议职责的,由监事会或者不设监事会的公司的监事召集和主持;监事会或者监事不召集和主持的,代表十分之一以上表决权的股东可以自行召集和主持。"第 41 条第一款规定:"召开股东会会议,应当于会议召开十五日前通知全体股东;但是,公司章程另有规定或者全体股东另有约定的除外。"

实践当中,股东会会议的通知与召集程序是涉及股东会会议决议是否有效的基础性法律问题。股东会会议通知程序包括三个部分,即股东委派代表参加股东会、确认股东通讯地址与通知方式、通知会议内容等事宜。

《公司法》里面并不禁止有限责任的股东委派代表参加股东会。为防止因授权文件瑕疵导致股东会会议程序受到影响,会议通知中最好随附一份代理出席股东会会议的授权书范本。

若股东在公司的通讯录上面留有经股东本人确认过的收信地址,即可以用 EMS 或者挂号信方式向该地址寄送股东会会议通知书与《授权委托书》。切记将底单原件与在官网上面查询到的送达结果留存。

若公司通讯录上面没有经股东本人确认过的收信地址。若有确定证据证明股东的经常居住地,即可以用 EMS 或者挂号信方式向该地址和股东身份证上的地址同时寄送股东会会议通知书与《授权委托书》。切记将底单原件与在官网上面查询到的送达结果留存。

在不知道股东的经常居住地的情况下,可以用 EMS 或者挂号信方式向该股东身份证上地址寄送股东会会议通知书与《授权委托书》。切记将底单原件与在官网上面查询到的送达结果留存。

若公司留有股东本人确认过的电子邮箱,可以向股东的该电子邮箱发送股东会会议通知与《授权委托书》。向股东发送该邮件时,应使用带有发送回执的邮箱进行发送,以便确定对方的收件状态(是否打开邮件)。切记注意将邮件发送成功与对方已打开邮件的证据予以保存。

若知道股东确定所在地,也可派专人予以送达股东会召开通知与《授权委托书》。若股东本人签收或成年家属代为签收,应让签收人在送达回证上面签字,若股东拒绝签字的,必须录像予以证明。

股东会会议通知的内容包括:会议时间、地点、参会人员名单、会议审议事项、会务常设联系人姓名,电话号码等内容。在股东会会议通知里面,应明确写明参会人员。董事、监事、高级管理人员应当列席并接受股东的质询。

三、股东表决权的行使

表决权可由股东亲自行使,也可由经股东授权的人代为行使。在有限责任公司中:股东会会议由股东按照出资比例行使表决权;在股份有限公司中:股东出席股东大会会议,所持每一股份有一表决权。普通股一般每股代表一票。

表决权的行使,一般原则为"一股一票"和"资本多数决"。

在投票时,除了一般规则,我国还设计了累积投票制。《公司法》第105条规定:"董事、监事选举的累积投票制股东大会选举董事、监事,可以依照公司章程的规定或者股东大会的决议,实行累积投票制。本法所称累积投票制,是指股东大会选举董事或者监事时,每一股份拥有与应选董事或者监事人数相同的表决权,股东拥有的表决权可以集中使用。"

《公司法》第44条对"修改公司章程、增加或者减少注册资本的决议,以及公司合并、分立、解散或者变更公司形式的决议"规定表决程序即"必须经代表三分之二以上表决权的股东通过",这是法律的强制性规定,公司章程不能作出相反的规定,否则无效。据此,上述四项决议为特别决议事项,公司章程关于特别决议事项的表决程序的规定必须符合《公司法》的强制性规定。

除此四项特别决议以外,公司法授权公司章程对其他决议事项进行规定,这些事项则为普通决议事项。公司章程作为公司自治规范,其对股东会会议决议的规定体现了全体股东的自由意志,因此,对全体股东具有约束力。

四、股东会决议无效、撤销、不成立

股东会决议的无效,是指股东会决议做出以后,因其内容违法而不具有法律效力。《公司法》第22条第一款规定:"公司股东会或者股东大会、董事会的决议内容违反法律、行政法规的无效。"《公司法解释四》第1条规定:"公司股东、董事、监事等请求确认股东会或者股东大会、董事会议无效或者不成立的,人民法院应当依法予以受理。"根据上述规定,公司股东、董事、监事等均可以起诉请求确认股东会决议无效,而不是仅限于股东。判断谁能作为股东会决议无效诉讼的原告时,一个最重要的标准必须是决议内容的利害关系人,如股东、董事、监事、高管等。起诉请求法院宣告决议无效的诉讼时效法律并未进行规定,意味着起诉决议无效并无诉讼时效限制。

股东会决议的撤销,是指股东会决议做出以后,其程序违反法律、法规规定或公司章程约定,或者内容违反公司章程的约定,股东可以起诉请求撤销该决议。《公司法》第 22 条第二款规定:"股东会或者股东大会、董事会的会议召集程序、表决方式违反法律、行政法规或者公司章程,或者决议内容违反公司章程的,股东可以自决议做出之日起六十日内,请求人民法院撤销。"《公司法解释(四)》第 2 条规定:"依据公司法第二十二条第二款请求撤销股东会或者股东大会、董事会决议的原告,应当在起诉时具有公司股东资格。"根据上述法律规定,起诉撤销决议的原告必须在起诉时是公司的股东。起诉撤销决议有诉讼时效限制,必须在决议做出之日起六十日内起诉,否则会因超过时效而无法胜诉。值得注意的是,不是所有的"股东会会议召集程序、表决方式违反法律、行政法规或者公司章程,或者决议内容违反公司章程的"股东会决议都会被撤销,如果仅仅是轻微瑕疵,并不会对会议的目的和结果产生实质性影响,则可能无法撤销。

股东会决议的不成立,是指股东会决议并不是符合《公司法》和公司章程的股东会的意思表示。《公司法解释(四)》第 5 条对决议不成立的情形进行了规定,主要有以下几种:"(一)公司未召开会议的,但依据公司法第三十七条第二款或者公司章程规定可以不召开股东会或者股东大会而直接做出决定,并由全体股东在决定文件上签名、盖章的除外;(二)会议未对决议事项进行表决的;(三)出席会议的人数或者股东所持表决权不符合公司法或者公司章程规定的;(四)会议的表决结果未达到公司法或者公司章程规定通过比例的;(五)导致决议不成立的其他情形。"根据《公司法解释(四)》第 1 条的规定,公司股东、董事、监事等决议的利害关系人均可以起诉要求法院确认股东会决议不成立,且《公司法》及司法解释并未规定起诉请求确认决议不成立的诉讼时效,因此起诉决议不成立也没有诉讼时效限制。

第三节　董事会的职权划分及法律风险

一、董事会的概念及职权

董事会是指由股东会选举产生的集体业务执行机关与经营意思决定机关,董事会由股东会选举,对股东会负责,是公司的必设和常设机关。

根据我国《公司法》第 46 条规定,董事会行使下列职权:

(1)召集股东会会议,并向股东会报告工作;

(2)执行股东会的决议;

(3)决定公司的经营计划和投资方案;

(4)制订公司的年度财务预算方案、决算方案;

(5)制订公司的利润分配方案和弥补亏损方案;

(6)制订公司增加或者减少注册资本以及发行公司债券的方案;

(7)制订公司合并、分立、解散或者变更公司形式的方案;

(8)决定公司内部管理机构的设置;

(9)决定聘任或者解聘公司经理及其报酬事项,并根据经理的提名决定聘任或者解聘公司副经理、财务负责人及其报酬事项;

(10)制定公司的基本管理制度;

(11)公司章程规定的其他职权。

二、董事会的组成人员

根据我国《公司法》的规定,董事会由 3～13 人组成,董事会设董事长一名。董事长可以为公司的法定代表人。董事长、副董事长的产生办法由公司章程规定。通常来说,董事长由董事会选举产生,也有大股东委派的情况。在有两个以上的国有企业或者两个以上的其他国有投资主体设立的有限责任公司,董事会当中应当有职工代表。股份有限公司的董事会由 5～19 人组成。我国《公司法》未对董事的任职年龄做出限制,但是通常来讲,未成年人不宜担任董事。

股东人数较少和规模较小的有限责任公司,可以设一名执行董事,不设立董事会。执行董事可以兼任公司经理。执行董事的职权由公司章程规定。

三、执行董事、非执行董事、独立董事、董事局主席等概念

在一些上市公司或者股份公司、规模较大的公司,设了董事局、执行董事和非执行董事等称谓,所谓执行董事,也称积极董事,是指在董事会内部接受委任担当具体岗位职务,并就该职务负有专业责任的董事。但该执行董事并非《公司法》意义上的执行董事,《公司法》上的执行董事,其作为一级机构,与董事会具有同等的法律地位,但日常商业行为中的"执行董事、非执行董事"显然与《公司法》规定不符。也有一些公司将董事会称为董事局,但实际上仍然是董事会。

独立董事是《公司法》规定的概念。独立董事是指独立于公司股东且不在公司中内部任职，并与公司或公司经营管理者没有重要的业务联系或专业联系，并对公司事务做出独立判断的董事。公司法规定的独立董事制度适用于上市公司。但在实践中，不少非上市公司也引入了独立董事制度。

四、董事会议事规则

董事会和股东会均为会议体结构，以参加董事会会议并形成决议的方式行使权利，董事会会议分为定期会议和临时会议。

临时会议，也称特别会议，是指在定期会议之间于必要时召开的、不定期的董事会会议。董事会会议应严格按照规定的程序进行。董事会应按规定的时间事先通知所有董事，并提供足够的资料，包括会议议题的相关背景材料和有助于董事理解公司业务进展的信息和数据。董事会应当对所议事项的决定做成会议记录，由出席会议的董事在会议记录上签名存档，并对董事会的决议承担责任。

董事会会议必须有法定最低人数的董事出席方可举行，并形成有效的董事会决议。为保证董事会会议的民主决策，法定人数应当超过董事会成员的半数。我国《公司法》明确规定了股份有限公司董事会会议的法定人数，应由 1/2 以上的董事出席方可举行。对于有限责任公司，《公司法》没有明确限定董事会会议的法定人数，应由公司章程确定。此外，我国《公司法》规定，公司经理、监事有权列席董事会会议。如果董事会会议审议涉及公司改制及经营方面的重大问题，或者制定重要的规章制度，应当听取工会的意见。

对于董事会的表决事项，我国《公司法》规定实行一人一票制度，但是对于表决事项的通过则有所区分，根据《公司法》第 111 条规定，股份公司董事会会议应有过半数的董事出席方可举行。董事会做出决议，必须经全体董事的过半数通过。而对于有限公司，则是由公司章程规定。

五、董事会下设机构

对于上市公司，《上市公司治理准则》对董事会的专门委员会做了专门规定，但随着现代企业制度的发展，规模稍大的公司在董事会下往往设置专门委员会及董事会秘书。专门委员会至少包括审计委员会、薪酬与考核委员会、提名委员会、战略决策委员会。

董事会秘书为上市公司高级管理人员，由董事会聘任并对董事会负责，是上市公司与证券交易所之间的指定联络人。其对外负责公司信息披露、投资者关系管理；对内负责股权事务管理、公司治理、股权投资、筹备董事会和股东大会，保障公司规范化运作等事宜。但现在非上市公司中，也大量引入董事会秘书制度。

六、董事会决议无效的情形

我国《公司法》第 22 条规定："公司股东会或者股东大会、董事会的决议内容违反法律、行政法规的无效。股东会或者股东大会、董事会的会议召集程序、表决方式违反法律、行政法规或者公司章程，或者决议内容违反公司章程的，股东可以自决议做出之日起六十日内，请求人民法院撤销。股东依照前款规定提起诉讼的，人民法院可以应公司的请求，要求股东提供相应担保。公司根据股东会或者股东大会、董事会决议已办理变更登记的，人民法院宣告该决议无效或者撤销该决议后，公司应当向公司登记机关申请撤销变更登记。"

根据以上规定，董事会会议召集程序、表决方式违反法律、行政法规或公司章程，或者决议内容违反公司章程的，股东可以自决议做出之日起六十日内，请求人民法院撤销。

第四节 总经理的职权及职权行使方式

一、总经理的法律地位

经理（日常生活中称总经理、总裁）是我国《公司法》规定的法定常设机构，与董事会、股东会的会议体机构不同，总经理是公司日常工作的主持者，是董事会聘任的高级管理人员，以总经理为首的经营班子负责执行董事会的决策，在董事会授权范围内拥有公司事务的管理权，直接处理公司的日常经营事务，公司的全体成员都应该在总经理的领导下，开展日常工作。同时，总经理又是高级劳动者，受《劳动法》与《劳动合同法》保护，而有的公司章程规定，总经理还可以成为公司的法定代表人。

二、总经理的职权

董事会可以聘任经理管理公司的日常经营，根据《公司法》第 49 条规定，经理行使下列职权：

(1)主持公司的生产经营管理工作，组织实施董事会决议；

(2)组织实施公司年度经营计划和投资方案；

(3)拟订公司内部管理机构设置方案；

(4)拟订公司的基本管理制度；

(5)制定公司的具体规章；

(6)提请聘任或者解聘公司副经理、财务负责人；

(7)决定聘任或者解聘除应由董事会决定聘任或者解聘以外的负责管理人员；

(8)董事会授予的其他职权。

三、经理的工作细则

公司的管理层是以总经理为核心的管理团队，其中，总经理人选由董事长提名，董事会决议聘任或解聘；副总经理人选由总经理提名，董事会决议聘任或解聘；其他部门主管人员由总经理决定任命或解聘。总经理对董事会负责，副总经理及其他主管人员向总经理负责。

管理层的工作机构包括总经理办公会和总经理会议。《总经理工作细则》详细规定了总经理应具备的条件、任免、职权范围和议事规则以及总经理的工作责任和义务。它是总经理开展日常工作应遵循的程序性和实质性规定。如果您没有担任总经理的经历，《总经理工作细则》会对您开展总经理工作有很大的启发和指导意义。

总经理是公司日常管理的主要管理人，要对公司尽心尽力地管理和经营，但总经理工作不是简单地想到哪儿就干到哪儿，它的职权范围在《公司法》和公司章程中都有明确的规定。因此，总经理只能在职责范围内开展工作。总经理管理公司日常工作，可能会形成一定的权威性，但它不可代替董事会行使职权，也不可代替监事会行使职权。董事会、监事会、总经理可以说是公司的"三驾马车"，他们之间的职权分工明确，决策内容和工作程序也不尽相同。因此，如果您担任了有限责任公司的总经理,应拟定一部《总经理工作细则》,使总经理的工作能够程序化、规范化。这除了是发展和管理公司的需要外,也是建立现代企业管理的需要。

第五节　监事会的职权及职权行使方式

为监督公司的经营,我国《公司法》规定了监事会和监事制度,根据《公司法》第 53 条规定:"监事会、不设监事会的公司的监事行使下列职权:(1)检查公司财务;(2)对董事、高级管理人员执行公司职务的行为进行监督,对违反法律、行政法规、公司章程或者股东会决议的董事、高级管理人员提出罢免的建议;(3)当董事、高级管理人员的行为损害公司的利益时,要求董事、高级管理人员予以纠正;(4)提议召开临时股东会会议,在董事会不履行本法规定的召集和主持股东会会议职责时召集和主持股东会会议;(5)向股东会会议提出提案;(6)依照本法第一百五十一条的规定,对董事、高级管理人员提起诉讼;(7)公司章程规定的其他职权。"第 54 条规定:"监事可以列席董事会会议,并对董事会决议事项提出质询或者建议。监事会、不设监事会的公司的监事发现公司经营情况异常,可以进行调查;必要时,可以聘请会计师事务所等协助其工作,费用由公司承担。"第 55 条规定:"监事会每年度至少召开一次会议,监事可以提议召开临时监事会会议。"

第六节　股权转让有关法律问题

股权转让问题一直是经济生活中极为常见的操作,也是企业风险管理的重点和难点。根据现有的实践及商业行为,有如下重点问题:

一、股权转让合同的生效问题

目前,股权转让合同何时生效是实践的一个难点问题。一般认为,股权转让合同与股权移转(或股权实际交付)是两种不同性质的法律行为,股权移转需要办理股权变更登记(包括股东名册登记和工商登记)手续,股权变更登记是股权转让合同的履行内容,而非转让合同的生效要件。我国《公司法》未规定股权转让合同需办理变更登记方始生效,股权转让合同自双方协商一致即成立,如无其他限制规定,股权转让合同自成立起生效。

(一)违反法定程序的股权转让合同生效问题

我国《公司法》规定,股东向股东以外的人转让股权,应当经其他股东过半数同意;经股东同意转让的股权在同等条件下,其他股东有优先购买权。实际生活中,有的股东未经其他股东过半数同意或者其他股东放弃优先购买权即与股东之外的第三人签订股权转让合同,有时还存在受让人合同订立后已经进入公司行使股权的情形。股权转让合同何时生效,股权转让合同效力与其他股东过半数同意或放弃优先购买权的关系如何,目前争议较大。

(二)当事人约定附生效条件的股权转让合同生效问题

股权转让合同自成立时生效,实践中存在当事人在合同中约定生效条件,如约定合同公证、受让人支付转让款、转让人交付公司账簿和文件资料或公章、转让人办理公司变更登记等为转让合同的生效条件。但有些当事人在条件尚未成熟就签订合同、尚未发挥效力时就实际履行或部分履行了合同,如受让人支付转让款或实际行使了股权,转让人交付了有关公司资料等。由此引发的纠纷主要包括以下几种情形:已经履行合同一方请求另一方履行合同,而对方则以合同未生效抗辩;已经履行合同一方因公司业绩滑落及股权贬值以合同未生效为由主张返还财产或其他权利,另一方则以合同实际履行主张合同有效;在公司发展较好及股权升值时,未履行合同一方主张合同未生效或撤销合同。除纠纷本身的事实和法律效力认定外,当事人订立的附条件合同在已部分实际履行的情况下产生矛盾,如合同所附条件是合同的主要履行义务,如支付转让款、办理股权变更登记手续,一方不履行则合同不生效,合同不生效则无法约束当事人履行义务。

二、公司章程或协议对股权转让的影响

股东通过章程或协议对股权转让进行限制,当股东违反公司章程或协议有关限制转让的规定,如何认定股权转让的效力,是实务中的难点。

我国《公司法》明确了公司章程可对股权转让另行做出规定,实际上赋予了公司章程对股权转让进行限制的权利。但《公司法》未进一步规定在公司章程对股权转让的限制与法定限制不一致或相冲突的情形下如何协调和处理,当事人违反章程限制的股权转让的效力如何认定。另外,《公司法》对协议限制股权转让未做规定。

我国《公司法》规定了股东之间的股权自由转让以及向股东之外的人转让的限制条件和程序,同时规定公司章程对股权转让另有规定的,从其规定。公司章程对股权的内部和外部转让均可做出限制。章程限制可以做出严于《公司法》限制条件的约定,但不能宽于或低于公司法定条件,即章程对于法定限制可以加重而不得缓和。

《公司法》未规定协议限制股权转让。限制股权转让的协议可以是股东之间的协议,也可以是股东与公司之间的协议,也可以是股东或公司与第三人之间的协议。协议与章程一样属于股东和公司自治范畴,如未违反法律强制性规定,一般应尊重当事人的选择,允许协议限制。对于协议限制的要求基本与章程限制相同,限制应严于而不能低于法定限制,否则不能产生效力。违反协议限制的股权转让,根据合同相对性原理,在约定限制的协议当事人之间发生合同约束力,对于协议之外第三人不生效力。违反协议限制的股权转让的效力一般应依《民法典》规定处理。股权转让并不因协议限制而当然无效。

三、瑕疵股权转让有关问题

实践中,瑕疵股权主要包括两种情形:一是公司设立时股东未出资、出资不实以及公司设立后股东抽逃资金等形成的出资瑕疵股权;二是股权被用于担保,或被查封,或公司处于破产、关闭、清算程序中,股权的存在受到威胁,股权因而具有特殊的权利瑕疵。瑕疵股权纠纷主要发生在第一种情形。

瑕疵股权转让不能产生无效的法律后果,并意味着股权转让当然具有法律效力。瑕疵股权转让,一般分为受让人知道或应当知道股权存在瑕疵和受让人不知道或不应当知道股权瑕疵两种情形。对于第一种情形,受让人知道股权存在瑕疵仍接受转让,应当对此承担相应的法律后果,与转让人共同承担出资瑕疵责任。对于第二种情形,受让人不知道或者不应当知道股权瑕疵并签订了转让协议,可以转让人存在欺诈或显失公平为由请求法院撤销股权转让协议。

股权转让协议无效或者撤销的诉讼请求不予支持,瑕疵股权转让产生的损害赔偿责任并不能因此消灭。瑕疵股权应当得到补正,不实出资应当补足。

转让股东应当保证股权的合法存在,对股权存在瑕疵的情况如实披露,否则应承担权利瑕疵担保责任。受让人明知股权被用于担保、被查封或公司处于破产、关闭、清算程序中仍签订股权转让合同,受让人当然承受股权瑕疵后果,转让人不承担瑕疵担保责任。受让人不知权利瑕疵并且转让方未尽披露义务,转让方承担权利瑕疵担保责任。受让方可以获得的救济途径包括:拒绝支付转让款;要求转让方去除被担保或被查封的股权的权利瑕疵危险义务;减少转让价款;在有违约金约定的情况下可请求违约金的支付;解除合同;在股权丧失后,可以请求损害赔偿。对于解除转让合同的请求,法院仍应慎重支持,理由已如前述。

四、职工持股转让问题

职工持股是我国经济体制改革中一个特有现象。我国国有企业和集体企业在公司化改制中,为保障职工的合法利益和调动职工的积极性,企业将企业资本变更为股份并量化给职工个人持股。由于企业职工众多,极易突破公司法的股东人数限制,职工持股往往集中于职工持股会或公司工会统一持有和管理,由职工持股会或工会作为名义股东行使股权。对于职工持股目前没有统一的法律和行政法规进行规范,有关规定散见于地方性法规和行政规章及政策性文件中。职工持股往往与其职工身份结合在一起,职工具有劳动者和股东的双重身份,同时职工股一般也是低价或无偿取得,具有社会保障福利性质。由于职工持股的特殊性,职工持股的转让在实践中经常引发争议,如何处理此类纠纷是法院面临的颇为棘手的问题。目前职工持股转让主要存在两方面的问题:其一,职工在职期间能否转让持股,可向谁转让;其二,职工由于辞职、被辞退等原因离开公司,其持股能否转让或退股,公司能否强制其退股,如何确定其持股价格。

处理职工持股转让问题,首先应尊重企业和职工的意愿,按照企业内部有关规章和制度处理,在不违反法律法规强制性规定和不违反职工持股的内在机制的情况下,内部规章可作为处理依据。在无内部规定或规定不合理、不合法的情况下,按照当前的规章政策处理,维持现有的利益关系,维护政策的稳定性和保持公司的稳定,也应当看到目前的问题是特殊阶段特有的问题,采取特殊的措施予以解决,同时根据实践发展的需要逐步加以规范和引导,对于企业已经逐步公司化,持股已经逐步过渡到规范的股权等企业,虽然仍保留了职工持股的形式,但也可按照公司法规范加以处理,或者将其规范为信托形式依信托制度加以处理。对于第一个问题,鉴于职工持股建立在公司职工资格的基础上,职工资格决定持股,职工在职期间对职工之外的人转让原则应当不予准许,除非公司或职工大会同意,或者决定权由职工持股会或工会行使。对职工之间的转让,不涉及股东资格问题,原则上不予禁止,但职工持股会应当有优先购买权,以保证职工持股的平等性和均衡性。对于第二个问题,在职工持股与职工资格较有密切联系的企业,职工辞职或被辞退等原因离职,职工有权要求退股,由职工持股会收回或由公司收购。公司及职工持股会或工会也有权强制离职职工退股。这种强制性针对的是持股股权,而非针对职工资格,所以不影响劳动者身份权的保障。股权价格应按照公司章程或有关职工持股的规定处理,或者协商议定,在无规定或协商不成的情况下,可根据市场价格评估并结合职工在企业的贡献和年资综合认定。在企业公司化程度较高的企业,股权与劳动者身份日渐分离,股权社会化,因此职工持股一般应允许转让,无论在职工之间还是对外转让,当然为维护形式上的职工持股制度,也应允许职工持股会或工会享有优先购买权。转让价格可按事先规定处理,或按照市场价格评估确定。

五、优先购买权中"同等条件"的确定

关于同等条件,一般有两种观点:一是绝对同等说,即认为其他股东的股权购买条件应与第三人的购买条件绝对相同和完全一致;二是相对同等说,即认为其他股东的购买条件与第三人大致相等即可。绝对同等说操作直观、容易,但过于严苛,不利于保护优先购买权,也可能对转让造成困难。相对同等说符合实际,但可操作性差,标准不易把握,也对转让不利。实务中对同等条件的理解和处理,应当根据实际情况,具体问题具体分析。股权转让的条件一般包括转让价格、支付方式、履行期限和其他约定条件,其中转让价格是最重要的条件。一般股权转让中,应当以转让价格为主要标准或单独标准,同等条件应体现价格相同,其他条件如支付方式、履行期限不能作为独立条件加以比较和认定,支付方式和履行期限在合理限度内的差异应当允许,可视为条件相等。对于影响转让价格的其他条件,如一些优惠条件或利益交换,包括代偿债务、提供贷款保证、股权交换等,则应考虑其他因素的价值,综合评定其他因素价值,最终确定转让的真实价格。如果当事人协商确定同等条件,应无不可。

六、涉及继承的股权转让问题

股权是否可以继承,我国旧《公司法》对此没有规定。理论界和实务界存在

争议,特别是法院审理涉及股权继承纠纷案件裁判结果不统一。否定股权可以继承的观点主要是从股权具有身份权的特性出发,认为身份权不可继承,股权当然不能继承。赞成股权可以继承的观点则认为,股权虽带有股东身份色彩,但股权基于出资产生,本质上属于财产权,身份权附属于财产权而存在,根据《继承法》的规定,股权当然可以继承。我国新《公司法》第 76 条对此作了明确规定,自然人股东死亡后,其合法继承人可以继承资格;但是,公司章程另有规定的除外。新《公司法》实施后的涉及股权继承纠纷案件当然适用新《公司法》,新《公司法》实施前的股权继承纠纷案件,因旧《公司法》没有规定,应当参照新《公司法》的规定进行裁判,确认股权可以继承。在审理股权继承案件时,应适用《继承法》和《公司法》。

股权可以继承,并不意味着继承人当然取得股东资格。从新《公司法》第 76 条全文理解,法律未规定股权必须或当然继承,股权可以继承属于任意性规则,可由行为人自行选择或协商,新《公司法》赋予了公司章程对股权继承另作规定的权利。从立法目的看,新《公司法》该条规定主要是明确股权的可继承性,表明法律不禁止股权继承,具有指引功能。至于股权是否能够继承以及如何继承,则交由公司章程确定。因此,公司章程可以允许股权继承,也可以限制甚至禁止股权继承,并且公司章程可以对股权如何继承做出具体安排。在不损害或剥夺继承人的合法权益的前提下,公司章程关于股权继承的规定应为有效。继承人能否继承股东资格,取决于公司章程的规定。国家工商行政管理局《关于公司股东变更有关问题的答复》(工商企字〔1999〕第 12 号)规定,自然人股东死亡后,其合法继承人或受赠人取得其股东地位。该批复直接规定股权当然继承,不符合现行公司法规定,且为行政规章,不能作为股权继承纠纷案件的裁判依据。

公司章程没有对股权继承做出规定时,继承人继承股东资格,应当经股东过半数同意。继承人应向公司提出继承股权的申请并书面通知其他股东征求同意,其他股东自接到书面通知 30 日内未答复的,视为同意继承。其他股东过半数同意的,继承人即可以取得股东资格。按照新《公司法》第 74 条规定,由公司注销被继承人股东的出资证明书,向继承人签发出资证明书,并相应修改股东名册中有关股东及其出资额的记载。继承人虽为股东外的人,但因其继承关系及继承人对股权具有特定利益,因此继承人取得股东资格的条件应比向股东外的人转让股权的条件更为宽松。其他股东半数以上不同意继承的,则继承人不能继承股权,该继承股权应当按照新《公司法》第 72 条规定转让。继承人作为股权转让人,可向公司其他股东转让,也可向股东之外的人转让。股权转让价款由继承人与受让人协商确定,协商不成时,按照股权价值的估价方法确定,继承人也可向人民法院提起诉讼,由法院裁定转让价格。

继承人为多人时,法律未禁止多人继承股东资格,可由公司章程规定。公司章程未做规定时,由股东会按照《公司法》决议确定。如公司章程或股东会议仅确定一个继承人或部分继承人继承股东资格时,其他继承人有权从取得股东资格的继承人那里获得其应得继承份额的补偿。

继承人为无行为能力人或限制行为能力人时能否取得股东资格,《公司法》未禁止无行为能力人或限制行为能力人成为股东,应当允许继承取得股东资格。司法实践中,有的法院判决无行为能力人或限制行为能力人不能取得股东资格,这种做法值得商榷。无行为能力人或限制行为能力人继承人取得股东资格后,可按照民法有关规定,由其监护人代为行使股权。

继承人不愿继承股东资格,被继承股权应当转让。如公司章程对此未做规定,被继承股权的转让按照新《公司法》第 72 条规定进行,股权转让价格由继承人与受让人协商,协商不成可向人民法院请求司法估价。

七、涉及夫妻共有财产分割的股权转让问题

现代的婚姻家庭财产不仅包括生活资料,也扩展到投资经营性的财产,如股权。夫妻以夫妻共同财产投资于公司,并以配偶二人名义或配偶一人名义出资,形成股权。当因夫妻离婚或其他原因分割夫妻共同财产时,以夫妻共同财产形成的股权自应以适当的方式在夫妻间重新分配,形成特有的一种股权转让方式。这种形式的股权转让,涉及婚姻和公司,应依照婚姻法和公司法的有关规定确认夫妻共同财产并处理转让问题。我国新旧《公司法》《婚姻法》均未规定涉及夫妻共同财产分割的股权转让。最高人民法院《关于适用〈中华人民共和国婚姻法〉若干问题的解释(二)》第 16 条做了相关规定,人民法院审理离婚案件,涉及分割夫妻共同财产中以一方名义在有限责任公司的出资额,另一方不是该公司股东的,按以下情形分别处理:

(一)夫妻双方协商一致将出资额部分或者全部转让给该股东的配偶,过半数股东同意、其他股东明确表示放弃优先购买权的,该股东的配偶可以成为该公司股东;

(二)夫妻双方就出资额转让份额和转让价格等事项协商一致后,过半数股东不同意转让,但愿意以同等价格购买该出资额的,人民法院可以对转让出资所得财产进行分割。过半数股东不同意转让,也不愿意以同等价格购买该出资的,视为其同意转让,该股东的配偶可以成为该公司股东。

司法实践中,涉及夫妻共同财产分割的股权转让纠纷案件很多,主要包括两种情形:夫妻二人均为一家公司股东的股权转让纠纷;夫妻一人为股东的股权转让纠纷。

　　夫妻二人均为一家公司股东的情形,包括夫妻二人设立的公司、夫妻二人及其他股东设立经营的公司。前者涉及一人公司问题,股权在夫妻之间也即股东之间转让,按照《婚姻法》和《公司法》的有关规定处理即可。在有其他股东存在的公司中,夫妻二人的各自股权理论上属于夫妻共同财产,应当在分割共同财产时进行重新分配。如配偶一方持有股权占40%,而另一方占5%,如果确定45%的股权属于夫妻共同财产,存在名义出资的问题,则须在分割时进行股权转让或股权价值补偿。如夫妻事先或事后协商约定股权各自持有,应不成问题。如果夫妻双方事先没有约定或事后达不成协议,则分别情况处理:维持原股权不变,一方给予另一方合理的其他补偿;双方均转让股权,转让价款按规定分配;一方按公司法规定向夫妻外的人转让股权,持有股权比例高的一方给予另一方合理补偿;依夫妻共同财产分割方案重新安排夫妻股权,股权在夫妻股东之间自由转让。对于以上情形,公司章程另有规定的,应从其规定。

　　夫妻一人为股东的,涉及夫妻共同财产分割的股权转让问题,在实践中较为突出。新《公司法》实施前,按照最高人民法院《关于适用〈中华人民共和国婚姻法〉若干问题的解释(二)》第16条的规定处理有关纠纷。新《公司法》实施后,适用该解释则存在一定的问题。该解释虽然是对适用婚姻法的有关问题做出的规定,但实际上也是对旧《公司法》的解释,涉及了股东同意和优先购买权等《公司法》问题。旧《公司法》在股东"同意权"、"优先购买权"等问题上的规定与新《公司法》存在不同,如旧《公司法》规定的"全体股东过半数同意",而新《公司法》则改订为"其他股东过半数同意"。如果夫妻一方配偶为多数股东,则该司法解释中许多需要股东同意情形的规定,配偶股东未回避,可能因配偶股东的反对而流于形式,损害另一方配偶的合法权益。因此,应当根据新《公司法》的有关规定,对于上述问题做出适用《公司法》的司法解释。

　　夫妻一方为股东的涉及夫妻共同财产分割的股权转让问题,实质是夫妻另一方能否成为公司股东,即股权能否在夫妻之间自由转让问题。新《公司法》未对夫妻之间股权转让做出禁止性规定,股权可以在夫妻之间自由转让,但公司章程另行规定的除外。公司章程可以限制夫妻之间的股权转让,但公司章程的限制规定不得侵害夫妻双方的合法权益。股权向夫妻一方转让,实质上是向股东外的人转让。公司章程没有规定的,应当按照新《公司法》第72条第二款关于向股东外的人转让股权的规定处理。其他股东半数以上不同意股权向夫妻一方转让的,不同意转让的股东应当购买该转让的股权,不购买的,视为同意转让。股权转让价款由转让方和受让方协商,协商不成的,当事人可向人民法院提起诉讼请求司法估价。经股东同意转让的股权,在同等条件下,其他股东有优先购买权。优先购买权行使的同等条件,应当由转让股东与公司协商确定,协商不成的,可向人民法院提起诉讼,由法院裁定转让价格和其他同等条件。

第七节 公司僵局与解决方式

我国公司的主要机构设置为股东会、董事会、经理层（以总经理为核心的高管团队），正常情况下三大机构团结协作又能适当制衡，把握市场规律，促进企业发展。但在实践中，股东之间、股东与董事会之间、董事会与经理层之间等矛盾未能解决而导致公司破产的案例比比皆是，让人唏嘘。

所谓"公司僵局"一般是指公司在存续运行中由于股东、董事、经理层之间矛盾激化而处于僵持状况，导致股东会、董事会、经理层等公司机关不能按照法定程序做出决策，从而使公司陷入无法正常运转，甚至瘫痪的状况。《布莱克法律词典》给公司僵局下的定义是"公司的活动被一个或多个股东或董事的派系所停滞的状态，因为他们反对公司政策的某个重大方面"。一般情况下，公司僵局的局面大都出现在有限责任公司，尤其容易发生在股东较少的有限责任公司，股东人数和持股比例相差无几，从而使得无法根据《公司法》的相关规定做出相应的决策，从而使得公司的决策无法进行。

一、公司僵局类型

公司僵局可以分为股东僵局和董事僵局两种类型，我国有些学者将公司僵局具体分为了三个类别。

(一)股东僵局

由于股东之间的严重分歧，在连续两次股东会上无法形成有关公司经营的有效决策，并且因此可能导致对公司造成实质性损害。

(二)董事僵局

由于董事之间的严重分歧，在连续两次董事会上无法形成有关公司经营的有效决策，并且因此可能导致对公司造成实质性损害。

（三）由股东僵局而引起的董事僵局

董事任期届满时，由于股东之间的严重分歧，连续两次股东会均无法选出继任董事，并因此导致董事会无法达到形成有效经营、有效决策的人数。

二、公司僵局的成因

公司僵局形成的原因分为表面原因和制度原因两种情况。

（一）表面原因

1.公司的股权机构不合理造成公司僵局

通常在股东较少的有限责任公司里，持股人往往持股比例均衡，甚至是相同的。持股人在经营理念和经营策略上如果无法形成一致的意见，加之有限公司本身就带有很强的人合性特点，当双方或者多方当初成立公司的信任破灭，关系出现僵化的时候，由于各自所占股权都无法形成有效的决策，进而会形成公司的僵局状态持续。

2.公司章程设计不合理造成公司僵局

如果公司章程规定股东会或董事会决议须经全体一致同意或赋予小股东一票否决权，则由于无法形成一致或小股东行使一票否决权也会导致决议无法通过，使公司陷入僵局。

3.股东失踪造成公司僵局

实践中可能出现股东或董事由于各种原因下落不明或长期杳无音讯，导致股东会或董事会无法正常召开，公司决议无法形成而造成的公司僵局。

4.股东和董事的道德风险造成公司僵局

实践中可能出现由于利益的纷争或其他原因大股东或董事私自扣留公章，股东或总经理擅自携带公司执照从人间蒸发等情形而造成的公司僵局。但是究其公司僵局形成的本质原因，还是因为公司的制度问题，现行的《公司法》有效地保护了公司股东权益和公司自身利益，但是也给公司的运营带来了一定风险，而这些风险正是导致公司僵局发生并持续的根本原因。我国现行公司法的制度安排和公司组织机构的封闭性是产生公司僵局的温床。

(二)制度原因

1.公司经营决策民主制度

根据《公司法》规定,公司的重大决策事项要获得股东会过半数表决权通过,特别重大的事项,如修改公司章程、增减公司注册资本等必须获得股东会表决权三分之二以上通过才能实施,而一般的经营决策事项则需交由董事会进行表决,获得董事会过半同意方可实施。如果股东或董事之间发生了激烈的矛盾和冲突,并采取完全对抗的态度,那么任何一方可能都无法形成这种过半数或者三分之二的表决多数,决议的通过变得近乎不可能,于是形成了公司僵局。可以说,正是这种经营决策民主制度为公司僵局的产生提供了制度土壤。

2.有限责任公司的组织结构制度

基于有限责任公司具有很强的人合性的特征,公司法对有限责任公司股权转让进行了较为严格的限制。根据我国《公司法》第 72 条的规定:"有限责任公司的股东之间可以相互转让其全部或者部分股权。股东向股东以外的人转让股权,应当经其他股东过半数同意。股东应就其股权转让事项书面通知其他股东征求同意,其他股东自接到书面通知之日起满三十日未答复的,视为同意转让。其他股东半数以上不同意转让的,不同意的股东应当购买该转让的股权;不购买的,视为同意转让。经股东同意转让的股权,在同等条件下,其他股东有优先购买权。两个以上股东主张行使优先购买权的,协商确定各自的购买比例;协商不成的,按照转让时各自的出资比例行使优先购买权。"该款条文从表面上来看,为有限责任公司股权转让提供了两种途径,一种是自由向公司其他股东转让,一种是征得公司其他股东同意的情况下,向公司股东以外的人转让,但是由于有限责任公司具有很强的人合性的特征,其设立以股东相互之间的信任为基础的。再加上有限责任公司的股权转让缺乏一个像股份有限公司股票转让那样的公开的市场,其转让难度无形中大幅度增加。所以在实践中,大多数情况下,公司股东以外的其他人,并不愿意通过受让股权的形式加入公司。于是大多数情况下,股东的股权转让大多数只能通过内部转让的形式得到实现。而在公司处于僵局时,这种内部转让的途径也就被阻断了。这就直接导致了公司僵局不能通过对外转让股权、退出公司而获得解决,从而使得公司僵局处于一种持续状态。

三、公司僵局出现后的解决方法

公司僵局无论对公司还是对股东的利益都构成严重的损害。因经营决策无法做出,公司无法进行正常的业务活动;而公司的管理混乱和瘫痪则导致公司的财产在持续地耗损和流失。公司僵局的出现和持续则表明,股东或董事之间的利益冲突或权利争执以及情感的对抗已经发展到极端的程度,各方之间已经丧失了最起码的信任,相互合作的基础已完全破裂。公司法所确立的制度虽然是公司僵局出现的根本原因,但是这些制度是《公司法》的根基,无法撼动,所以我们需要寻找一个途径来解决公司僵局出现后的问题,司法途径是我们解决公司僵局的首选途径。

在直接诉讼中诉请解散公司之诉是一种最严厉有效的救济措施,对于陷入僵局而无法开展经营、自力救济无补、行政主管部门解决无效的情况而言,起诉请求解散公司无疑具有明显的现实意义。

我国《公司法》第 183 条规定:"公司经营管理发生严重困难,继续存续会使股东利益受到重大损失,通过其他途径不能解决的,持有公司全部股东表决权百分之十以上的股东,可以请求人民法院解散公司。"为公司僵局下的司法解散提供了法律依据。但是由于法律规定过于原则化,使得人民法院在司法实践中关于解散公司之诉的具体问题很难操作,《最高人民法院关于适用〈中华人民共和国公司法〉若干问题的规定(二)》的出台恰恰解决了该问题,其第 1 条规定:"单独或者合计持有公司全部股东表决权百分之十以上的股东,以下列事由之一提起解散公司诉讼,并符合《公司法》第 183 条规定的,人民法院应予受理:(一)公司持续两年以上无法召开股东会或者股东大会,公司经营管理发生严重困难的;(二)股东表决时无法达到法定或者公司章程规定的比例,持续两年以上不能做出有效的股东会或者股东大会决议,公司经营管理发生严重困难的;(三)公司董事长期冲突,且无法通过股东会或者股东大会解决,公司经营管理发生严重困难的;(四)经营管理发生其他严重困难,公司继续存续会使股东利益受到重大损失的情形。"该解释的出台明确了法院受理解散公司之诉的几种情形,使得公司僵局的司法救济途径明朗化。但是目前在我国的法律中还没有找到其他解决公司僵局的法律依据,公司解散是否最好的解决办法?股东能否向法院请求"强制股权置换"和"分立公司"?我想我国可以借鉴国外相关的立法例,为更好地解决公司僵局问题提供更为完善的法律依据。

四、公司僵局的预防方法

公司僵局出现后,无论对公司还是对股东都会带来极大的损失,而且也违背了股东当初成立公司的目的,虽然法律上已经确立了公司僵局出现后的司法救济途径,但是由于公司僵局所带来的损失已经无法弥补。法学家汉密尔顿说过:"如果缺乏协议,对僵局的任何补救方案都不能完全令人满意。"

因此,股东们在公司成立之初就应当对公司可能出现的僵局问题加以预防。公司章程是公司成立之初股东之间一个公司合同,它具有契约性,我国《公司法》给予了股东在制定公司章程时很大的自治空间,因此,制定公司章程时,股东应当根据自身的情况充分利用,科学合理地设计表决权制度和公司的治理机构,这是对公司僵局最好的预防。我们主要可以通过在章程中确定如下的条款来起到公司僵局的预防作用。

(一)限制表决权行使制度

限制表决权行使制度。即由公司章程规定,一个股东持有的股份达到一定比例时,减少其投票权的数额。对控股股东的表决权加以限制,防止其利用资本多数决制度,侵害少数股东的合法权益。

(二)特定事项表决权制度

特定事项表决权制度,即交付股东会表决的特定事项必须经特定的类别股东同意方可通过。

(三)表决权回避制度

表决权回避制度(又称表决权排除,或表决权限制),包括股东表决权回避和董事表决权回避。所谓股东表决权回避制度是股东会表决时,与决议事项有特别的利害关系的股东应当回避,不得就该决议事项行使表决权,也不能由他人代理其行使表决权。所谓董事表决权回避制度,是指董事会通过某项决议时,与该项决议有特别利害关系的董事应当自行回避,不得行使表决权的制度。如关联交易,为股东、董事提供担保等都应当在章程中加以明确、具体规定。

(四)股东之间分享公司的控制权

股东之间分享公司的控制权,如股东可以在章程中约定一方担任董事长的,另一方委派的董事可以占多数;双方的董事人数相等时可以以公司的名义聘请中介机构出面委派独立董事;一方担任执行董事的,另一方担任总经理,并明确执行董事无权聘任或解聘总经理等。

(五)最终决定权制度

章程中可以赋予董事长在出现表决僵局时可以行使最终的决定权;也可以规定在董事会出现表决僵局时,可以将此事项交由股东大会表决。通过此种方法来改善董事僵局。

(六)明确约定公司解散事项

《公司法》第 44 条"股东会的议事方式和表决程序,除本法有规定的外,由公司章程规定。股东会会议做出修改公司章程、增加或者减少注册资本的决议,以及公司合并、分立、解散或者变更公司形式的决议,必须经代表三分之二以上表决权的股东通过。"股东会决议解散不能达成时,约定解散显得十分重要,股东可在章程中规定法定事由以外的其他解散事由,该事由一旦出现,公司即归于解散。

(七)明确约定股权转让事项

当公司陷入僵局时,小股东有权要求控股股东以约定的或以合理的价格收购股权。该约定是小股东和控股股东意思自治范畴,一经载入公司章程即对股东各方产生约束力。该约定是股东之间形成的股权预期转让法律关系,一旦条件成就,小股东就有权要求控股股东按照约定条件收购小股东的股权。

第四章
企业治理的法律风险检测指标设置

第一节 设立过程及股权架构法律风险检测指标

(1)是否存在公司法定代表人资格不符合国家规定的任职资格条件的情形?

(2)是否存在公司设立时程序不规范的情形? 如提交虚假材料或采取其他欺诈手段隐瞒重要事实,取得公司登记。

(3)公司章程是否符合法律规定?

(4)是否在公司章程或股东协议中约定固定回报条款?

(5)公司是否设置股东名册、签发出资证明书?

(6)设立分公司是否已办理登记手续?

(7)是否存在登记事项变更未办理变更登记的情形?

(8)公司合并或分立是否履行通知、公告等程序?

(9)公司被吊销营业执照或解散是否及时办理清算手续?

(10)是否存在股东的出资形式不符合规定的情形?

(11)是否存在注册资本未按期缴清或资产尚未办理过户手续的情形?

(12)是否存在用于出资的资产存在抵押、质押等产权负担情形?

(13)是否存在股东未交付货币、实物或未转移财产权等虚假出资情形?

(14)是否存在股东在公司成立后抽逃出资的情形?

(15)公司新增注册资本时,是否存在违反公司章程或法律规定的情形?

(16)公司减少注册资本时,是否存在未履行通知、公告等法定程序的情形?

(17)是否存在公司增加或者减少注册资本时未办理变更登记的情形?

第二节　股东主体资格及出资形式法律风险检测指标

股东主体资格及出资形式法律风险检测指标包括：

（1）股东资格是否存在违反国家禁止性规定的情形？

（2）是否存在公司的登记股东与实际股东不一致的情形？

（3）是否存在股东为私募基金公司未办理私募投资基金登记的情形？

（4）是否存在控股股东损害公司与其他中小股东表决权、分配权、知情权等权益的情形？

（5）是否存在股东的财产与公司的财产混同的情形？

（6）是否存在伪造法律文件的情形？

（7）是否存在出资的税务、决策、审批等方面违反法律规定的情形？

第三节　高级管理人员法律风险检测指标

高级管理人员法律风险检测指标包括：

（1）董事、监事、高级管理人员是否存在违反《公司法》第146条规定的五种任职资格的情形？

（2）董事、监事、高级管理人员是否存在竞业禁止情形或违反忠实、勤勉义务的情形？

（3）是否存在董事、监事、经理变更未办理备案手续的情形？

（4）是否存在董事会、监事会的设立与公司章程不一致的情形？

（5）是否存在董事、监事人数不符合法定人数要求的情形？

（6）是否存在监事会的组成人员中无职工代表的情形？

（7）是否存在股东会、董事会、监事会的职权、召集、议事规则等不规范的情形？

（8）股份公司是否存在直接或者通过子公司向董事、监事、高级管理人员提供借款的情形？

（9）是否存在公司机构设置职责不清晰、缺位或交叉，工作流程不明确的情形（如未设置法务部门等风险防控部门、内控混乱等）？

第三编

企业合同管理中的法律风险检测

　　本编通过对合同管理过程中的订立、履行、变更、违约处理及风险检测问卷设置的各个阶段可能会遇到的法律风险,分别进行论述,以确定企业在管理合同过程中遇到的法律风险,有的放矢地设置调查问卷,对企业日常经营过程中的法律风险进行检测,为加强企业法律风险的事前与事中的全过程预防提供有效的法律支撑,以有效避免和减轻法律风险给企业带来的经济损失。

第一章
企业合同管理中的法律风险概述

一、合同的概念与作用

合同就是当事人之间设立、变更、终止民事法律关系的协议。[①] 无论是一般生产加工类企业,还是商贸、服务类企业,在生产经营过程中势必要与其客户进行商品与服务的交换,因此不可避免地签订合同以明确双方或多方的权利与义务,约定货物的规格、数量、单价、货物交付地点、运输安排、货款支付方式、违约责任、争议管辖与法律适用等。只要有交易就伴随有合同,不仅有书面合同,也不时会有口头的即时交易,但也当然会体现某类合同的所具有的一方交付货物或提供服务,另外一方支付价款等内容。即时交易虽然不会有书面的合同出现,但交易的内容已具有书面合同的内容与特点,当然也具有合同的法律效力。

合同的作用是明确规定交易的当事各方的权利义务,是当事人各方之间的法律。约定优先适用,即约定大于法定,在约定不明或无约定时方可适用法律法规的规定,但约定不得违背法律的强制性规范。作为经济交往的重要凭证,合同也是证明交往过程的重要凭据,保证交易对方按约定履行义务;保证向违约方要求承担违约责任等。[②] 企业管理人员素质良莠不齐,难免有对合同有关的法律知识不了解或理解存在偏差,如果合同内容过于简单、模糊,或者当事方约定的比较重要内容在合同中没有体现,这样的合同就是一颗不定时的随时会爆炸的炸弹,合同所应起到的明晰当事方权利与义务的作用荡然无存。当今企业经营的实务中,或故意设置合同陷阱,或利用合同缺陷漏洞恶意欠付货款、瑕疵

[①]包庆华.现代企业法律风险与防范技巧解析.北京:中国纺织出版社,2006:1.

[②]王宾容,王霁霞,孙志燕.企业管理中的法律风险及防范.北京:经济管理出版社,2005:90.

履行、欺诈等不诚信的行为谋取不当利益的情形屡见不鲜,企业不得不面对合同管理失当带来的各类责任,其中有些责任对企业来说是致命的,无法承受的,轻则导致经济损失,重则导致企业倒闭破产。在合同存在漏洞或缺陷的情况下,要及时组织有关专业人士进行合同法律风险应对,制定合法有效的应对措施,以及时减损、止损,防止损失扩大,将损失降低到最低程度。

二、合同的法律风险及类型

在市场经济体制下,企业合同作为经济往来的主要凭证,一旦其中存在法律漏洞,企业遭受损失的概率会大大提升。[①] 商业风险一般指商业活动过程中伴生的潜在的不好的可能,以及由此带来的可预见的金钱和商誉损失。而合同法律风险是在企业从事经营过程中,合同订立、履行以及诉讼或仲裁过程中因存在漏洞缺失或违法而给企业利益造成损失的可能性。譬如合同签订后,在履约过程中才发现对方信誉不良,处于失信状态,出现瑕疵履行或根本无力履行合同的情形。实务中类似的情况比比皆是。

合同法律风险的类型大致可以分为四类:一是合同订立之前的法律风险,合同签订之前,应通过网络等途径对相对方的履约信誉及主体资格的尽职调查,调查对方是否存在被列入失信人、被限制高消费等信誉不良情形等。通过这样的调查,排除掉不良主体,或者有针对性设计合同条款,以有效避免或降低合同履约不能的法律风险。二是订立合同的法律风险,严格依照《民法典》的规定,能够准确区分要约与承诺的构成要件与法律后果。己方发出要约的内容要明确,不能让对方产生误解,因为一旦对方收到该要约后予以承诺,双方之间合同成立,对双方均具有法律约束力,除非双方之间另有约定。三是履行合同过程中的法律风险。合同履行过程中,首先,己方要严格依照合同约定履行,对合同条款要了解透彻,不能有错误理解,如理解错误会导致错误履行,会带来违约的不利法律后果。其次,在合同相对方具备履行能力而不履行或瑕疵履行时,要依据合同的约定及法律法规正确应对。四是合同变更与解除阶段存在的风险。在合同履行过程中,因双方未能预料的情况出现,对合同内容进行变更也属于正常,如建设工程施工过程中发现工程设计不合理需要进行设计变更,进而会导致合同价款变更等。在出现变更的情况时双方要及时洽商,对施工内容与价款进行协商,并因此导致施工费用增加和工期延误,如果双方未能对此加以协商或协商未果

---

①丁朝阳、孙竑.企业合同管理中的法律风险管理与防范策略探析(上).法制与社会,2019:10.

时会导致双方陷入无休止的司法诉讼的风险或工程施工停工陷入工程烂尾的风险。建设工程施工合同大多对工期有严格的要求,因此施工企业在履行合同过程中注意保留证据,进场施工要注意要求建设单位出具进场通知,如不具备进场条件,应向建设单位发询问函,以此保留工期的起始时间,防止工期延误带来违约的反索赔的不利法律后果。有时候部分企业合作方会未经双方协商,擅自变更合同内容或变更合同主体,若此过程中没有及时对变更方进行审查就有可能面临法律风险。[①] 在合同履行过程中也会出现不可预测的状况导致合同无法履行,势必要解除合同,在此解除合同过程中,双方应协商对合同已经履行部分和未履行部分做出安排,若有遗漏或未能妥善安排则会发生争议而陷入冗长的司法诉讼的法律风险。

三、合同管理及作用

为防范合同带来的上述法律风险的发生,结合企业的自身特点,构建一套完整成熟的合同管理制度势在必行。合同管理指的是对合同全过程,包括审核、签订、实施、变更、终止、违约处理等环节进行规划、组织、调整、控制以及监督等一系列管理活动。[②] 服务型企业与生产型企业各自所面对的客户类型不同,其所涉及的合同特点也有所不同,一家汽车生产企业与一家建设工程施工企业面对的法律风险也会有差别。因此,企业根据企业自身特点,制定一套完善的合同管理制度能够起到减低或避免签订合同给企业带来的经济损失的作用。因此,引入成熟的且具有可操作性的合同管理制度以预防和化解类似损失风险的发生已成为企业提高行业竞争力不可或缺的一部分。经营成功的企业老板都对企业的合同订立与履行过程中可能面临的风险极其重视,为应对化解风险合同管理制度也相对完善。

完善的合同的作用是减少或避免损失。依照我国现行法律规定,当事人在法院或仲裁诉讼中聘请律师支付的律师费是由自己承担的,除非在合同对律师费承担有约定的除外。因对方违约提起诉讼发生的律师费如在合同未能约定的话,那该笔损失就自担,由此可见,律师费损失就是合同履行带来的风险之一。由此可见,一个完善的合同管理制度会有很大可能避免此项损失。在法院或仲裁诉讼过程中,为防止被告或被申请人恶意转移财产导致生效判决无法履行,债

---

①李继东.探讨如何应对电力企业合同管理的法律风险.科技创新导报,2019,No.29.
②冯晨.合同管理法律风险识别及防范.天津经济,2019(11)(总第306期).

权人通常会在诉讼或仲裁起始阶段提起保全查封,查封冻结对方的动产或不动产。如果自己无法提供保证担保的财产,就不得不购买保证责任保险而支付数额不菲的责任保险费,如果在合同中约定保险费用由违约方承担,那就可以避免支付保险费的损失,将来胜诉后可以由对方承担该费用损失,将可能发生的损失转嫁给对方。因此诉讼保全责任保费也是一个我们必须面对的法律风险之一,在现在商事主体之间的合同中对此风险大都忽视,合同中有此约定的非常鲜见。

综上所述,企业应重视合同管理的作用,一方面,合规、准确、有效的合同能够维护企业的合法权益和根本利益;另一方面,缜密、严格按照法律规定签署的合同能够帮助企业有效规避外部风险。[①]

我们应以合同及其他有关法律法规为依据,结合相关的商事合同诉讼或仲裁实务经验,构建完善的合同管理制度,将可能发生的合同管理中的法律风险予以有效规避。

---

①柴敬,薛美娟.强化合同管理规避法律风险.中国电力企业管理,2019:9.

第二章
订立商事合同的法律风险检测

商事合同的订立是双方当事人之间通过调整、退让各自利益，最终达成一致的过程。在这一过程中，双方之间不断发出要约、反要约，并最终以承诺锁定结果，在双方的磋商过程中必然会产生相应的法律问题及风险，故本节将对此中的相关法律规定及法律风险加以解析，并提出相应的建议。

第一节　要约与承诺

根据《中华人民共和国民法典》(以下简称《民法典》)第471条规定："当事人订立合同，可以采取要约、承诺方式或者其他方式。"在该法律中就要约和承诺的相关问题做出了21条之多的法律规定，可见要约和承诺在合同订立中的重要地位。

一、与要约相关的法律风险

根据《民法典》第472条的规定，要约是指希望与他人订立合同的意思表示，该意思表示应当符合以下两个条件：一是内容具体确定；二是表明经受要约人承诺，要约人即受该意思表示约束。由此可见，要约并非合同，而是合同订立的一个阶段，但只要要约生效其同样具有一定的法律效力。一是要约人受其发出的要约的约束，不得随意撤销或更改要约，如果其想对要约进行改变就必须符合法律的相关规定，否则就会产生其改变并不发生法律效力的风险；二是要约人在发出要约的同时，就赋予了受要约人一旦承诺就导致合同成立的权利。

故在实践中，对要约的风险防范是需要特别注意的，不合适的要约可能会为自身平添义务,并因此蒙受经济损失,常见的要约风险有以下两种。

(一)不恰当的要约撤回和撤销

　　要约的撤回和撤销都是要约人使要约不发生法律效力的行为,二者的区别在于进行该行为时,要约是否已经生效。根据《民法典》的规定,要约到达受要约人时生效,如无相对人的意思表示,表示完成时生效。法律另有规定的,依照其规定。① 在要约生效前,要约人可以撤回要约,即以通过向受要约人发出撤回要约的通知形式使要约归于无效,应当注意的是,撤回要约的通知必须在要约到达受要约人之前或与要约同时到达受要约人。在要约生效后,受要约人未发出承诺通知之前,要约人可以撤销要约,但有下列两种情形之一的为除外情形,一是要约人确定了承诺期限或者以其他形式明示要约不可撤销,二是受要约人有理由认为要约是不可撤销的,并已经为履行合同做了准备工作。②

　　由此可见,要约的撤回和撤销都是有严格的法律规定的,在实务中为了避免要约带来的法律风险,应注意以下几点:一是要注意要约的内容,在发出要约时避免出现错误,并要综合考虑可能出现的市场变化等,如近期价格的变化、交货方式的改变、物流的期限等,避免因要约内容错误或出现重大变化而产生要约的撤回和撤销;二是要注意要约的撤回和撤销要选择能够留痕的方式,例如采用信件、函件或电子邮件的方式进行,避免采用电话、口头告知的方式,以免发生纠纷时无法提供证据;三是避免使要约出现不可撤销的情形,以防范不可预见的市场变化给己方带来的风险。

(二)混淆要约与要约邀请

　　根据《民法典》第 473 条的规定,要约邀请是希望他人向自己发出要约的意思表示。其与要约之间主要存在以下区别。

　　(1)要约是一方向另一方发出的希望订立合同的意思表示,而要约邀请是一方向另一方发出的希望对方发出要约的意思表示。

　　(2)生效的要约使受要约人获得承诺资格。要约邀请使对方获知要约邀请人的信息,从而便于向要约邀请人发出要约。

　　(3)要约生效后,要约人受要约的约束,不得任意撤销要约,否则应承担缔约过失责任,且受要约人承诺后则合同成立,要约人即成为合同的一方当事人,负

---

　　①见《民法典》第 137 条、138 条。
　　②见《民法典》第 476 条。

有了履行合同的义务,否则就应承担违约责任。而要约邀请只是引诱他人发出要约,它既不能因相对人的承诺而成立合同,也不能因自己做出某种承诺而约束要约人,要约邀请人一般不因自身撤回要约邀请的行为而承担法律责任。

在实务中应如何区分要约和要约邀请?第一是根据法律规定进行区分,法律直接规定诸如拍卖公告、招标公告、招股说明书、债券募集办法、基金招募说明书、商业广告和宣传、寄送的价目表等为要约邀请。商业广告和宣传的内容符合要约条件的,构成要约;[①]第二是根据当事人的意愿进行区分,即当事人是想直接订立合同还是想引诱对方对其发出要约;第三是根据发送的内容中是否包含了合同的主要条款进行判断,但这一条中还需要结合双方当事人既往的交易习惯进行判断,例如双方存在长期的固定价格的单一货品的交易,那么即使发送的内容中简略了部分主要条款,亦可认定为要约。

结合案例来看,某建设单位在建设过程中急需水泥,其分别向 A 水泥厂、B 水泥厂、C 水泥厂发函,函的内容为:"我单位急需某型号水泥 50 吨,如有货请回函,我公司愿派人前往购买。"三家水泥厂收到函后,均先后向建设单位回函,并告知了水泥的价格。A 水泥厂在回函的同时,组织车辆向建设单位运送了 20 吨水泥。在水泥未送达前,建设单位通过各水泥厂的回函比较,觉得 B 水泥厂的水泥性价比最高,即向 B 水泥厂复函,"我单位愿购贵单位水泥 50 吨,请立即组织发货,运费我方负担"。在建设单位向 B 水泥厂回函的当日,A 水泥厂的水泥运抵建设单位,建设单位告知 A 水泥厂,其已决定购买 B 水泥厂的水泥,故不能接收 A 水泥厂提供的水泥。A 水泥厂觉得其与建设单位之间的买卖合同已经签订,拒收货物构成违约,故向法院提起诉讼。

在这个案例中,结合前述要约邀请的特征即可判断建设单位第一次向三家单位发出的函件为要约邀请。A、B、C 三家水泥厂的回函为要约,建设单位对 B 水泥厂的要约做出了承诺,故建设单位与 B 水泥厂间达成了买卖合同。因建设单位没有对 A 水泥厂的要约做出承诺,故建设单位与 A 水泥厂之间没有买卖合同关系,故由此造成的相关损失应由 A 水泥厂自负,建设单位不承担赔偿责任。由此可见,在实务中应注重正确区分要约与要约邀请,以免造成不必要的经济损失。

二、与承诺相关的法律风险

根据《民法典》第 479 条的规定,承诺是指受要约人同意要约的意思表示。

---

①见《民法典》第 473 条。

承诺引起的直接的法律效果就是合同的成立,而合同一旦成立,双方当事人的身份即转变为合同的双方,受合同的约束。在受要约方希望订立合同的情况下,受要约方应立即做出承诺,并通知要约方。此时首先要注意如果要约附有承诺期限的,一定要在承诺期限内做出承诺,其次要注意通过便捷留痕的方式将承诺送达要约人。在受要约方不希望订立合同的情况下,则应避免以下两种法律风险的出现:一是以行为对要约做出了承诺,例如在货物买卖的过程中,卖方对于买方要约中的报价并不认可,并未做出书面承诺,但因内部沟通错误,向买方提供了货物,此时卖方就以行为做出了承诺,白白蒙受了损失;二是以不作为的方式构成了承诺,如根据双方先前的交易习惯,在一方发出要约后,另一方不在规定的期限提出异议的表示即可认定为承诺时。举例来说,甲乙双方间存在长期货物买卖的关系,根据双方的交易习惯,在甲发出要约后,乙方在要约规定的期限内从未做出承诺但均按要约的要求进行了发货,但在新的一期交易中,乙方对于甲方要约中的报价并不满意,在要约规定的期限内未提出书面异议亦未做出书面承诺,那么此时若甲方起诉乙方,则乙方可能承担未按时发货的违约责任。

第二节　预约合同

虽然对要约做出承诺即产生了合同成立的法律效果,但在实务中仍应注意成立的合同是属于本约合同还是预约合同。

一、预约合同的相关法律风险

所谓预约合同是指当事人之间约定将来订立某种合同的合同,预约合同一般在实务中的表现形式为"认购书、订购书、预订书等"。[①] 将来订立的合同为本约合同,其约定的是当事人之间实质的合同权利义务,而预约合同约定的则是双方当事人之间就订立本约合同而产生的相关的权利义务。

虽然预约合同的标的为缔结本约合同,但在实践中预约合同的违约责任方式是否包含强制签订本约合同存在较大的争议。所以为了规避相关法律风险,

————————
① 见《民法典》第 495 条。

在签订预约合同时,应当明确约定赔偿损失、合同解除条件、违约金计算、律师费承担、诉讼保全责任保险费承担、定金罚则等以金钱给付为方式的违约条款,以加强预约合同的执行力。

二、立约定金的相关法律风险

在实践中,预约合同通常会表现为立约定金合同的形式,即以定金担保的方式保证自己在约定的时间、地点与对方签订合同。支付定金的一方不履行债务或者履行债务不符合约定,致使不能实现合同目的的,无权请求返还定金;收受定金的一方不履行债务或者履行债务不符合约定,致使不能实现合同目的的,应当双倍返还定金。故在此对立约定金合同的相关内容予以着重说明,以加强防范相关法律风险的能力。

首先,应当明确的是立约定金仅是为了保障双方订立合同而设立的担保,在合同签订后,立约定金合同即履行完毕。立约定金并不为后续合同履行过程产生保证的作用。

其次,立约定金合同成立的前提是双方当事人就主合同的内容已有潜在的合意,就主合同的性质、种类、具体条款等已有预设。即立约定金合同担保的仅是当事人双方根据预设内容正式签约的结果,而非双方当事人互相协商的过程。

再次,应当注意的是立约定金的数额不得超过主合同标的额的 20%,[①]且在签订时应写为"定金",而非"订金""意向金"等。违约金数额比例约定可以加上"双方均同意该违约金数额不可调减。"以规避违约方在诉讼中抗辩违约金过高导致违约金数额被法院调减的可能。

第三节　未生效合同、无效合同、效力待定合同、可撤销合同

合同的成立与合同的生效是两个不同的法律概念,合同的成立取决于双方

---

① 见《民法典》第 586 条第二款。

当事人的意志,只要双方当事人达成合意,那么合同即成立。而合同的生效取决于合同是否符合法律的要求,只有当合同生效时,合同才对双方当事人产生履约的约束力。虽然《民法典》第502条规定了,依法成立的合同,自成立时生效,但是法律另有规定或者当事人另有约定的除外。但仍有未生效合同、无效合同、效力待定合同、可撤销合同的存在,故在订立合同的过程中,应避免签订此类合同,以免产生不必要的法律风险。

一、未生效合同的法津风险

未生效合同主要指根据《民法典》第502条第二款规定,依照法律、行政法规的规定,合同应当办理批准等手续的,依照其规定。未办理批准等手续影响合同生效的,不影响合同中履行报批等义务条款以及相关条款的效力。应当办理申请批准等手续的当事人未履行义务的,对方可以请求其承担违反该义务的责任。上述需要依法进行行政审批的合同类型主要包括中外合资经营企业合同、中外合作经营企业合同、对外合作开采石油合同、我国内地企业与华侨、港澳同胞举办合资、合作经营企业的合同等。由此可见此类合同的未生效是不同于无效合同的绝对无效的,未生效合同只是尚未发生法律效力,在当事人事后补办相关批准、登记手续后,合同很可能是有效的,而不是无效合同的当然、自始、绝对、确定、永久的不生效。

但因该合同未生效,故可以按照缔约过失原则追究该当事人的民事责任,由其赔偿对方当事人的信赖利益损失,但不宜认定该当事人违约由其承担违约责任。故在实务中,需签订依据法律、行政法规规定应当办理批准、登记等手续生效的合同时,应当事先与行政部门进行沟通了解相关行政政策,并及时办理批准、登记等手续,避免产生不利的法律后果。

二、无效合同的法津风险

现行《民法典》规定:"违反法律、行政法规的强制性规定的民事法律行为无效。但是,该强制性规定不导致该民事法律行为无效的除外。违背公序良俗的民事法律行为无效。行为人与相对人恶意串通,损害他人合法权益的民事法律行为无效。"①

(二)无效法律合同的法律后果是合同不能达到订立的目的

无效合同自始没有法律约束力,但部分无效的,不影响其他部分的效力。因合同无效会产生以下法律后果:一是应返还因合同取得的财产。二是不能返还或没有必要返还的,应当折价补偿。三是有过错的一方应当赔偿对方因此所受到的损失,双方都有过错的,应当各自承担相应的责任。应当注意的是,这里的损失应限于信赖利益损失,不包括在合同有效的前提下履行合同可以获得的利益。四是如果系当事人恶意串通,损害国家、集体或者第三人利益的,因此取得的财产收归国家所有或者返还集体、第三人。②

三、效力待定合同的法律风险

效力待定合同是指合同虽然成立,但其效力处于待定状态,需经第三人追认或拒绝才能确定效力的合同。其主要特征有三个:一是合同已经成立;二是合同效力无法确定,既非有效合同,亦非无效合同;三是造成合同效力的瑕疵为当事人缺乏缔约能力或处分能力。其主要有以下三类:一是限制性人为订立的合同,此种情况需法定代理人追认后,该合同有效。相对人可以催告法定代理人在一个月内予以追认,法定代理人未做表示的,视为拒绝追认。合同被追认之前,善意相对人有撤销的权利。二是无权代理人订立的合同,主要为行为人没有代理权、超越代理权或者代理权终止后以被代理人名义订立的合同,此种情况如被代理人不追认,则对被代理人不发生效力,由行为人承担责任。善意相对人亦可催告被代理人追认或在合同被追认前撤销合同。三是无处分权的人处分他人财产,经权利人追认或者无处分权的人订立合同后取得处分权的该合同有效。③

因为效力待定的合同在效力方面处于不确定的状态,合同履行的情况无法确定,严重影响交易安全。故在订立合同时,应加强对合同签订主体行为能力、代理权限的审查,如要求对方提供身份证、授权委托书,并以书面形式向被代理

---

① 见《民法典》第一百五十三条、第一百五十四条。
② 见《民法典》第155条、第156条、第157条。
③ 见《民法典》第145条。

人询问代理权限及期限;并且需对交易标的物进行尽职调查,查明标的物的权属情况,以避免订立效力待定的合同。

四、可撤销合同的法律风险

可撤销合同,是指因不是真实意思表示,故享有撤销权的当事人可以通过行使撤销权,使已经生效的合同归于无效的合同。

(一)可撤销合同的分类

1.因重大误解订立的合同

因重大误解订立的合同,所谓重大误解是指行为人对行为的性质,对方当事人,标的物的品种、质量、规格和数量等的错误认识,使行为的结果与自己的意思相悖,并造成较大损失的。

2.显失公平的合同

在订立合同时显失公平的,所谓显失公平是指一方当事人利用优势或利用对方没有经验,致使双方的权利义务明显违反公平、等价有偿原则的。

3.欺诈合同

一方以欺诈、胁迫的手段或者乘人之危,利用对方处于危困状态、缺乏判断能力等情形,使对方在违背真实意思的情况下订立的合同。[①]

(二)可撤销合同的行使条件与救济途径

一旦合同存在可撤销的情形,法律赋予撤销权人通过行使撤销权来撤销已生效的合同。应注意的是,撤销权并非永久存在,而是可消灭的、有时效的。撤销权的消灭有两种情形,一是具有撤销权的当事人自知道或者应当知道撤销事由之日起一年内没有行使撤销权,但《民法典》规定重大误解的撤销权行使期间为九十日,最长行使期间为自民事法律行为发生之日起五年。上述期间均为除

---

①见《民法典》第 147 条、第 148 条、第 149 条、第 150 条、第 151 条。

斥期间,并无中止、中断的情况。①故在实务中,撤销权人应及时行使撤销权,避免因超过时限而导致撤销权消灭。二是具有撤销权的当事人知道撤销事由后明确表示或者以自己的行为放弃撤销权,这里需强调一下以自己行为放弃撤销权的情况,主要包括按合同约定履行了义务,或向法院诉讼主张违约,而非主张撤销合同的情形,如打算撤销合同的话,那么撤销权人在实务中应避免做出上述行为,否则就会产生撤销权消灭的法律后果。

(三)可撤销合同的法律后果

合同被撤销后,自始无效,其法律后果与无效合同相同。

五、表见代理

表见代理属于广义的无权代理,是指代理人没有代理权,但因表面所显示的现象,使善意第三人得以相信其具有代理权而与之为法律行为,并因此产生的法律后果由被代理人承担的无权代理。②法律设置其目的在于保护善意第三人的利益,维护交易的安全。其与效力待定合同中狭义的无权代理的法律后果的主要区别在于,表见代理的法律后果是代理行为有效,由被代理人负责,狭义的无权代理则处于效力待定的状态,非经被代理人追认,被代理人不承担责任。

在实务中构成表见代理的情形一般有以下几种:一是被代理人在公开场合表示授予行为人代理权,但实际没有授予;二是被代理人向行为人提供了有其签章的介绍信、空白的合同等;三是行为人原为被代理人的代理人,在代理终止后未收回未使用的授权委托书、介绍信、合同等,亦未向相关合作单位通报代理终止的情况。

因为表见代理可能会使被代理人在违背其意愿的情况下与他人订立合同,且受合同义务的约束,后果特别严重,故在日常的管理过程中应严格防范表见代理行为的发生,如在授权书、介绍信上明确代理事项,及时收回未使用的授权书、介绍信、合同等,在与某代理人终止代理后,要及时通知相关客户。

---

①见《民法典》第 152 条。
②见《民法典》第 172、第 504 条。

第四节　缔约过失责任

缔约过失责任是在合同订立过程中,一方因违背诚实信用原则而致另一方信赖利益的损失,所应承担的民事责任。一般认为,缔约行为未能进入成立有效的合同阶段以前的全部过程,均为先合同阶段,缔约过失责任存在于先合同阶段,是一种先合同义务,其不同于合同成立后的违约责任。

《民法典》规定了缔约过失责任的情形,一是假借订立合同,恶意进行磋商;二是故意隐瞒与订立合同有关的重要事实或者提供虚假情况;三是其他违背诚实信用原则的行为。[①]

一般认为,缔约过失责任的赔偿范围是对信赖利益损失的赔偿,一般不应超过履行利益,但在具体案件中如何计算信赖利益的损失非常困难,一般限于为订立合同产生的费用支出,因信赖合同成立所支付的各种费用等,比如合理的交通费、文印费、通信费、保函开具费等。

---

① 见《民法典》第 500 条。

第三章

履行商事合同的法律风险检测

本文主要从狭义的角度,在我国《民法典》规定的范围内,对商事主体在履行合同过程中的法律风险、引发法律风险的表现形式及检测措施进行阐述。

第一节 履行商事合同的法律风险

诚实信用原则系履行合同的基本原则。因此,如若当事人没有按照诚实信用原则履行合同,根据合同的性质,日的和交易习惯履行通知、协助、保密等义务。如违反上述规定均有可能引发法律风险。具体而言,若当事人不履行合同义务或履行合同义务不符合约定的,当事人就有可能承担继续履行、采取修理、更换、重作、退货、减少价款、减少报酬等补救措施、赔偿损失及支付违约金等法律风险。①

一、继续履行

当事人一方不履行合同义务或履行合同义务不符合约定的,应当继续履行。继续履行与正常的合同履行行为不同,它是法律规定对违约方采用的一种强制措施。只要符合合同继续履行的条件,违约方就应当继续履行合同。

---

①见《民法典》第 577 条。

(一)适用继续履行的条件

适用继续履行的条件包括:债务人发生违约行为;债权人在合理期限内要求其继续履行合同;债务人能够继续履行合同;债务标的适合强制履行或履行费用不存在过高情形。

(二)适用继续履行的情形

适用继续履行的情形:合同主要义务为支付价款或报酬的,债权人可以要求其继续履行;合同主要义务为非金钱债务的,在该义务事实上可以强制履行且履行费用不会过高的情况下,债权人可以要求其继续履行。

二、采取补救措施

当事人不适当履行合同时,可适用采取补救措施的方式,且该补救措施不影响合同目的的实现。从经济的角度看,能够采取补救措施是最经济的。相对于违约方而言,最大限度地减少了损失;相对守约方而言,尽可能地实现合同目的。

(一)适用补救措施的条件

适用补救措施的条件包括:履行不符合约定;无法确定违约责任;受损害方根据标的性质和损失大小提出修理、重作、更换、退货、减少价款及报酬的补救措施请求;该请求合理。[①]

(二)适用补救措施的情形

适用补救措施的情形:合同主要义务为提供货品、服务的。债权人可在满足前述条件的情况下,请求债务人采取补救措施。

---

① 见《民法典》第 582 条。

三、赔偿损失

当事人一方不履行合同义务或者履行合同义务不符合约定,给对方造成损失的,在履行义务或者采取补助措施后,对方还有其他损失的,应当赔偿损失。损失赔偿额应当相当于因违约所造成的损失,包括合同履行后可以获得的利益,但不得超过违反合同一方订立合同时预见到或者应当预见到的因违反合同可能造成的损失。[①] 经营者对消费者提供商品或者服务有欺诈行为的,依照《中华人民共和国消费者权益保护法》的规定承担损害赔偿责任。

请求赔偿损失时需综合考虑全面赔偿原则、合理预见规则、赔偿法定规则和过错相抵原则。

适用赔偿损失的条件:一是有违约行为,当事人不履行合同或者不适当履行合同;二是有损失后果,违约行为给另一方当事人造成了财产等损失;三是违约行为与财产等损失之间有因果关系,违约行为是财产等损失的原因,财产等损失是违约后果;四是违约人有过错,或者虽无过错,但法律规定应当赔偿。赔偿损失的属性是补偿,弥补非违约人所遭受的损失。这种属性决定赔偿损失的适用前提是违约行为造成财产等损失的后果,如果违约行为未给非违约人造成损失,则不能用赔偿损失的方式追究违约人的民事责任;五是受损方是否采取措施防止损失的扩大。守约方没有采取适当措施致使损失扩大的,不得就扩大的损失请求赔偿。双方均存在违约的情形且对损失的发生均有过错时应按照过错的原因比例承担违约损失。[②]

四、支付违约金

违约金是指按照当事人的约定或者法律直接规定,一方当事人违约的,应向另一方支付的金钱。违约金的标的物是金钱,但当事人也可以约定违约金的标的物为金钱以外的其他财产。

违约金有法定违约金和约定违约金之分。由法律直接规定的违约金为法定违约金。违约金是由当事人约定的,为约定违约金。约定违约金是一种合同关系,有的称违约金合同。违约金合同是诺成合同,与定金合同不同,不以预先给付为成立要件。约定违约金可以看成一种附条件合同,只有在违约行为发生的

---

① 见《民法典》第 584 条。
② 见《民法典》第 591 条、第 592 条。

情况下,违约金合同生效;违约行为不发生,违约金合同不生效。违约的种类繁多,违约金合同则有概括性和具体性之分。概括性违约金合同,是指当事人对违约行为不做具体区分,概括约定凡违约即支付违约金。具体性违约金合同,是指当事人针对不同的违约行为所约定的违约金,如债务不履行违约金、债务部分履行违约金、债务迟延履行违约金等。当事人约定了违约金的,一方违约时,应当按照该约定支付违约金。如果约定的违约金低于造成的损失的,当事人可以请求人民法院或者仲裁机构予以增加;约定的违约金过分高于造成的损失的,当事人可以请求人民法院或者仲裁机构予以适当减少。如果当事人专门就迟延履行约定违约金的,该种违约金仅是违约方对其迟延履行所承担的违约责任,因此,违约方支付违约金后,还应当继续履行债务。[①]

五、违约定金

根据设立定金条款的目的,定金可分为立约定金、成约定金、证约定金、违约定金、解约定金。介于本文仅讨论履行中的法律风险问题,故此处仅阐述违约定金。

违约定金是债的一种担保方式,是指合同当事人一方为了担保合同的履行而预先向对方支付一定数额的金钱,该定金数额不能超过合同标的额的20%,超过部分无效。当事人既约定违约金,又约定定金的,一方违约时,对方可以选择适用违约金或者定金条款。交付定金后,交付定金的一方如不履行合同义务,则收受定金一方得以没收其定金而不予返还;而收受定金的一方不履行合同时应当双倍返还定金。定金的适用条件:当事人双方订立定金合同;定金已交付,定金不交付则定金条款不发生效力;主合同有效;一方有不履行合同的行为;当事人无不履行合同的免责事由。[②]

第二节　履行商事合同过程中引发法律风险的具体形态

如前所述,商事主体订立合同时的目的是获取合同利益。因此,为避免或减

---

① 见《民法典》第 585 条
② 见《民法典》第 586 条、587 条、588 条。

小商事主体承担的法律风险,我们需要根据法律的规定,仔细识别引发法律风险的具体形态,即违约行为的具体形态。

一、违约行为的主要分类

根据《中华人民共和国民法典》相关规定,从引发法律风险的违约行为的不同角度主要分类如下。

(一)根本违约和非根本违约

按照违约行为是否完全违背缔约目的,可分为根本违约和非根本违约。完全违背缔约目的的,为根本违约。部分违背缔约目的的,为非根本违约。同样一个违约行为,可能导致根本违约,也可能导致非根本违约。

(二)合同的不履行和不适当履行

按照合同是否履行与履行状况,违约行为可分为合同的不履行和不适当履行。合同的不履行,是指当事人不履行合同义务。合同的不履行包括拒不履行和履行不能,拒不履行,是指当事人能够履行合同却无正当理由而故意不履行,履行不能,是指因不可归责于债务人的事由致使合同的履行在事实上已经不可能。合同的不适当履行,又称不完全给付,是指当事人履行合同义务不符合约定的条件。不适当履行又分为一般瑕疵履行和加害履行,一般瑕疵履行又包含迟延履行。

(三)一般瑕疵履行和加害履行

按照违约行为是否造成侵权损害,可分为一般瑕疵履行和加害履行。当事人履行合同有一般瑕疵的,为一般瑕疵履行。一般瑕疵履行有数量不足、质量不符、履行方法不当、履行地点不当、履行迟延等多种表现形式。当事人履行合同除有一般瑕疵外,还造成对方当事人的其他财产、人身损害的,为加害履行。加害履行的特征是违约与侵权行为竞合,例如,债务人给付的机电产品存在漏电缺陷,导致债权人中电死亡,即为加害履行。加害履行也是一种瑕疵履行,故将与其对应的其他瑕疵履行称为一般瑕疵履行。

(四)债务人履行迟延和债权人受领迟延

按照迟延履行的主体,可分为债务人迟延履行和债权人受领迟延。债务人超逾履行的,为债务人履行迟延。债权人超逾履行期受领的,为债权人受领迟延。

(五)其他违约行为

略。

二、不同类型的违约行为引发的法津风险

(一)合同文本没有约定或约定不明

合同文本没有约定或约定不明,适用法定解释规则进行推定,引发履行合同义务不符合约定,进而承担相应违约责任的法律风险。

合同生效后,当事人就质量、价款或者报酬、履行地点等内容没有约定或约定不明确的,适用《民法典》给出确认合同内容补充的程序性要求。[①] 即:

1.协议补充;

2.按照合同有关条款或者交易习惯确定;

3.根据法律的规定确定质量、价款、报酬、履行地点、履行期限、履行方式及履行费用。

因此,当履行合同义务一方仅根据己方对合同义务的理解,而未根据法律规定,对合同内容进行补充,就有可能产生因履行合同义务不符合约定,进而承担相应违约责任的法律风险。

(二)合同文本有明确约定

合同文本有明确约定的,当事人不依约履行合同义务,引发履行合同义务不符合约定,进而承担相应违约责任的法律风险。

---

①见《民法典》第 510 条、第 511 条。

（1）未依约支付价款或报酬的，履约方要承担支付价款或报酬，赔偿损失、支付违约金或双倍返还定金等违约责任的法律风险。[①]

（2）提供质量不符合约定的产品或服务的，按照法律规定，履约方除了将被要求继续履行之外还要承担相应的违约责任，除非出现继续履行变得不可能的情形，如法律或事实上不可能；债务的标的不适于强制履行或者履行费用过高；债权人在合理期限内未请求履行。[②]

如合同当事方对违约责任的承担约定不明或没有约定时，违约方会遇到被要求承担修理、更换、重作、退货、减少价款或者报酬、赔偿损失、支付违约金或定金等违约责任的法律风险。[③]

（3）谨慎行使不安抗辩权。在有证据证明对方存在不能履行合同义务的情况下，先履行一方可以选择中止履行合同。如无法提供证据证明后履行义务一方存在履行不能的情形的，先履行一方可能承担相应违约责任的法律风险，因此主张先履行抗辩的一方应谨慎行事，确定对方存在不能履行的证据确凿充分，否则应承担违约的法律责任。行使不安抗辩权的一方负有通知对方的法定义务，不通知则不发生先履行抗辩的法律效力。如对方提供了相应的履约担保的，则应及时恢复履行。[④]

（4）未能在约定期限内通知债权人的，债务人选择债务标的权利丧失引发的相应违约责任的法律风险。

（5）债务人将标的物提存后，即视为债务人在提存标的物范围内履行依约交付了标的物，并且标的物毁损灭失的法律风险自提存之日起转移给债权人。[⑤]

（6）债务性质不得强制履行时，债务人承担第三人代替履行费用的法律风险。[⑥]

（7）因拒绝受领，债权人承担增加费用的法律风险。

（8）守约方未能采取适当措施防止损失扩大的，守约方承担扩大部分损失的法律风险。[⑦]

（三）明确表示或以行动表示不履行合同义务

合同当事人明确表示或以行动表示不履行合同义务的，该方当事人在合同

---

① 见《民法典》第 579 条。
② 见《民法典》第 580 条。
③ 见《民法典》第 582 条。
④ 见《民法典》第 527 条、第 528 条。
⑤ 见《民法典》第 571 条、第 573 条。
⑥ 见《民法典》第 581 条。
⑦ 见《民法典》第 591 条。

履行届满之前承担相应违约责任的法律风险。[①]

(四)发生不可抗力

发生不可抗力的,未履行及时通知义务的一方不得取得部分或全部免责的法律风险。一方迟延履行后发生不可抗力的不得主张违约免责。[②]

三、为避免或减少履行商事合同法律风险的检测对象

我们认为,履行合同中出现法律风险的主要原因,来自当事人对合同义务的认知不全面或不清晰。为此,我们主要围绕合同义务来设置检测对象如下。

(一)给付义务

1.主给付义务

主给付义务是指商事主体必须按合同约定实施的特定行为。如:支付价金、物品交付、劳务提供物的使用及不作为的形式履行义务。

对主给付义务的检测对象包括:质量条款、价格条款、履行地点条款、履行期限条款、履行方式条款、履行费用负担条款。对主给付义务的检测对象的检测要求:条款的内容是否已经达到可以执行的条件,如果发现条款的内容不便于执行,则需要在履行阶段进一步完善至可执行的状态。

2.附随义务

附随义务是指商事主体实施特定行为以外,为辅助债权人实现其利益,根据诚信原则而产生的义务。如,履行通知、说明、忠实、协助、保密、特定不作为等义务。与此同时,义务主体还应承担节省资源,保护生态环境的附随义务。[③] 对附随义务的检测对象包括:通知是否到达相对人,说明是否满足主合同要求、是否采取了保密措施、是否已协助相对人完成了合同义务的履行等。对附随义务的检测对象的检测要求:检测对象已经得到对方相应的回复。

---

①见《民法典》第 578 条

②见《民法典》第 590 条第二款。

③见《民法典》第 509 条。

(二)同时履行抗辩权的检测

合同是否为诺成、双务合同;合同是否约定履行顺序;合同是否可以根据交易习惯排除先后履行顺序;合同相对人是否提出先履行的请求;合同相对人的履行是否符合合同约定。

(三)先履行抗辩权的检测

合同是否为诺成、双务合同;合同是否约定了履行顺序;合同是否有证据证明相对人出现履约不能的可能;合同是否及时通知了相对人;相对人是否提供了适当担保。

(四)后履行抗辩权的检测

合同是否为诺成、双务合同;合同是否约定了履行顺序;相对人履行债务是否符合约定;合同是否根据诚信原则向相对人发出拒绝履行的通知。

(五)不可抗力的通知的检测

合同是否在出现不可抗力情形时及时通知相对人;合同是否在通知的同时提供了出现不可抗力的证明。

(六)提存的检测

合同是否发生履行债务困难的情形;合同是否有证据证明债权人出现分立、合并或变更住所且没有通知债务人的情形;债务人是否留存了提存的相关手续或证明。

第四章

商事合同变更、转让与终止中的法律风险检测

第一节　商事合同变更的法律风险检测

一、合同变更

　　合同变更是指合同生效以后,履行完毕以前,合同的主体、标的、单价、付款方式、运输、质量标准、承诺与保证、违约责任、争议解决等合同内容由双方协商一致予以修改或另行签订补充协议均构成合同变更。合同一旦成立并生效,如没有违反法律法规的强制性规定,则对合同当事各方具有法律约束力,未经合同当事方协商一致,任何一方不可改变合同的内容。在履行周期长的项目中,如PPP水处理项目,其合同执行周期可能长达数十年之久,在此期间国家政治、经济、法律法规出现新情况或变化的可能性很大,因此发生合同变更也在所难免。譬如合同主体变更就会导致原本责任和义务的转移,产生新的合作关系。但企业可能并不了解新合作方的合同履行能力信息,导致潜在风险的发生。[①]

二、合同变更的法津风险

　　合同变更的法律风险是指在合同生效后履行过程中因变更带来的潜在的法律风险。虽然生效的合同经当事方协商一致可以变更,但有部分合同未经法定

---

①丁朝阳,孙竑.企业合同管理中的法律风险管理与防范策略探析(上).法制与社会,2019:10.

程序不发生合同变更的效力。这一类合同大体包括专利、商标、不动产等需要公告或登记备案的合同。在本案中，专利许可合同必须到知识产权局备案。[①] 履行招标投标程序后，招标方与中标方签订的合同不得变更，即双方不得另行签订与招投标标书不一致的合同，业界称这样的合同为阴阳合同。按照招投标法的规定，与招投标合同不符的合同应属无效。[②] 由此可见，不同类型的合同，合同变更带来的法律风险是不同的，即便可以由双方自由变更，那也要注意变更后的合同内容给己方带来的履约及诉讼法律风险，内容变更会致使原来对己方有利的条款内容因变更而归于撤销或条款的价值大打折扣，在这种情况下，企业应在变更修改合同内容时依法依规进行调整，确立自己的谈判底线，坚持底线思维，争取对自己有利的条款，以避免不当变更带来的法律风险。在不可避免地变更主体情况下，企业要对变更后的新主体的资格及资信状况进行尽职调查，以防止新主体不适格导致合同无法履行或瑕疵履行的窘境。

三、合同变更的法律风险检测与防范

合同变更无疑会带来法律风险，因法律风险是潜在的、将来可能会发生的，在风险未发生之前如何找到一个有效的办法识别风险是企业风险管理面临的首要问题。通过设计企业风险分析调查问卷的形式对潜在的风险进行检测，对于有效识别合同变更带来的法律风险是目前为止最为有效的办法之一。经过检测问卷分析后，得出风险发生的概率，在合同变更之前便编制法律风险应对预案，未雨绸缪，即在合同签订之前及合同履行过程中加强防范，尽量避免或最大程度降低合同变更带来的法律风险。

第二节　商事合同转让的法律风险检测

一、合同转让

合同的转让可以分为合同权利的转让、合同义务的转让、合同权利义务的一并转让等三种情况。[③]

[①]王宾容，王霁霞，孙志燕.企业管理中的法律风险及防范.北京:经济管理出版社,2005:130.
[②]见《中华人民共和国招标投标法实施条例》第 57 条。
[③]王宾容，王霁霞，孙志燕.企业管理中的法律风险及防范.北京:经济管理出版社,2005:126.

(一)合同权利的转让

合同权利的转让,是指合同当事方将其享有的合同权利转让给合同外第三方的行为。

合同权利方可以全部转让给他人,也可以将合同的部分权利转让给他人。无论是全部转让还是部分转让,原权利人都需向合同债务人履行通知的义务,该通知到达债务人时权利转让对合同债务人发生法律效力。权利全部转让后,权利受让人成为新债权人,债务人需向权利人履行合同义务。权利转让尽管不需要债务人同意,但也不是所有的合同权利无任何限制地自由转让,下列情形的合同权利不可转让:①合同的性质决定了合同权利不可转让;②双方约定权利不可转让;③法律法规规定合同的权利不可转让。[①]

(二)合同义务的转让

合同义务的转让,是指合同义务人经权利人同意将其对合同权利人的义务全部或部分转让给合同外第三方,权利人同意是义务转让的先决条件,与此同时,义务的转让不得违背法律法规的禁止转让规定,即法律法规禁止转让的不得转让,如专属于人身的债权不得转让。合同义务转让的法律后果为合同义务全部转让给合同外第三人时,原义务人退出合同,义务受让人成为合同新义务人对权利人履行合同义务。债权转让通知不可撤销,但受让人同意的除外。[②]

二、合同转让的法律风险

合同权利转让法律限制较少,除了双方另有约定或法律法规另有规定外,法律赋予权利人自由处分权,可由权利人自由转让,只需履行通知合同义务人即发生转让的法律效力。在企业日常合同管理实务中,关于权利的转让要注意法律法规的禁止转让的情形以及合同中是否有限制转让的约定,以免陷入转让无效的法律风险。

相对合同权利转让而言,合同义务转让的限制较多,义务转让对于权利人来说影响较大,因义务受让人的资信状况,履约能力情况等会影响权利人的合同权

---

① 见《民法典》第 545 条。
② 见《民法典》第 546 条、第 547 条。

利的实现,一旦出现义务受让人的资信较差,履约能力差的情况,权利人的权利受损那就是大概率的事件。因此,需要合同权利人同意转让为义务转让成立的先决条件,以保护权利人的权益。

三、合同转让的法律风险检测与防范

合同转让包含权利转让、义务转让及权利与义务一并转让三类,依据各类转让对当事方权益影响的风险程度大小,实时进行风险检测并在合同管理中予以防范。

(一)合同权利转让的法律风险检测

合同权利转让的法律风险检测重点在于权利转让是否受到法律法规的限制,是否受到合同约定的限制,与此同时,权利转让要通知债务人,权利转让通知到达债务人时方对债务人发生法律效力。在实务中,租赁合同的权利转让的法律风险应该引起重视,比如房屋或土地的租赁方应限制其将租赁物转租给他人,因转承租方的履约能力不详,或转承租方还有可能是冤家对头或竞争对手,实践中已经发生过这样的情形,因此,合同管理中应对权利转让慎重对待,防止发生风险。某些合同权利转让需经法定程序审批许可或备案后方可生效,合同管理人员对此应事先进行检测并妥善加以应对。

(二)合同义务转让的法律风险检测

合同义务转让的法律风险检测重点在于义务的转让是否得到了权利人的许可,是否因义务的性质导致义务不可转让,或义务转让可能会因违反了法律法规的强制性禁止转让规定而无效。保证期间,债权人许可债务人转让债务的,应当取得保证人书面同意,保证人对未经其同意转让的债务,不再承担保证责任。[①]保证责任因债务转让未经保证人同意而失去保证的效力,即权利人会失去债权保证担保,对权利人而言无疑会加大债权无法实现的法律风险。因此,合同义务的转让涉及的法律风险远多于权利转让,企业的合同管理人员应对此给予足够的重视,防止出现纰漏,导致法律风险的发生。

---

①见《民法典》第391条。

第三节　商事合同终止的法律风险检测

一、合同终止的概念

合同终止是指因法定或约定的事由产生或出现而使合同权利义务归于消灭,合同关系于客观上不复存在。[①] 按照《民法典》的规定,有下列情形之一的,合同的权利义务终止:

(一)债务已经按照约定履行;

(二)合同解除;

(三)债务相互抵消;

(四)债务人依法将标的物提存;

(五)债权人免除债务;

(六)债权债务同归于一人;

(七)法律规定或者当事人约定终止的其他情形。

合同是当事人双方或多方出于契约自由的原则,根据各方的意愿,通过一定的法律事实与程序,依法自由创设民事权利与义务。既然能够自由创设权利与义务,也能因事实与程序消灭当事各方之间的权利与义务,即合同终止。

二、合同终止的法律风险

合同终止的法律风险因终止的事由不同而体现出不同的法律风险。下面就根据合同终止的不同事由会带来的不同法律风险分别加以说明。

(一)合同履行完毕无法律风险可言

合同因双方履行而归于权利与义务终止,如双方各自的履行无瑕疵,各取所需,各方的合同目的均得以实现,皆大欢喜,则合同因履行而终止,对合同当事方

---

①张晓远,赵小平.合同法学.成都:四川大学出版社,2010:142.

无法律风险可言。

(二)合同解除带来的法律风险

合同解除导致合同终止带来的法律风险。当事方如正当行使合同解除权会带来预期的合同权利与义务消灭的法律后果。若因对合同条款的错误理解行使解除权,或对法律法规的无知或错误理解行使合同解除权,比如未能在民法典规定的或合同约定的期限内行使解除合同权的,白白失去解除对己方不利的合同的权利。[①]

上述情形均会带来不利的法律后果,更可能出现被对方索赔,陷入诉讼或仲裁泥潭的法律风险。

(三)抵消的法律风险

债务抵消是指合同当事人在互负到期债务,又互享债权情况下,双方债权互抵,使得双方的债务在债权等额内消灭。抵消根据其产生的依据不同,可以分为法定抵消和约定抵消。法定抵消,是指法律规定具备条件时依当事人一方的意思表示即发生债务抵消的效力。约定抵消,是指当事人双方经协商一致,双方的债务在等额范围内归于消灭,无论是债务的种类或品质不同或债务履行期限不同均可以经协商一致而抵消。

法定抵消必须是到期的合法债务,种类相同,性质具有可抵消性,合同中无禁止抵消的约定,则抵消的意思表示到达对方,债务即可抵消。但附条件或附期限的抵消不发生债务抵消的法律效力。约定抵消由双方协商一致即发生债务抵消的法律效力,债务的种类、性质是否相同在所不论,但法律禁止抵消或违法的债务或债务的性质具有人身属性的情形不可抵消。[②]

(四)债务无法履行的法律风险

在合同履行过程中,债权人非因其自己的原因无法接受债务人履行,或有时合同中约定的逾期履行的违约金因长时间逾期给付会带来数额不菲的违约金,债权人为谋取债务人违约带来的巨大经济利益,如在合同中没有接受履行款项的银行账户信息,居心不良的债权人会玩人间消失,电话不接,电话换号,微信短

---

①见《民法典》第564条。
②见《民法典》第568条、第569条。

信不回,致使债务人陷入无法履行合同义务的境地,此时,债务人若对债权人的拖延履行的把戏掉以轻心会使自己掉入债务陷阱。通过债务标的物提存的方式便可避免上述的法律风险,标的物提存成立后,视为债务人在其提存范围内已经交付标的物。

(五)债务免除的法律风险

债务免除是债权人单方面放弃全部或部分债权,使得债务人免予向债权人履行债务,发生债务归于消灭的法律后果。债务免除是无因行为、无偿行为、无需特定形式,口头、书面均可,不作为也可以构成债务免除,比如因怠于主张权利致使超出债权诉讼时效期间。债务免除与法定债权抵消不同,债务免除可以附条件附期限。债务免除的通知到达债务人时发生法律效力,债务免除不得撤回。

(六)债权债务混同的法律风险

债权债务混同是指债权债务同归于一人,致使合同当事人由双方或多方变为一方,合同的权利人与义务人混同,合同失去了存在的基础。混同发生的原因主要有企业并购合并、继承、缔结婚姻等法律事实。

三、合同终止的法律风险检测与防范

(一)风险检测识别

首先对合同终止的法律风险进行检测识别,以便准确地确定合同终止面临的法律风险的种类,在有效识别的基础上进行法律风险的有效防控。

(二)风险防范

在对合同终止的法律风险进行有效检测识别之后,准确运用合同的约定终止与法定终止,从以下几个方面进行风险防范。

1.在合同中明确合同终止的条件

针对不同类型合同的不同特点,将合同履行过程中可能会发生的问题进行准确预判,并将此情况一旦出现就作为合同终止的成就条件写入合同条款,尽可能防止合同当事方因合同终止是否成就意见不一导致纠纷的发生。

2.准确理解把握适用合同解除的法定条件

准确理解把握适用合同解除的法定条件,也就是合同解除的法定原因要熟练掌握,防止误判终止合同带来的法律风险。

(1)对不可抗力的概念要准确理解,只有发生不可抗力致使合同无法履行,方可引用不可抗力条款解除合同,且援引不可抗力一方有举证和通知的义务,一旦发生不可抗力要通知对方。若不可抗力不能成立,则会带来违约的法律风险。

(2)我们要注意的是如果发生迟延履行时发生了不可抗力,则迟延履行一方不得援引不可抗力免除自己的责任。

3.解除合同应在法定或约定期限内行使

法律规定或者当事人约定解除权行使期限,期限届满当事人不行使的,该权利消灭。法律没有规定或者当事人没有约定解除权行使期限,经对方催告后在合理期限内不行使的,该权利消灭。

4.合同解除后的事务处理与后合同义务

解除合同的法律后果是合同解除后,合同尚未履行的终止履行;已经履行的,根据履行情况和合同性质,当事人可以要求恢复原状、采取其他补救措施,并有权要求赔偿损失。[①] 比如在买卖合同中,卖方已经交货,若遇到合同解除的情形,则收到货物一方需要将货物返还给卖方,收到货款的卖方需要将收到的货款返还给买方。若因一方违约造成解除合同,则受损的一方有权向违约方进行索赔。

后合同义务指合同终止后,依据诚实信用原则应当履行的通知、协助、保密等义务。解除合同一方需要将解除合同通知对方,对方有异议的可以诉诸法院或仲裁确认合同解除的效力。协助对方处理合同终止后的善后事务,并对已知晓的对方的商业秘密负有不外泄的责任。合同当事方违反后合同义务应承担损害赔偿责任。

---

①见《民法典》第566条。

第五章
违约纠纷处理法律风险检测

第一节　合同纠纷概述

合同纠纷,是指在合同的订立、生效、履行、解释、变更、终止等一系列过程中合同当事人的所有争议。具体说来,合同的纠纷有:合同的效力之争议;合同文意解释不一致之争议;合同履行是否符合约定之争议;合同违约责任的承担之争议;合同是否可能单方解除之争议等。

第二节　合同纠纷的处理原则与处理方案

一、合同纠纷的处理原则

合同纠纷的处理应在相关法规和企业内部合同管理规则的框架之内进行,一般而言,处理合同纠纷的原则如下。

(1)遵从法律为先,法律没规定的,以国家政策或合同条款为准。

(2)首选协商解决为基本办法。发生纠纷时,应及时联系对方当事人友好协商,在既维护本方合法权益,又不侵犯对方合法权益的基础上,协商解决办法,解决纠纷。

（3）协商不成，专业法律人士及时介入，搜集证据固定法律事实准备诉讼。

（4）合法及时、有序地控制对方财产。这里的合法是指符合法律规定的保全行为或行使留置权行为，及时是指在对方可能转移之前进行控制对方的财产，有序是指在控制对方财产时要先控制便于变现的财产。

二、合同纠纷的处理方案

（一）专事专干，分类处理

对于无风险或者低风险的合同纠纷，可以由企业法务部门人员和合同所涉及的业务部门人员共同组成纠纷处理小组。或者指定一名法务人员负责牵头进行纠纷的处理；对于有较高风险或者高风险的合同纠纷，则应当根据实际情况，由企业高层管理人员、法务部门和合同所涉及的业务部门负责人共同成立纠纷处理小组。有时财务部门负责人也要加入纠纷处理小组，必要时可聘请外部专职律师作为纠纷处理顾问全程参与。

（二）整理材料，如实汇报

合同纠纷处理中十分重要的一个环节是由合同所涉及业务部门或者合同的执行人员向纠纷处理小组成员提供完整的、真实的情况说明，并就相关事实和理由的证据材料加以搜集和提供。

在实践中，这一环节需要在纠纷处理小组的指导或者主导下按照诉讼材料准备的要求来完成。

（三）提出纠纷处理建议

在全面深入了解纠纷基本情况后，为了使纠纷处理建议严谨并具有可行性，往往需要通过召开纠纷处理分析会、讨论会等形式集思广益，纠纷处理小组成员应从诉讼角度出发，并结合相关证据材料进行法律分析，比较各种可能的处理方案和相应的后果，并在此基础上提出防御性措施建议。

第三节　合同纠纷的解决途径

一般而言,解决合同纠纷共有三种方式:一是用协商的方式,经双方结合实际情况进行协商自行解决,这是最好的方式;二是采取仲裁的方式解决;三是采取诉讼的方式解决。

一、自行协商方式解决合同纠纷

对于合同纠纷,尽管可以用仲裁、诉讼等方法解决,但由于这样解决不仅费时、费力、费钱财,而且也不利于以后的合作与往来。用协商的方式解决,程序简便、及时迅速,节省仲裁、诉讼费用及时间成本,可有效地防止经济损失的进一步扩大。同时,也有利于增强纠纷当事人之间的协作关系。

发生合同纠纷的双方当事人在自行协商解决纠纷的过程中,应当注意以下问题。

(一)分清责任是非

协商解决纠纷的基础是分清责任是非,在分清责任的基础上,对于可让步利益进行协商,避免在未分清责任的基础上过分让步,损伤自己的核心利益。

(二)及时解决

协商解决的一大优势是解决纠纷的效率高,但也应注意的是,在实践中经常有当事人假借协商之名拖延争议的解决。如果当事人双方在协商过程中出现僵局,争议迟迟得不到解决时,就不应该继续坚持协商解决的办法,否则会使合同纠纷进一步扩大,特别是一方当事人有故意的不法侵害行为时,更应当及时采取其他方法解决。

二、采取仲裁方式解决合同纠纷

如果合同中明确约定了发生纠纷时由某个仲裁机构裁决,则应当按照合同约定的争议解决方式申请仲裁。

(一)仲裁的含义

仲裁是一个法律术语,是指由双方当事人协议将争议提交(具有公认地位的)第三者,由该第三者对争议的是非曲直进行评判并做出裁决的一种解决争议的方法。仲裁异于诉讼和审判,仲裁需要双方自愿,也异于强制调解,是一种特殊调解,是自愿型公断,区别于诉讼等强制型公断。

合同仲裁一般是当事人根据他们之间订立的仲裁协议,自愿将其争议提交由非司法机构的仲裁员组成的仲裁庭进行裁判,并受该裁判约束的一种制度。仲裁活动和法院的审判活动一样,关乎当事人的实体权益,是解决民事争议的方式之一。

(二)合同仲裁的特点

1.自愿性

当事人的自愿性是仲裁最突出的特点。仲裁以双方当事人自愿为前提,即当事人之间的纠纷是否提交仲裁,交与谁仲裁,仲裁庭如何组成,由谁组成,以及仲裁的审理方式、开庭形式等都是在当事人自愿的基础上,由双方当事人协商确定的。因此,仲裁是最能充分体现当事人意思自治原则的争议解决方式。

2.专业性

民商事纠纷往往涉及特殊的知识领域,会遇到许多复杂的法律、经济贸易和有关的技术性问题,故专家裁判更能体现专业权威性。因此,由具有一定专业水平和能力的专家担任仲裁员对当事人之间的纠纷进行裁决是仲裁公正性的重要保障。根据中国仲裁法的规定,仲裁机构都备有分专业的,由专家组成的仲裁员名册供当事人进行选择,专家仲裁由此成为民商事仲裁的重要特点之一。

3.灵活性

由于仲裁充分体现当事人的意思自治,仲裁中的诸多具体程序都是由当事人协商确定与选择的,因此,与诉讼相比,仲裁程序更加灵活,更具有弹性。

4.保密性

仲裁以不公开审理为原则。有关的仲裁法律和仲裁规则也同时规定了仲裁员及仲裁秘书人员的保密义务。因此当事人的商业秘密和贸易活动不会因仲裁活动而泄露。仲裁表现出极强的保密性。

5.快捷性

仲裁实行一裁终局制,仲裁裁决一经仲裁庭做出即发生法律效力。这使当事人之间的纠纷能够迅速得以解决。

6.经济性

仲裁的经济性主要表现在:时间上的快捷性使得仲裁所需费用相对减少;仲裁无需多审级收费,这使得仲裁费往往低于诉讼费;仲裁的自愿性、保密性使当事人之间通常没有激烈的对抗,且商业秘密不必公之于世,对当事人之间今后的商业机会影响较小。

7.独立性

仲裁机构独立于行政机构,仲裁机构之间也无隶属关系。在仲裁过程中,仲裁庭独立进行仲裁,不受任何机关、社会团体和个人的干涉,亦不受仲裁机构的干涉,显示出最大的独立性。

三、通过法院诉讼方式解决合同纠纷

(一)诉讼的含义

诉讼是解决合同纠纷的最终形式。是指人民法院根据当事人的请求,在所有诉讼参与人的参加下,审理和解决争议的活动。因为诉讼由国家审判机关依法进行审理裁判,最具有权威性,且在裁判发生法律效力后,以国家强制力保证裁判的执行,故与其他解决合同纠纷的方式相比,诉讼是最有效的一种方式。

(二)诉讼的特点

1.公权性

与调解、仲裁这些诉讼外的解决民事纠纷的方式相比,民事诉讼有如下特征:民事诉讼是以司法方式解决平等主体之间的纠纷,是由法院代表国家行使审判权解决民事争议。它既不同于群众自治组织性质的人民调解委员会以调解方式解决纠纷,也不同于由民间性质的仲裁委员会以仲裁方式解决纠纷。

2.强制性

强制性是公权力的重要属性。民事诉讼的强制性既表现在案件的受理上,又反映在裁判的执行上。调解、仲裁均建立在当事人自愿的基础上,只要有一方不愿意选择上述方式解决争议,调解、仲裁就无从进行,民事诉讼则不同,只要原告起诉符合民事诉讼法规定的条件,无论被告是否愿意,诉讼均会发生。诉讼外调解协议的履行依赖于当事人的自觉,不具有强制力,法院裁判则不同,当事人不自动履行生效裁判所确定的义务,法院可以依法强制执行。

3.程序性

民事诉讼是依照法定程序进行的诉讼活动,无论是法院还是当事人和其他诉讼参与人,都需要按照民事诉讼法设定的程序实施诉讼行为,违反诉讼程序常常会引起一定的法律后果。

如法院的裁判被上级法院撤销,当事人失去为某种诉讼行为的权利等。诉讼外解决民事纠纷的方式程序性较弱,人民调解没有严格的程序规则,仲裁虽然也需要按预先设定的程序进行,但其程序相当灵活,当事人对程序的选择权也较大。

4.特定性

民事诉讼的对象具有特定性。它解决的争议是有关民事权利义务的争议。不是民事主体之间民事权益发生争议,不能纳入民事诉讼程序处理,如伦理上的冲突、政治上的争议、宗教上的争议或者科学上的争议等不能成为民事诉讼调整的对象。

对于无讼争性的非讼事件,虽然各国的普遍做法是由法院主管,但都规定了与民事诉讼程序不同的非讼程序来处理。

5.自由性

民事诉讼反映民事主体权益之争,民事主体不论在实体上还是在程序上,都有依法处分其权利的自由。民事诉讼中的原告有权依法处分其诉讼权利和实体权利,被告也有权处分其诉讼权利和实体权利。

正因为如此,民事诉讼形成了自己特有的机制,诉讼中的和解制度和调解制度,对当事人处分其权利具有独特的意义和作用。对法院发生法律效力的判决,胜诉的一方当事人可以申请执行,也可以不申请执行。但是,在刑事诉讼和行政诉讼中情况则不同,刑事诉讼中公诉人与被告人不能进行和解或调解,行政诉讼中就行政法律关系的争议,也不适用调解方式解决,作为当事人一方的行政机关胜诉后也无权放弃自己的权利。

6.规范性与正当性

民事诉讼法以及其周边法律制度如法院组织法和法官法等保障着民事诉讼的正义性,确保当事人的实体权利和程序利益不受侵蚀。程序规则的严格性并不等同于程序的复杂性,其含义是指确保当事人权益的强行性规定不得违反,否则即产生一定的程序制裁。民事诉讼的严格规范性限制了法官的恣意,消除了对社会统一规范的背离,满足了国家和社会维护统一的法律秩序的要求。

(三)法院调解

法院调解是指在人民法院的主持下,在诉讼中双方当事人自行达成和解协议,经人民法院认可后,终结诉讼程序的活动。经法院调解成功,法院会制作调解书,与判决具有同等效力。如一方当事人不执行调解书确定的给付内容,另一方当事人可以向人民法院提出申请,要求人民法院强制执行。根据《民事诉讼法》的规定,人民法院进行调解也必须坚持自愿、合法的原则,调解达不成时,应当及时判决,不应久调不决。

第四节 合同纠纷有关管理工作及注意事项

一、注意合同的诉讼时效

(一)要在诉讼时效内对合同纠纷提起诉讼

要注意合同的履行期限,并计算诉讼时效期间,并在法律规定的时效内处理纠纷,并且还须考虑在协商、调解不成功的情况下,应当有足够的时间申请仲裁或者提起诉讼。

(二)要充分利用诉讼时效中断制度

在诉讼时效期内采用书面形式向债务人明确提出履行义务的要求,或者与债务人达成债务偿还协议,从而使得诉讼时效中断,诉讼时效期间重新开始起算,从而为企业进一步采取纠纷解决措施争取更充足的时间,维护本企业的正当权益。

二、追加合同关联方

根据合同的相对性,一般只能要求合同的相对方承担相关责任。但实践中,合同相对方出现违约时大多已经资不抵债或者发生丧失全部或部分债务偿还能力的其他情况,这时应当尽可能追加合同相对方的关联人或其他有牵连的主体,例如,追加担保人、向第三人行使代位权或撤销权等,以尽可能保全债权,避免或减少损失。

三、注意相关证据的提取及保留

(一)合同履行期间的证据

例如:合同的文本(包括变更、解除合同的协议)及附件,送货、提货、托运、验收、发票等有关凭证,产品的质量标准、封样、样品或鉴定报告,双方工作往来邮件,对账单,违约的材料等其他履行期间的证据材料。

(二)出现违约情形后的证据

出现违约情形后,如果对方配合,可以采取确认书、说明书等书面形式,由对方对其违约情况进行说明并承诺违约责任等。但实践中,一般对方配合度均不高,所以需要原业务人员或其他人员采取电话录音、谈判录音、微信记录等方式,通过谈话的形式固定相关事实,搜集证据。

四、掌握对方财产状况,合法、及时、有效地采取控制措施

为了保证合同纠纷解决后的顺利执行,要通过日常往来、事后调查等方式及时掌握对方的财产状况,并通过合法的手段,如诉前、诉中保全,执行查封、扣押、

冻结,行使法定留置权的方式及时控制对方财产,避免对方转移财产或其他债权人先行保全等情况的出现。

五、跟踪合同纠纷处理进度,保证落实情况

(1)把控时间节点,掌握处理进度。实际负责处理纠纷人员要及时向纠纷处理小组汇报合同纠纷处理的重要节点及进度,便于纠纷处理小组及时了解情况,采取下一步措施。

(2)对方当事人对于协商解决不同意或有新意见时,要及时达成新的合同纠纷解决协议或者在没有协商余地的情况下通过法律途径解决纠纷,并采取诉前、诉讼保全等措施及时控制对方财产。

(3)对方当事人逾期不履行已经发生法律效力的调解书、仲裁决定书或判决书的,企业可以自行或者委托律师及时向人民法院申请执行,并采取相关的惩罚及保全措施。

(4)执行中若达成执行和解协议的,应制作协议书并按协议书规定办理。

(5)合同纠纷处理或执行完毕的,应及时通知有关单位,并将有关资料汇总、归档,以备核查。

第六章

企业合同管理中法律风险调查问卷设计

第一节　合同管理法律风险检测指标

我们从以下 10 个方面确定识别合同管理法律风险检测指标,通过指标的设定来设计企业合同管理中法律风险调查问卷。

(1)企业应对合同相对方的资质、信用等情况进行审查;

(2)合同条款无不完备或存在无效条款的情形;

(3)无未按企业规定的审批手续或权限签订合同以及企业公章、合同专用章保管不善、使用混乱等情形;

(4)合同无履行混乱或存在违约的行为;

(5)无怠于行使解除权、异议权、撤销权、抗辩权等合同相关权利的情形;

(6)企业无对外投资,违反规定成为对所投资企业的债务承担连带责任的出资人的情形;

(7)企业无产品、服务或营销违规或侵害消费者权益的情形;

(8)企业无将部分业务分包、转包、委托给不具备相应资质的其他企业的情形;

(9)企业主营业务依赖的客户/供应商无违规经营行为;

(10)企业业务运营中无商业贿赂、不正当竞争、垄断等行为。

第二节　法律风险调查问卷

问卷序言

尊敬的会员企业：

为了深入贯彻习近平总书记关于统筹做好疫情防控和经济社会经济发展的重要指示精神，全面落实党中央决策部署，根据司法部、全国工商联、全国律协《关于深入开展民营企业"法治体检"活动服务疫情防控和企业复工复产的通知》，北京金城同达（大连）律师事务所针对会员企业开展本次企业法律体检服务。

企业合同管理是企业经营的直接体现，合同的起草、签订与合同的履行直接影响企业的发展及信用状况。

北京金城同达（大连）律师事务所针对会员企业在合同管理过程中普遍面临的问题，为会员企业开展本次"合同管理法律体检"，力求及时发现合同管理方面的风险问题并及时整改，将企业经营风险降至最低。

顺颂商祺！

北京金城同达（大连）律师事务所

1.贵公司与意向客户初次洽谈前，是否会审查对方的基本情况或者履约能力？

A.是　　　　　　　　　　　B.否

2.贵公司与客户初次洽谈时，是否会要求对方提供相应的经营资质或身份信息用于归档？

A.是　　　　　　　　　　　B.否

3.贵公司与客户的每一次合作是否与对方签订书面合同？

A.是　　　　　　　　　　　B.否

4.贵公司在经营过程中使用的各类合同是由谁起草的？

A.员工起草　　　　　　　　B.律师起草

C.网络版本　　　　　　　　D.对方起草

5.贵公司与对外签署合同时,是否履行了以下程序?(可多选)

A.可行性调研　　　　　　　　B.合同会审

C.领导审批　　　　　　　　　D.合同的签署与归档

6.贵公司由员工代为签署合同时,是否向其出具授权委托书,并且要求对方出具授权委托书?

A.是　　　　　　　　　　　　B.否

7.书面合同签订后,贵公司如何保管该合同?

A.业务员自行保管　　　　　　B.由合同管理员统一保管

8.贵公司在合同签订后,由谁对该合同的履行进行监督?

A.业务员自行监督　　　　　　B.法律专业人士进行监督

C.无监督机制

9.合同履行过程中,如双方对原合同内容进行变更,是以何种方式进行的?

A.书面　　　　　　　　　　　B.口头或微信、电话通知

10.合同变更后,是否与原合同及时归档?

A.是　　　　　　　　　　　　B.否

11.贵公司在合同履行过程中是否重视留痕处理及形成的各种材料是否统一进行管理?

A.是　　　　　　　　　　　　B.否

12.贵公司在进行商业谈判过程中通常由谁代表参加?

A.法定代表人　　　　　　　　B.公司法务

C.业务人员　　　　　　　　　D.公司财务或经理

13.贵公司是否对常用合同制作了专用合同范本?

A.是　　　　　　　　　　　　B.否

14.贵公司形成的合同范本是否由律师或法务起草?

A.是　　　　　　　　　　　　B.否

15.贵公司是否因为合同签订或履行过程中管理不到位而引发纠纷?

A.是　　　　　　　　　　　　B.否

16.贵公司因合同履行引发的纠纷首先采取何种救济措施?

A.业务员自行追讨　　　　　　B.协商调解

C.委托律师代为提起诉讼

17.如贵公司因合同履行发生争议,请将下列事项按照关注程度进行排序( )。

A.律师费用　　　　　　　　　B.胜诉率

C.对方财产状况　　　　　　　　　D.诉讼地

F.能否执行回款

18.贵公司是否会定期对企业员工开展合同管理相关培训?

A.是　　　　　　　　　　　　　　B.否

19.贵公司在合同管理过程中遇到的其他问题有哪些?

本次调查问卷到此结束,感谢您的配合!

第四编

人力资源管理中的法律风险检测

第一章
人力资源管理法律风险概述

　　用人单位人力资源管理法律风险,重点体现在劳动管理和劳动保障上,从招聘员工开始,签订劳动合同、社会保险直至解除劳动合同这一系列流程中都有国家相关的劳动法律法规的约束,严格按照法律规范用人单位行为,严格按照法律履行相关程序,就可以大幅度减少劳动纠纷从而成功避免法律风险。用人单位依法实施劳动管理,依法维护劳动者的合法权益,有效降低人力资源法律风险,才能从根本上保护用人单位的劳动权益。用人单位应重点关注以下人力资源管理中常见的法律风险问题。

一、劳动者入职审查问题

　　实践中,用人单位往往不注重对员工入职审查环节,使入职审查流于形式,给用人单位用工带来很大风险。《劳动合同法》第 8 条规定,用人单位有权了解劳动者与劳动合同直接相关的基本情况,劳动者应当如实说明。第 26 条规定,以欺诈手段使对方在违背真实意思的情况下订立的劳动合同无效或者部分无效。第 91 条规定,用人单位招用与其他用人单位尚未解除或者终止劳动合同的劳动者,给其他用人单位造成损失的,应当承担连带赔偿责任。如果不严格进行入职审查,劳动者以欺诈手段入职的,可导致劳动合同无效或者部分无效。如果招用与其他用人单位尚未解除或者终止劳动合同的劳动者,给其他用人单位造成损失的,用人单位存在承担连带赔偿责任的风险。

二、用人单位建立员工名册问题

　　《劳动合同法》第 7 条规定,用人单位自用工之日起即与劳动者建立劳动关系。用人单位应当建立职工名册备查。2008 年 9 月 18 日起实施的《劳动合同法实施条例》第 8 条规定，《劳动合同法》第 7 条规定的职工名册，应当包括劳动者姓名、性别、公民身份证号码、户籍地址及现住址、联系方式、用工形式、用工起始时间、劳动合同期限等内容。第 33 条规定，用人单位违反《劳动合同法》有关建立职工名册规定的，由劳动行政部门责令限期改正；逾期不改正的，由劳动行政部门处 2000 元以上 2 万元以下的罚款。《劳动合同法》虽然规定了用人单位应当建立职工名册备查，但是并未规定职工名册应该具备的具体内容，《劳动合同法实施条例》充实了职工名册应该具备的具体内容，使用人单位建立职工名册在实践中具有可操作性，同时该条例规定了如果用人单位没有依法建立职工名册的法律责任，最高可处以 2 万元的罚款，使用人单位在劳动人事管理中增加了风险。

用人单位已经与劳动者建立劳动关系但未订立劳动合同的，用人单位也应当按要求建立职工名册备查。用人单位应该依法建立职工名册，职工名册应该包括劳动者姓名、性别、公民身份证号码、户籍地址及现住址、联系方式、用工形式、用工起始时间、劳动合同期限等内容。用人单位建立职工名册可以由劳动者在核实名册内容后签字确认，并由用人单位保留劳动者签字确认的书面证据。职工名册应由用人单位人力资源管理部门存档备查。

三、试用期相关问题

劳动合同中的试用期，一般是指在劳动合同期限之内，劳资双方为互相了解和考察约定的一段时间。它不是劳动合同的必备条款，属于劳资双方协商确定的条款，是合同中约定自治的内容。试用期条款是劳动合同约定内容。《劳动合同法》第 19 条规定，劳动合同期限在三个月以上不满一年的，试用期不得超过一个月；劳动合同期限 1 年以上不满 3 年的，试用期不得超过 2 个月；3 年以上固定期限和无固定期限的劳动合同，试用期不得超过 6 个月。

《劳动合同法》第 39 条规定，劳动者有下列情形之一的，用人单位可以解除劳动合同：在试用期内被证明不符合录用条件的。试用期内用人单位和劳动者有以下的权利义务：用人单位在试用期内解除劳动合同；要证明劳动者不符合用人单位的录用条件，如果证明不了，用人单位在试用期内也不能解除劳动合同。劳动合同法取消了劳动者在试用期内可以随时通知用人单位解除劳动合同权力，增加了劳动者在试用期提前三日通知用人单位，可以解除劳动合同的义务。

四、劳动合同相关问题

《劳动合同法》规定劳动合同应当具备以下必备条款:用人单位的名称、住所和法定代表人或者主要负责人,劳动者的姓名、住址和居民身份证或者其他有效身份证件号码,劳动合同期限,工作内容和工作地点,工作时间和休息休假,劳动报酬,社会保险,劳动保护、劳动条件和职业危害防护,法律、法规规定应当纳入劳动合同的其他事项。劳动合同除了在法律规定上述必备条款以外,劳动合同还可以有约定条款,它是指法律不作强制性规定,由用人单位和劳动者在劳动合同中任意约定的条款,缺少约定条款并不影响合同的效力。用人单位与劳动者可以约定试用期、培训、保守秘密、补充保险和福利待遇等其他事项。

五、培训与服务期问题

职业培训是提高劳动者素质的重要手段,我国《劳动法》第 68 条规定:"用人单位应当建立职业培训制度,按照国家规定提取和使用职业培训经费,根据本单位实际,有计划地对劳动者进行职业培训。从事技术工种的劳动者,上岗前必须经过培训。"根据上述规定,用人单位对员工进行的安全卫生培训、技术工种的上岗前培训以及提高员工岗位素质的培训是用人单位应尽的义务。根据我国现行的有关政策法规,只有以下三个条件同时满足时,劳动者才需赔偿用人单位为其支付的培训费:(1)用人单位给员工提供了除安全卫生教育、岗前或转岗等义务性培训以外的培训;(2)用人单位必须有其为劳动者参加培训出资的货币支付凭证,一般来说,这个凭证应当是具有培训资格的培训单位(或学校)出具的,而不是本单位自己开具的;(3)劳动者在服务期内有违约解除劳动合同的事实。

《劳动合同法》第 22 条规定,用人单位为劳动者提供专项培训费用,对其进行专业技术培训的,可以与该劳动者订立协议,约定服务期。劳动者违反服务期约定的,应当按照约定向用人单位支付违约金。违约金的数额不得超过用人单位提供的培训费用。用人单位要求劳动者支付的违约金不得超过服务期尚未履行部分所应分摊的培训费用。但是《劳动合同法》没有规定培训费的具体构成,《劳动合同法实施条例》第 16 条规定,明确了培训费用包括有支付凭证的培训费用、培训期间的差旅费以及因培训产生的用于该劳动者的其他直接费用,培训费用里面不应当包括培训期间向劳动者支付的工资。

六、竞业限制相关问题

竞业限制,是指为防止商业秘密在同行业间的泄露,用人单位与掌握商业秘密的员工通过竞业限制协议约定,员工在离职后一定期限内,不得自己生产与原单位有竞争关系的同类产品或经营同类业务,也不得到生产同类产品或经营同类业务且具有竞争关系的其他单位任职,用人单位将给予员工一定的经济补偿。我国现行法律规定一方面要保护企业的商业秘密;另一方面,也要保护劳动者包括各种人才的自主择业权利。如何才能较好地平衡这对关系,做到既能保护企业的商业秘密,又能兼顾到人才流动的合理性,签订竞业限制协议是目前用人单位广泛采取的做法之一。用人单位与劳动者可以在劳动合同中约定保守用人单位的商业秘密和与知识产权相关的保密事项。对负有保密义务的劳动者,用人单位可以在劳动合同或者保密协议中与劳动者约定竞业限制条款,并约定在解除或者终止劳动合同后,在竞业限制期限内按月给予劳动者经济补偿。劳动者违反竞业限制约定的,应当按照约定向用人单位支付违约金。

第二章

劳动合同相关的法律风险检测

《劳动合同法》给用人单位的人力资源管理带来了一场全新的革命,如何全面理解和有效运用《劳动合同法》,完善劳动合同具体条款设计,防范和控制劳动用工法律风险,有效避免劳动争议的发生,已经成为用人单位人力资源管理工作中的重中之重。实践中,用人单位在与劳动者订立劳动合同的环节中,往往草率仓促订立劳动合同,留下了许多漏洞,也为用人单位劳动人事管理工作留下了隐患,增加了劳动用工法律风险。那么,如何在劳动合同订立的环节中将风险防范于未然呢?用人单位应重点关注劳动合同订立环节中的以下常见问题。

一、劳动者入职相关的法律风险与检测

用人单位招用劳动者时,有权了解劳动者与劳动合同直接相关的基本情况,劳动者应当如实说明。用人单位应当在避免触犯法律的前提下,对劳动者进行入职审查:身份、学历、资格、工作经历等信息;身体是否有潜在疾病、残疾等;是否达到法定 16 周岁就业年龄;是否与其他用人单位仍有未到期的劳动合同;是否与其他用人单位签订有未到期的竞业限制协议等。

如果不严格进行入职审查,劳动者以欺诈手段入职的,可导致劳动合同无效或者部分无效。如果招用与其他用人单位尚未解除或者终止劳动合同的劳动者,给其他用人单位造成损失的,用人单位存在承担连带赔偿责任的风险。

用人单位在招用劳动者时,应要求其提供与前单位解除或终止劳动合同的证明,并保留原件。如尚未解除或终止劳动合同的,要求其出具原单位同意该员工兼职的书面证明。用人单位应认真核实劳动者的个人资料的真实性,例如学历证明、资格证明、从业经历、身份证件等相关资料,避免入职审查流于形式。用人单位应要求劳动者承诺其未承担竞业限制义务,保留劳动者承诺的纸质文件,并向原单位进行核实,以免发生不可预测的诉讼风险。

二、试用期相关的法律风险与检测

(一)自用工之日起一个月内未订立书面劳动合同的风险

许多用人单位至今仍然存在这样一个不正确的认识,认为不签劳动合同,劳动关系便不存在,不签劳动合同,即使员工诉诸法院,也会因缺少书面证据而无计可施。其实不然,《劳动合同法》已经明确规定,用人单位自用工之日起即与劳动者建立劳动关系。企业不仅应当改变不签劳动合同的这种观念,更应该树立建立劳动关系便立即签订劳动合同这样一种意识。

建立劳动关系,应当订立书面劳动合同。已建立劳动关系,未同时订立书面劳动合同的,应当自用工之日起一个月内订立书面劳动合同。用人单位与劳动者在用工前订立劳动合同的,劳动关系自用工之日起建立。

劳动合同由用人单位与劳动者协商一致,并经用人单位与劳动者在劳动合同文本上签字或者盖章生效。劳动合同文本由用人单位和劳动者各执一份。

用人单位单方持有劳动合同,或者虽给劳动者持有一份,但未保留送达证据。劳动合同必须给劳动者持有一份,并且应当有劳动者的签收证据。

(二)违法约定试用期用人单位支付赔偿金的风险

违法约定试用期的,由劳动行政部门责令改正;违法约定的试用期已经履行的,由用人单位以劳动者试用期满月工资为标准,按已经履行的超过法定试用期的期间向劳动者支付赔偿金。同一用人单位与劳动者约定两次以上的试用期的、用人单位约定的试用期超过法律规定的最长期限、用人单位在以完成一定工作任务为期限的劳动合同或者期限不满三个月的劳动合同中约定试用期、用人单位在劳动合同中仅约定试用期或者劳动合同期限与试用期相同的均为违法约定试用期情形,将承担支付赔偿金的风险。

试用期的期限设计应该在遵守法律的情况下,适当合理灵活运用。权衡利弊,选择合适的合同期限,合同中避免违法约定试用期。合理设定试用期限:比如,三年期限的劳动合同,试用期可达六个月,但劳动合同期限为二年零三百五十四天时(不到三年),试用期不得超过二个月。一天之差,试用期可相差四个月,用人单位可选择适当的合同期限,来决定符合企业利益的试用期。劳动合同中试用期的期限应当计入劳动合同的期限,即劳动合同的期限包含了试用期限,并且单独签订试用合同或劳动合同仅约定试用期的,试用期不成立,该期限为劳动合同期限。

(三)试用期忽视劳动者权利的风险

试用期内劳动者有权依法享受医疗期的待遇,其病假工资、疾病救济费和医疗待遇按照有关规定执行。在试用期内劳动者有权依法享受婚假、丧假、产假等权利。有些用人单位要求劳动者在试用期内不能请婚假、产假等,这实际上侵害了劳动者的权利。在试用期内劳动者有权享受劳动保护和职业危害防护等权利。在试用期内用人单位应该为劳动者缴纳社会保险,如果用人单位没有为劳动者缴纳社会保险,用人单位将承担缴纳滞纳金的风险。

用人单位也要注意不能侵犯劳动者在试用期内的权利,试用期包括在劳动合同期限内,在试用期内用人单位也应该为劳动者缴纳社会保险。

(四)试用期随意解除劳动合同的风险

在试用期内被证明不符合录用条件用人单位可以解除劳动合同,但是实践中用人单位往往并没有公布招聘职位的录用条件也并没有让劳动者充分知悉录用条件,在试用期内缺乏相应的考核记录,所以在试用期与劳动者解除劳动合同时,没有明确的标准,在诉讼中不能举证,承担败诉的风险。用人单位以口头或者其他形式约定的试用期满后,用人单位认为该劳动者试用合格,就签订正式劳动合同,如果用人单位认为不符合录用条件,就解除劳动关系。该做法是违反法律规定的,在发生劳动争议时往往会使用人单位处于被动地位而导致败诉的风险。试用期被随意解除劳动合同的赔偿风险:《劳动合同法》第48条规定,用人单位违反本法规定解除或者终止劳动合同,劳动者要求继续履行劳动合同的,用人单位应当继续履行;劳动者不要求继续履行劳动合同或者劳动合同已经不能继续履行的,用人单位应当依照本法第47条规定的经济补偿标准的二倍向劳动者支付赔偿金;用人单位支付赔偿金后,劳动合同解除或者终止。

录用条件应具体化、公示化,并细化岗位说明书。在进行人才招聘之前,要根据招聘岗位说明书的要求,确定招聘职位的录用条件并向招聘者公布,并将公布的录用条件予以保存。用人单位的录用条件,应该让劳动者充分知悉,并且用人单位应制作录用条件表,并由劳动者阅读并签字确认。用人单位应该对试用期内的员工随时按录用条件进行考核,并制作试用期工作计划表、试用期工作记录表、试用期月度总结、个人总结表等试用期考核依据。在发现员工不符合录用条件或不能胜任工作时,要及时取得能证明员工不符合录用条件的证据,该证据最好是纸质证据。试用期内解除劳动合同应遵循相关的程序规定,用人单位在试用期内单方解除劳动合同应当事先将解除劳动合同理由通知工会。并向劳动者说明理由,"说明理由"建议用人单位采用书面形式并且要求劳动者签收。最后用人单位应该制作《解除劳动合同通知书》送达给劳动者,同时向劳动者出具解除或者终止劳动合同的证明,并在十五日内为劳动者办理档案和社会保险关系转移手续。

(五)试用期内工资标准约定过低的风险

《劳动合同法实施条例》对《劳动合同法》规定的劳动者在试用期的工资标准产生歧义的条款进行了明确,确定用人单位与劳动者约定的试用期的工资不得低于本单位相同岗位最低档工资的80%或者不得低于劳动合同约定工资的80%,并不得低于用人单位所在地的最低工资标准;慎重决定试用期内是否提供专项费用培训。根据《劳动部办公厅关于试用期内解除劳动合同处理依据问题的复函》规定:"用人单位出资(指有支付货币凭证的情况)对职工进行各类技术培训,职工提出与单位解除劳动关系的,如果在试用期内,则用人单位不得要求劳动者支付该项培训费用。"所以,劳动者在试用期内解除劳动合同的,无须赔偿用人单位支付的培训费用,即使劳动合同中有约定,该约定也无效。为避免风险,提供专项培训前可提前终止试用期。

三、劳动合同条款的法律风险与检测

(一)未载明必备条款的需承担的法律后果

用人单位提供的劳动合同文本未载明劳动合同必备条款或者用人单位未将劳动合同文本交付劳动者的,由劳动行政部门责令改正;给劳动者造成损害的,应当承担赔偿责任。因此,用人单位应当制作好符合劳动合同法规定的劳动合同。制作劳动合同应当具备必备条款,建议最好采用律师起草的劳动合同文本或劳动行政部门制定的劳动合同范本。

(二)劳动合同条款约定不明会给用人单位留下不确定风险

《劳动合同法》第18条规定:"劳动合同对劳动报酬和劳动条件等标准约定

不明确,引发争议的,用人单位与劳动者可以重新协商;协商不成的,适用集体合同规定;没有集体合同或者集体合同未规定劳动报酬的,实行同工同酬;没有集体合同或者集体合同未规定劳动条件等标准的,使用国家有关规定。"《劳动合同法实施条例》第13条规定用人单位与劳动者不得在《劳动合同法》第44条规定的劳动合同终止情形之外约定其他的劳动合同终止条件。如果约定,该约定终止条款无效。劳动合同中违反法律法规的强制性规定出现的无效条款给用人单位造成的风险。

劳动合同是确定企业与员工之间权利义务关系的凭证,同时也是处理劳动纠纷的重要证据。若因劳动合同约定不明而诉诸法院,劳动仲裁委员会、法院一般都会倾向于作为弱势一方的劳动者,在这种情况下,企业十有八九都会败诉。因此,企业人力资源管理部门在确定劳动合同条款时要尽量避免约定不明的情况出现,最好能够聘请法律专业人士和专业人力资源机构,根据用人单位自身的实际情况确定劳动合同约定条款。

(三)充分运用劳动合同法赋予的约定条款权利

用人单位应当按照劳动合同法的要求制作符合本单位实际情况的劳动合同文本。为了避免因劳动合同制作瑕疵带来的法律风险,可以直接选用劳动行政部门制定的劳动合同范本,或者在劳动行政部门制定的劳动合同范本基础上进行修订和完善。

合理运用约定条款保护用人单位利益。除了劳动合同规定的必备条款以外,用人单位可以与劳动者约定一些试用期、培训、保密、竞业限制、违约金条款、离职工作交接条款、补充保险和福利待遇条款;约定规章制度已经向劳动者公示的条款;约定解除或终止劳动合同书面通知的送达条款;可约定因劳动者不能胜任工作被调整工作岗位的,工资会按照调整的岗位适当地调整,即"岗变薪变"条款。

《劳动合同法》取消了劳动法中有关用人单位与劳动者可以约定终止劳动合同的条件的规定,明确劳动合同终止为法定行为,只有符合法定情形的,劳动合同才能终止。所以用人单位不能在法定的《劳动合同法》第44条规定的终止情形外再约定劳动合同终止条件。

劳动合同必备条款虽然取消了违反劳动合同的责任条款,但并不代表违反劳动合同就可以不承担法律责任。劳动者在违反劳动合同法规定解除劳动合同或者违反劳动合同中约定的保密义务及竞业限制,给用人单位造成损失的,劳动者应承担赔偿责任。

四、培训、服务期相关的法律风险与检测

按照国家规定,用人单位必须按照本单位工资总额的一定比例提取培训费用,用于对劳动者的职业培训,这部分培训费用的使用不能作为与劳动者约定服务期的条件,如果用人单位与劳动者做了相关服务期约定将得不到法律支持。劳动者在服务期内有违约解除劳动合同的事实,由于用人单位没有保留支付培训费用的相关票据,而产生人财两空的风险。

在《培训协议》中,用人单位与劳动者要依法约定违约金。用人单位与劳动者约定违约金时不得违法,即约定违反服务期违约金的数额不得超过用人单位提供的培训费用。劳动者违约时,其所支付的违约金不得超过服务期尚未履行部分所应分摊的培训费用。用人单位在操作中应注意,《劳动合同法》第22条中所指的培训是专业技术培训,一般包括对员工实施的专业知识和职业技能培训,不包括用人单位对劳动者进行必要的职业培训和岗前培训。《劳动合同法实施条例》第16条规定《劳动合同法》第22条第二款规定的培训费用,包括用人单位为了对劳动者进行专业技术培训而支付的有凭证的培训费用、培训期间的差旅费用以及因培训产生的用于该劳动者的其他直接费用。所以用人单位应保留支付培训费用的相关票据,否则可能人财两空。

《劳动合同法》未对服务期的年限做出具体规定。服务期的长短可以由劳动合同双方当事人协议确定,但是,用人单位在与劳动者协议确定服务期年限时应体现公平合理的原则,不得滥用权力。用人单位与劳动者约定的服务期较长的,用人单位应当按照工资调整机制提高劳动者在服务期间的劳动报酬。《劳动合同法实施条例》第17条规定劳动合同期满,但是用人单位与劳动者依照《劳动合同法》第22条的规定约定的服务期尚未到期的,劳动合同应当续延至服务期满;双方另有约定的,从其约定。所以用人单位与劳动者签订的劳动合同期满而约定的服务期尚未到期的,劳动合同应续延至服务期满。劳动合同期限届满,用人单位要求劳动者继续履行剩余服务期的,则双方应当续订劳动合同,或者将原劳动合同期限变更为与服务期限一致。如劳动者不愿意续订劳动合同或变更劳动合同的,应当向用人单位承担违约责任,但违约金不得超过服务期尚未履行部分所应分摊的培训费用。

五、竞业限制条款的法律风险与检测

　　法律规定竞业限制必须向劳动者支付经济补偿金,若用人单位不支付相应的补偿金,将影响该条款的效力,产生法律风险。《劳动合同法》第 24 条规定,竞业禁止最长不得超过 2 年。竞业禁止条款限制的是员工择业权,用人单位限制的是劳动者再次就业的范围,一般包括:地域限制、业务限制和形式限制,如果用人单位限制劳动者的就业权将使条款无效。

　　针对以上要求,制作完善周密的竞业限制协议,保护用人单位的利益。竞业限制协议是用人单位与特定的接触、知悉、掌握商业秘密的劳动者签订的,对于签订对象的合理性,应依员工职位的高低以及有无接触商业秘密的机会,做出不同的认定。对劳动者离职后的竞业限制也应有合理的限制,以免影响劳动者以后的就业机会。竞业限制的范围应与员工在本单位任职时接触或者可能接触的商业秘密的范围相对应,而不应扩大至其他行业领域,实践中应当权衡是否不当地剥夺了员工的就业权利。竞业限制协议限制了劳动者的自由择业及获得劳动报酬权,根据权利义务对等原则,应给予劳动者一定的补偿费。竞业限制的期限应当取决于该商业秘密在市场竞争中所具有的竞争优势持续的时间和员工掌握该商业秘密的程度、技术水平的高低。对于不同类型和性质的商业秘密,其竞业限制期限可以不同,但不能超过法律规定的最长期限两年。合理约定竞业限制补偿金和违约金标准,在竞业限制协议中最好明确约定有关违约责任。比如,当事人可事先约定违约金的数额幅度,可以预先约定损害赔偿额的计算方法,同时也可以设定免责条款和免除将来可能发生的责任,法律责任的事先约定可以避免竞业限制协议违约后确定损害赔偿额的困难,有利于合同纠纷的解决,也有助于减少当事人在未来可能承担的风险。

六、违约金条款相关风险与检测

　　劳动合同中的违约金条款,应当是属于劳动合同当事人双方约定自治的内容之一,实践中用人单位往往通过违约金条款的约定来约束劳动者,限制人员的流动。《劳动合同法》明确了可以约定违约金的两种情形:即劳动者违反服务期约定和劳动者违反竞业限制协议。

　　除法定两种情形外的违约金设定属于无效约定,《劳动合同法》规定违约金的约定只有法定的两种情形,用人单位与劳动者约定法定违约金情形以外的违约金条款无效,不受法律保护。

　　用人单位只能在劳动者违法服务期约定和违反竞业限制协议规定时与劳动者约定违约金条款,其他方面用人单位不能再与劳动者约定违约金条款。培训费用应以实际为员工专项技术培训所支出的费用来约定违约金数额,普通、必要的职业培训与专项技术培训支出不能约定违约金数额。违约金的具体数额应当合理,违约金数额不得超过公司实际支出的培训费用,公司要求员工支付违约金的,亦不得超过服务期尚未履行部分所应分摊的培训费用。用人单位因竞业限制原因,约定劳动者需承担违约金,也应付出相应代价,在约定违约金的同时,应约定在竞业限制期限内按月给予员工经济补偿。用人单位应当在法定期限内主张权利,在违反违约金条款的约定时,用人单位应当依法在 60 日内及时主张权利,要求员工承担违约责任,否则超过申诉期法律将不予保护。

七、劳动合同履行和变更的法律风险与检测

(一)劳动合同变更的程序要求

　　劳动合同的变更必须经双方协商一致,变更劳动合同,应当采用书面形式。变更后的劳动合同文本由用人单位和劳动者各执一份。可见,劳动合同的变更必须具备三个条件:(1)经双方协商一致;(2)应当采用书面形式;(3)变更后的劳动合同文本由用人单位和劳动者各执一份。

(二)调岗、调薪引起的劳动合同变更

　　通常劳动合同变更事由主要是调岗、调薪。用人单位若与员工协商一致,便可对员工进行调岗、调薪。用人单位对员工的岗位、劳动报酬进行调整,一般要先与员工协商,但即便如此,双方并不能够总是达成一致,在这种情况下,用人单位若要单方面对员工进行调岗变薪,就必须要证明调岗变薪具有合理性,针对具体情况,《劳动合同法》也规定了其他可以对员工进行调岗、调薪的情况。主要有以下三种:劳动者患病或非因工负伤,在规定的医疗期满后不能从事原工作,用人单位可以与劳动者协商调整其岗位、职位与劳动报酬;劳动者不能胜任工作,用人单位可以与劳动者协商调整其岗位、职位与劳动报酬;劳动合同订立时所依据的客观情况发生重大变化,致使劳动合同无法履行,用人单位可以与劳动者协商调整其岗位、职位与劳动报酬。用人单位若要单方面对员工进行调岗变薪,通

常要注意以下几点：制定岗位说明书，明确岗位职责；在劳动合同中约定企业有权在特定情况下，对员工的岗位、劳动报酬进行调整；在规章制度中进一步明确何种情况下用人单位可以对员工的岗位、劳动报酬进行调整；制定详细的绩效考核制度以及工资报酬制度。

用人单位在劳动合同和规章制度中对以上情形予以详细规定。

根据《劳动合同法》的规定，劳动者不能胜任工作的，用人单位可以适当地调整其工作岗位，这种情形下岗位的变更可不经劳动者同意，属于用人单位的用工自主权，但用人单位应当提出劳动者不能胜任工作的事实和证据。

八、劳动合同解除、终止的法律风险与检测

（一）用人单位解除劳动合同的程序

用人单位单方解除劳动合同，应当事先将理由通知工会。用人单位违反法律、行政法规规定或者劳动合同约定的，工会有权要求用人单位纠正。用人单位应当考虑工会的意见，并将处理结果书面通知工会。

实务中用人单位经常以劳动者严重违反劳动纪律或用人单位规章制度解除劳动合同，许多的劳动争议多因此而发生，如何正确解除严重违纪员工，有必要对此进行深入的分析。法律规定的解除依据包括：劳动者严重违反用人单位的规章制度的；严重失职，营私舞弊，给用人单位造成重大损害的；劳动者同时与其他用人单位建立劳动关系，对完成本单位的工作任务造成严重影响，或者经用人单位提出，拒不改正的。

用人单位应当在规章制度和员工手册中细化关于"严重违反"以及"重大损害"的相关标准。必须收集员工严重违纪的证据，且必须以书面形式通知员工，否则败诉风险极大，会增加企业的用工成本。用人单位要举证证明自己的解除理由是充分的，是有确凿证据的，所以在解除严重违纪员工之前必须收集充分的证据。通常，在该类争议中，以下资料可以作为证据：违纪员工的检讨书、申辩书；有违纪员工本人签字的违纪记录、处罚通知书等；其他员工及知情者的证言；相关事件涉及的物证；相关视听资料；政府相关部门的处理意见、处理记录及证明等。书面证据是最有效的证据，尤其是有违纪员工签字的书面证据，应及时收集和保留。

同时，应注意建立日常书面行文制度和档案保管制度；对于员工的违纪行

为,应注意平时记录在案;对于有违法行为的员工,可以要求政府有关部门处理,取得并保留政府有关部门的处理结论或者记录,这些都可能是有力的证据。

(二)违法解除劳动合同面临的法律后果

用人单位违法解除劳动合同的,如果劳动者要求继续履行劳动合同的,用人单位应当继续履行;劳动者不要求继续履行劳动合同或者劳动合同已经不能继续履行的,用人单位应当支付赔偿金,赔偿金的标准为经济补偿金的二倍。

(三)解除或者终止劳动合同通知书的送达

用人单位解除和终止劳动关系必须出具书面通知且送达员工,否则,解除和终止劳动关系的决定不生效。

第三章 ◀▕▏

劳动者权利与社会保障的法律风险检测

一、试用期劳动者权利

(一)试用期不签劳动合同情况

许多用人单位至今仍然存在这样一个不正确的认识,即认为不签劳动合同,劳动关系便不存在,不签劳动合同,即使员工诉诸法院,也会因缺少书面证据而无计可施。其实不然,《劳动合同法》已经明确规定,用人单位自用工之日起即与劳动者建立劳动关系。企业不仅应当改变不签劳动合同的这种观念,更应该树立建立劳动关系便立即签订劳动合同这样一种意识。

(二)不签劳动合同面临的风险

因为,在新法实施后,不签劳动合同不仅不能规避风险,反而会面临以下风险。

1.工资成本增加的风险

《劳动合同法》第82条第一款规定:"用人单位自用工之日起超过一个月不满一年未与劳动者订立书面劳动合同的,应当向劳动者每月支付二倍工资。"

2.成立无固定期限劳动合同的风险

《劳动合同法》第14条第三款规定:"用人单位自用工之日起满一年不与劳动者订立书面劳动合同的,视为用人单位与劳动者已订立无固定期限劳动合同。"

除此之外,劳动合同作为一把双刃剑,它不单单只维护劳动者的权益,若运用得当,对于企业,也能产生积极效应。

二、工作时间的选择

(一)合理选择工作时间

根据我国《劳动法》、劳部发 1994 年 503 号文及北京市的规定,目前企业采取三种工作制:标准工时工作制(每日工作 8 小时,每周工作 40 小时)、综合计算工时工作制、不定时工作制三种,用人单位应根据自己企业的实际情况合理确定工作制,防止采用不合理的工作制影响企业生产,同时也易引起劳动争议。通常用人单位采用标准工时工作制,但也有一些企业可能不太适合用这种工时,而可以采用综合计算工时工作制、不定时工作制,但要经过区县劳动和社会保障局批准。

企业实行综合计算工时工作制,应分别以周、月、季、年为周期综合计算工作时间,但其平均日工作时间和平均周工作时间应与法定标准工作时间相同,即平均每日工作不超过 8 小时,平均每周工作不超过 40 小时。下列情形适合采用综合工种或岗位:(一)因工作性质需连续作业的;(二)生产经营受季节及自然条件限制的;(三)受外界因素影响,生产任务不均衡的;(四)因职工家庭距工作地点较远,采用集中工作、集中休息的;(五)实行轮班作业的;(六)可以定期集中安排休息、休假的。

不定时工作制是指因企业生产特点、工作特殊需要或职责范围的关系,无法按标准工作时间安排工作或因工作时间不固定,需要机动作业的职工所采用的弹性工时制度。企业实行不定时工作制的情形包括:(一)高级管理人员;(二)外勤、推销人员;(三)长途运输人员;(四)长驻外埠人员;(五)非生产性值班人员;(六)可以自主决定工作、休息时间的特殊工作岗位的其他人员。

企业实行综合计算工时工作制、不定时工作制应征求工会的意见,无工会的,应征求职工代表大会的意见。

企业实行综合计算工时工作制、不定时工作制发生下列变化应重新申报:企业名称变化、时限已满及工种岗位变化。

（二）实行综合计算工时工作制、不定时工作制是否需要支付加班工资

用人单位经批准实行综合计算工时工作制的，在综合计算工时周期内，用人单位应当按照劳动者实际工作时间计算其工资；劳动者总实际工作时间超过总标准工作时间的部分，视为延长工作时间，应当按照规定支付加班工资；安排劳动者在法定休假日工作的，应当按照规定支付加班工资。

用人单位经批准实行不定时工作制度的，不适用加班工资。

三、工资支付的风险

（一）未约定或未明确约定劳动报酬的风险

用人单位未在用工的同时订立书面劳动合同，与劳动者约定的劳动报酬不明确的，新招用的劳动者的劳动报酬按照集体合同规定的标准执行；没有集体合同或者集体合同未规定的，实行同工同酬。

劳动合同对劳动报酬和劳动条件等标准约定不明确，引发争议的，用人单位与劳动者可以重新协商；协商不成的，适用集体合同规定；没有集体合同或者集体合同未规定劳动报酬的，实行同工同酬；没有集体合同或者集体合同未规定劳动条件等标准的，适用国家有关规定。

用人单位招用劳动者未订立劳动合同，也未约定或未明确约定劳动报酬或者虽已订立劳动合同，但劳动合同对劳动报酬和劳动条件等标准约定不明确时，一旦发生争议，企业容易败诉。建议用人单位在招用劳动者时先订劳动合同再上岗，或者虽暂未订立劳动合同，但也应以书面形式约定劳动报酬；已订立劳动合同的，劳动合同中对劳动报酬和劳动条件等标准应明确约定，当发生争议时，也应尽量协商确定。

（二）用人单位拖欠或者未足额支付劳动报酬的风险

劳动合同法规定用人单位应当按照劳动合同约定和国家规定，向劳动者及时足额支付劳动报酬。

用人单位拖欠或者未足额支付劳动报酬的,劳动者可以依法向当地人民法院申请支付令,人民法院应当依法发出支付令。

劳动合同法为了制约企业无故拖欠员工劳动报酬的行为,特地规定了员工讨薪的支付令制度。对此,其实只要用人单位提出异议,支付令也无法发挥作用。但是,值得用人单位注意的是,欠薪会引发一系列的法律责任。《劳动合同法》规定,用人单位未按劳动合同的约定或者国家规定及时足额支付劳动者报酬的,由劳动行政部门责令限期支付劳动报酬;用人单位低于当地最低工资标准支付劳动者工资的,应当支付其差额部分;逾期不支付,责令用人单位按应付金额百分之五十以上百分之一百以下的标准向劳动者支付赔偿金。

由此可见,用人单位欠薪成本较之新法颁布之前,已经大幅增加,用人单位应注意尽量避免不要拖欠员工劳动报酬。

(三)加班加点存在的法律风险

《劳动合同法》规定用人单位应当严格执行劳动定额标准,不得强迫或者变相强迫劳动者加班。用人单位安排加班的,应当按照国家有关规定向劳动者支付加班费。

同时,对于劳动者的工作时间,相关法律法规做出了明确的规定:劳动者每日工作时间不得超过8小时,平均每周工作时间不超过40小时;用人单位由于生产经营需要,经与工会和劳动者协商后可以延长工作时间,一般每日不得超过一小时;因特殊原因需要延长工作时间的,在保障劳动者身体健康的条件下延长工作时间每日不得超过3小时,但是每月不得超过36小时。

对于用人单位来说,有时由于业务扩展需要,安排员工加班加点在所难免,但是,加班加点并非企业的免费午餐,安排员工加班若不支付员工加班费,劳动行政部门有权责令限期支付,若逾期不支付,企业则需要按应付金额百分之五十以上百分之一百以下的标准向员工支付赔偿金。

四、社会保险

(一)社会保险的法定性和强制性

我国《劳动法》第73条规定:"劳动者在下列情形下,依法享受社会保险待遇:(一)退休;(二)患病、负伤;(三)因工伤残或者患职业病;(四)失业;(五)生育。劳动者死亡后,其遗属依法享受遗属津贴。劳动者享受社会保险待遇的条件和标准由法律、法规规定。劳动者享受的社会保险金必须按时足额支付。"

提　示　用人单位在劳动合同中排除自己的义务是无效的。

(二)用人单位违反规定面临的后果

按照有关规定,缴费单位应当按月向社会保险经办机构申报本月应当缴纳的社会保险费数额,经社会保险经办机构核定后,以货币形式足额缴纳社会保险费。

(1)社会保险经办机构对缴费单位的社会保险费缴费基数每年核定一次。核定时间由市社会保险经办机构确定并公布。社会保险基金按照保险类型确定资金来源,逐步实行社会统筹。用人单位和劳动者必须依法参加社会保险,缴纳社会保险费。缴费单位不按时足额缴纳社会保险费的,由劳动保障行政部门责令限期补缴,并缴纳相应的利息;逾期仍不缴纳的,从欠缴之日起,按日加收千分之二的滞纳金。利息按照补缴之日银行活期存款利率计。

(2)《劳动合同法》第38条第一款规定:"用人单位有下列情形之一的,劳动者可以解除劳动合同:……(三)未依法为劳动者缴纳社会保险费的;……"

(三)及时办理社会保险转移手续

用人单位应当在解除或者终止劳动合同时出具解除或者终止劳动合同的证明,并在十五日内为劳动者办理档案和社会保险关系转移手续。

第四章
劳动争议解决中的法律风险检测

一、招聘与入职中的劳动争议

(一)招聘尚未解除劳动合同的劳动者的法律风险

用人单位在招聘员工时,应履行一定程序防止招聘尚未解除劳动合同的劳动者,或者负有履行竞业禁止协议义务的劳动者而承担连带赔偿责任。根据《中华人民共和国劳动法》第99条规定:"用人单位招用尚未解除劳动合同的劳动者,对用人单位造成经济损失的,该用人单位应当依法承担连带赔偿责任。"根据劳部发〔1995〕223号关于发布《违反〈劳动法〉有关劳动合同规定的赔偿办法》第6条第一款规定:"用人单位招用尚未解除劳动合同的劳动者,对原用人单位造成经济损失的,除该劳动者承担直接赔偿责任外,该用人单位应当承担连带赔偿责任,其连带赔偿的份额应不低于对原用人单位造成经济损失总额的70%。向原用人单位赔偿下列损失:(一)对生产、经营和工作造成的直接经济损失;(二)因获取商业秘密给原用人单位造成的经济损失。"除从事非全日制工作的劳动者可以与一个或一个以上用人单位建立劳动关系外,不允许从事全日制工作的劳动者建立双重劳动关系。为此,用人单位应当采取有效的措施,防止因招用尚未解除劳动合同的劳动者而承担连带赔偿责任,保护用人单位的劳动权益。

用人单位在招聘员工时,除新参加工作的劳动者外,一定要查验其终止、解除劳动合同的书面证明,方可与其签订劳动合同,建立劳动关系。

（二）被招聘员工违背与原单位保密及竞业禁止协议的法律风险

目前，相当多的用人单位对于一些知识型、技术型和营销高管人员都在劳动合同中约定保守商业秘密或竞业禁止条款，用人单位在招收员工时，对这类员工应当进行严格审查，准确认其不负有与原单位保守商业秘密和竞业禁止的义务后，方可与其签订劳动合同。

同时，用人单位对新员工工作中提供的有关经营信息和技术信息必须进行认真审查。按照《违反〈劳动法〉有关劳动合同规定的赔偿办法》的规定，用人单位因获取商业秘密给原用人单位造成经济损失应当承担赔偿责任，其中被侵权的经营者的损失是难以计算的，赔偿额为侵权人侵权期间所获得的利润，并承担被侵害经营者因调查该经营者侵害其合法权益的不正当竞争行为所支付的合理费用。

赔偿金的计算公式：

赔偿金＝被侵害的经营者的损失＋合理的调查费用

总之，用人单位在招聘员工时，一定要查验劳动者的相关证件和保密竞业禁止协议，防止连带责任发生。

二、试用期的劳动争议

（一）用人单位违法约定试用期

《劳动合同法》规定，用人单位违反本法规定与劳动者约定试用期的，由劳动行政部门责令改正；违法约定的试用期已经履行的，由用人单位以劳动者试用期满月工资为标准，按已经履行的超过法定试用期的期间向劳动者支付赔偿金。用人单位违法约定试用期的情形一般有以下几种：用人单位约定的试用期超过法律规定的最长期限；同一用人单位与劳动者重复约定试用期；用人单位在以完成一定工作任务为期限的劳动合同或者期限不满三个月的劳动合同中约定试用期；用人单位在劳动合同中仅约定试用期或者劳动合同期限与试用期相同的。

（二）用人单位以口头或其他形式约定试用期而不签订正式劳动合同

实务中很多用人单位习惯以口头或其他形式与劳动者约定试用期，但不签订正式劳动合同,如果用人单位认为不符合录用条件,就解除劳动关系。如前所述,该做法是违反法律规定的,在发生劳动争议时往往会处于被动不利地位而导致败诉。

(三)用人单位只签订单独的试用期合同

实务中很多用人单位为了避免与劳动者订立正式劳动合同,往往在聘用劳动者时与劳动者只签订一个单独的试用合同,期限一般为三个月到六个月不等,在试用期合同期满后再决定是否正式聘用该劳动者。用人单位这样做的目的是为了规避法律,在试用期使用廉价劳动力,同时方便解除劳动合同。《劳动合同法》规定,劳动合同仅约定试用期的,试用期不成立,该期限为劳动合同期限。

(四)试用期内不缴纳社会保险

试用期内不给员工缴纳社会保险费,实践中很多用人单位习惯于这种做法,劳动者也常常误认为试用期内用人单位可以不缴纳社会保险费,导致自己的合法权益受到损害,用人单位这样做实际是违反了法律的强制性规定,其法律后果是相当不利的。

(五)试用期工资约定不合法

试用期不得以低廉工资使用新员工。《劳动合同法》规定,劳动者在试用期的工资不得低于本单位相同岗位最低档工资或者劳动合同约定工资的百分之八十,并不得低于用人单位所在地的最低工资标准。

(六)用人单位在试用期内随意解除劳动合同

在试用期内,用人单位能否随时解除员工?试用期内用人单位可解除劳动合同仅限于劳动者有下列情形之一:在试用期间被证明不符合录用条件的;严重违反用人单位的规章制度的;严重失职,营私舞弊,给用人单位造成重大损害的;劳动者同时与其他用人单位建立劳动关系,对完成本单位的工作任务造成严重影响,或者经用人单位提出,拒不改正的;因本法第26条第一款第一项规定的情形致使劳动合同无效的;被依法追究刑事责任的;劳动者患病或者非因工负伤,在规定的医疗期满后不能从事原工作,也不能从事由用人单位另行安排的工作的;劳动者不能胜任工作,经过培训或者调整工作岗位,仍不能胜任工作的。除上述情形外,用人单位不得在试用期内解除劳动合同。

(七)试用期内用人单位解除劳动合同的程序

(1)用人单位在试用期解除劳动合同的,应当向劳动者说明理由,这里的"说明理由",法律并未规定一定得采取书面形式,但从举证角度出发,建议采用书面形式,并且要求劳动者签收。

(2)用人单位在试用期内解除劳动合同,也应当事先将理由通知工会。用人单位违反法律、行政法规规定或者劳动合同约定的,工会有权要求用人单位纠正。用人单位应当研究工会的意见,并将处理结果书面通知工会。

(3)用人单位需制作《解除劳动合同通知书》送达给劳动者,同时向劳动者出具解除或者终止劳动合同的证明,并在十五日内为劳动者办理档案和社会保险关系转移手续。

建议:劳动合同中避免超过法定试用期期限,严格按照法律的规定约定,与同一劳动者只能约定一次试用期,不得重复约定,避免签订单独的试用合同,不仅达不到约定试用期的目的,反而白白浪费了一次固定期限劳动合同,试用期工资必须严格遵守法律要求的标准,解除员工必须有充分证据证明员工不符合录用条件,且要严格按照法定程序办理,录用条件具体化、书面化、公示化,细化岗位说明书。

三、处理劳动关系程序不合规的劳动争议

处理违纪员工的法律风险主要表现在企业不注意收集证据,不遵守法定程序,不讲究策略,结果相当部分企业败诉。因此,处理违纪员工应针对不同程度的违纪事实采取不同的处理方式,有效化解劳资矛盾。为了避免在程序问题上出现漏洞,化解法律风险,在处理违纪员工时最好采用解除劳动合同的方式。

根据我国《劳动法》第 25 条规定,因员工违纪解除劳动合同时,不需要履行特别程序,只要证实员工有严重违反劳动纪律或规章制度的事实,且用人单位有关于此类违纪规章制度规定,可解除劳动合同,在适用解除劳动合同的处理方式时,要把握好两个方面,一是掌握事实证据,例如:旷工员工要有考勤缺勤记录,有关部门出具的证明或法律文书等证据;二是要履行送达程序,在做出解除劳动合同决定后,依法向员工本人送达解除劳动合同通知书。同时,用人单位在单方

解除劳动合同时,应当事先将解除的理由告知工会组织,工会认为不适当,有权提出意见,用人单位应当研究工会的意见,并将处理结果书面通知工会。

用人单位从源头上降低法律风险,预防纠纷的发生,应当从以下四个方面规范用人单位行为,履行相应程序:

(1)签订劳动合同时,必须由员工本人签字。

(2)考勤记录是用人单位实施劳动管理的一项重要制度,无论是日清还是月结,都要清楚准确,最后的记录让本人签字认可。

(3)由于对于旷工行为的员工给予除名处理必须经过批评教育无效这一法定程序,因此,对旷工职工进行批评教育时,都应有文字记录,让员工本人签字后,用人单位留存,这样为以后处理员工违纪行为留下证据。

(4)培训和保密协议、劳动合同解除终止通知书等相关法律文书,人力资源部门应在员工本人签字后,建立专门档案,由专人负责保管。

上述需要员工本人签字的若干事项,在具体操作时,有可能遇到员工拒签或者无法找到本人等情况,对此,用人单位可采取相应的对策处理。如果遇到员工本人拒签时,用人单位可以约请工会、居民委员会或其他组织包括公证人员到场证明,并做好记录,让在场人员签名,以证明员工本人拒签。如果遇到员工离开用人单位,无法找到本人,也无成年亲属代签和地址不详,邮寄无法送达等情况时,方可通过公告方式送达有关文书。

人力资源管理工作中,程序越来越严密,如《中华人民共和国工会法》第21条规定,用人单位单方解除员工劳动合同时未征求工会意见,将违反工会法,解除员工劳动合同无效,用人单位对员工给予行政处分,解除劳动合同的决定,必须以书面形式通知被处理员工,如果用人单位未按规定将行政处分文书送达当事人,则用人单位程序不合规,为此引起的后果由用人单位负责。

四、解除劳动合同的经济补偿争议

解除劳动合同的经济补偿金,是用人单位对员工在劳动关系存续期间为用人单位所做劳动贡献积累的补偿,也是因解除劳动合同给员工带来一定经济损失的补偿,是用人单位的一项法定义务,除员工有过错行为外,用人单位提出员工解除劳动合同,都应该根据员工在用人单位工作年限的长短,支付一定数额的经济补偿金。

《劳动合同法》第46条规定了用人单位不按约定支付加班加点工资行为的法律风险。我国《劳动法》第44条第二款规定:"有下列情形之一的,用人单位应当按照下列标准支付高于劳动者正常工作时间工资的工资报酬：

(1)安排劳动者延长工作时间的，支付不低于工资的150％的工资报酬；

(2)休息日安排劳动者工作又不能安排补休的，支付不低于工资的200％的工资报酬；

(3)法定休假日安排劳动者工作的，支付不低于工资的300％的工资报酬。"

由于企业不能按规定支付加班加点工资易引起劳动纠纷，按照《关于违反和解除劳动合同的经济补偿办法》(劳部发[1999]481号)第3条的规定，除在规定的时间内全额支付劳动者工资报酬外，还需加发相当于工资报酬25％的经济补偿金；并且按照《违反〔中华人民共和国劳动法〕行政处罚办法》(劳部发〔1994〕532号)第6条的规定，可由劳动行政部门责令用人单位支付劳动者工资报酬、经济补偿总和的一至五倍的赔偿金。用人单位违反规定或劳动合同的约定，擅自解除劳动合同，给劳动者造成工资收入损失的，按照《违反〈劳动法〉有关劳动合同规定的赔偿办法》(劳部发[1995]223号)第2、3条的规定，除按劳动者本人应得工资收入全额支付外，并应加付给劳动者应得工资收入25％的赔偿费用。

五、规章制度制定的劳动争议

(一)规章制度常见法律风险

不合法的规章制度，在仲裁或诉讼中不能作为审理劳动争议案件的依据。如前所述，规章制度须符合"民主程序制定""合法""公示"三个条件，才可作为人民法院审理劳动争议案件的依据。

(1)用人单位在制定、修改或者决定直接涉及劳动者切身利益的规章制度或者重大事项时，未经职工代表大会或者全体职工讨论，提出方案和意见，未与工会或者职工代表平等协商确定；

(2)直接涉及劳动者切身利益的规章制度和重大事项未公示、未告知劳动者，或者即使有公示或告知劳动者，但由于公示或告知方法使用不当而导致无法向仲裁庭或法庭举证；

(3)法律法规发生了变化，不及时修订规章制度；

(4)制定规章制度时履行了法定程序要件，但修改规章制度时却没有履行法定程序要件。

(二)规章制度违法的后果

(1)用人单位规章制度违反法律、法规规定的,由劳动行政部门责令改正,给予警告;给劳动者造成损害的,应当承担赔偿责任。

(2)用人单位的规章制度违反法律、法规的规定,损害劳动者权益的,劳动者可以解除劳动合同,用人单位需支付经济补偿金。

实务中用人单位应当严格履行"民主程序",并保留已经履行民主程序的相关书面证据;严格审核规章制度的内容是否违法;严格履行"公示程序",在规章制度公示或告知时选择易于举证的公示或告知方式,并保留已公示或告知的书面证据。对未组建职工代表大会、工会的用人单位,考虑组建职工代表大会、工会,并保留职工代表大会或者全体职工讨论、协商的书面证据。关于规章制度公示方面,建议采取员工手册发放、内部培训、劳动合同约定、考试、入职登记表声明条款等方法公示。

六、无固定期限劳动合同的劳动争议

对连续两次订立固定期限劳动合同中"连续两次"的理解不正确;劳动者符合订立无固定期限劳动合同的法定条件,但用人单位却拒绝订立;劳动者符合三种订立无固定期限劳动合同情形时,用人单位却与劳动者签订了固定期限劳动合同,劳动者对此予以默认,未提异议,但用人单位没有保留劳动者提出订立固定期限劳动合同的相关书面证据,劳动合同履行数月或者数年后,劳动者才提出要求用人单位从该固定期限合同订立之日开始每月支付两倍工资;劳动者口头提出要求订立固定期限劳动合同,用人单位依劳动者的口头意思订立,但未保留劳动者提出订立固定期限劳动合同的证据,履行一段时间后,劳动者反悔,要求用人单位支付两倍工资,如果用人单位不能举证证明订立固定期限劳动合同是劳动者首先提出的,则面临支付两倍工资的风险。

劳动者符合订立无固定期限劳动合同条件的,用人单位不得拒绝订立无固定期限劳动合同,否则需每月支付两倍工资;如劳动者主动提出或者同意订立固定期限劳动合同的,用人单位应当保留书面提出的相关证据。

第五章

人力资源管理的法律风险检测指标体系

（本章附该编体检调查问卷）

一、招聘

(一)操作指引

(1)招聘广告需明确岗位职责及任职资格。

(2)招聘广告用语需准确,不使用范围过窄的描述(如要求男性、严格限制户口等)。

(3)招聘广告任职资格的描述要准确、清晰、可量化(如从事相关工作几年、具备何种资格证、英语等级等)。

(4)发布的招聘广告留存备案(如报纸的样报、杂志的样刊、网站的截图等)。

(二)规避风险

主要用以证明在招聘环节即对该岗位的任职资格和条件进行了明确,如在招聘环节未尽注意义务,则可能存在不能明确劳动者是否符合录用资格,发生劳动争议时也无法界定证明劳动者的行为是否存在过程。

二、入职

（一）入职登记表的填写

1.操作指引

入职登记表的必填项包括：工作经历、教育背景、联系方式（电话号码和电子邮箱）、现住址、家庭住址、紧急联系人电话、姓名、关系。入职登记表参考样式见［文件一：入职登记表］。

2.规避风险

填写劳动者自己提供的劳动者个人信息，可供日后考察核对，若出现与实际情况不符时，用人单位可以劳动者存在欺诈行为单方面解除劳动合同，且不用支付经济补偿金。若不填写，用人单位欲单方解除劳动合同则难于举证劳动者存在欺诈情形，用人单位需从其他方面举证以解除劳动关系，举证成本较高。

（二）体检

1.操作指引

用人单位在录取劳动者时，一般可要求劳动者进行健康体检。

2.风险提示

若未进行体检，无法证明其是否符合该岗位的工作强度或健康要求。

（三）提交资质文件、体检报告

1.操作指引

劳动者需提交上述表格中所填事项的书面资质文件，用人单位将原件返还劳动者，并留存复印件。

劳动者还需提交体检报告，用人单位也需备份。

2.风险提示

若未做留存，则会使用人单位不能对劳动者资质条件、健康状况存在举证不能的风险。

三、劳动合同签订

(一)劳动合同内容

1.操作指引

(1)劳动合同的内容要全面、完整,劳动合同范本见[文件二:劳动合同范本]。

(2)用人单位在订立劳动合同时要根据需要对劳动者的合同期做一定修改,因为连续订立二次固定期限的劳动合同再续订的,除劳动者要求订立固定期限劳动合同外,双方应当订立无固定期限劳动合同。

2.风险提示

若劳动合同规定不全面,在没有法律法规具体规定,而用人单位制度亦可能被认定为不符合法定程序而不予采纳的情况下,在用人单位和劳动者就劳动合同发生纠纷时不能明确划分责任归属和确定公司的管理依据。

(二)劳动合同的订立时间

1.操作指引

(1)用人单位应当在用工之日起一个月内与劳动者订立书面劳动合同。

(2)要保留发送劳动合同文本给员工的证据,可通过电子邮件发送,亦可要求员工收到文本后进行签收。

(3)在一个月时间内书面通知劳动者签订合同,通知可通过电子邮件发送,亦可要求员工收到通知后签收。

(4)发送通知和劳动合同文本时,要注明准确的时间。

2.风险提示

若用人单位自用工之日起超过一个月不满一年未与劳动者订立书面劳动合同,则有支付经济补偿金的风险;若满一年不与劳动者订立书面劳动合同,则会自动视为用人单位与劳动者已订立无固定期限劳动合同。

(三)劳动合同附件

1.操作指引

将公司员工手册、规章制度等书面文件作为劳动合同附件,于签订劳动合同时,由劳动者一并签署,以使之产生和劳动合同相当的效力。如岗位职责说明书、员工考核表、员工岗位(工资)调整单等。

2.风险提示

若不进行签署,则该等文件可能存在不能作为证据证明双方之间有相关约定,或者公司可依据此规定对员工进行管理的风险。

(四)岗位职责说明书

1.操作指引

(1)岗位职责说明书作为附件附于劳动合同,要求员工进行签署。

(2)岗位职责说明书需包含下列内容:工作内容、工作要求、任职资格、需保守的商业秘密、劳动者不能胜任工作的具体情形、确认劳动者不能胜任工作的具体操作流程等。岗位职责说明书参考样式见[文件三:岗位职责说明书]。

2.风险提示

若不签订岗位职责说明书,劳动者在不能胜任工作、违反工作要求或不符合任职资格时,则可能以未被通知、不知道等理由否认。用人单位此时需承担已告知的举证义务。

(五)员工考核表

见第六——日常管理的第一部分:劳动者绩效考核。

(六)员工岗位(工资)调整单

见第六——日常管理的第二部分:岗位、工资调整。

四、培训

(一)入职培训

1.操作指引

(1)培训内容:公司制度、章程、绩效考核标准、工作内容、工作要求等事项为内容对劳动者进行入职培训。

(2)培训方式:可采取公开培训并辅以录制视频资料留存的方式进行,需记清时间。

(3)劳动者确认:制作培训签到表格写清培训内容及培训时间和地点,要求参加培训的劳动者需对签字确认。

2.风险提示

在发生很多纠纷时劳动者可以未被通知或不知悉等理由否认,而用人单位需承担已通知的举证责任,则使用人单位有举证不利的风险。

(二)专项培训

1.操作指引

与需要培训的岗位人员签订劳动者培训协议书,约定服务期。员工培训协议书参考样式见[文件四:员工培训协议书]。

2.风险提示

若不签订员工培训协议,则劳动者在违反服务期约定时,不能确定用人单位提供的培训费用如何分担,亦可能存在追偿、赔偿不能的风险。

五、试用期

(一)试用期期限

1.操作指引

(1)劳动合同期限三个月以上不满一年的,试用期不得超过一个月;劳动合同期限一年以上不满三年的,试用期不得超过二个月;三年以上固定期限和无固定期限的劳动合同,试用期不得超过六个月。

(2)对同一劳动者只能约定一次试用期。

(3)以完成一定工作任务为期限的劳动合同或者劳动合同期限不满三个月的,不得约定试用期。

(4)用人单位可考虑首次签订劳动合同期限以三年为期,以规定较长时间的试用期进行考察。

2.风险提示

试用期周期约定要符合法律规定,否则可能承担上述赔偿责任。

(二)试用期工资

1.操作指引

试用期的工资不得低于本单位相同岗位最低档工资或者劳动合同约定工资的80%,并不得低于用人单位所在地的最低工资标准。

可在劳动合同中单独明确试用期工资金额,及转正后的金额,但不能低于最低工资标准。

2.风险提示

如未按规定执行试用期工资,会面临经济补偿及行政处罚的风险。

(三)试用期考核

1.操作指引

(1)入职时,由劳动者签字确认所在岗位试用期转正考核指标表格。

(2)转正考核指标包括业务指标和管理指标,及考核流程和考核结果生效确认流程,参考样式见[文件四:岗位试用期转正考核指标表]。建立明确的考核标准,以使用人单位具备试用期考核的依据。

(3)考核结果要获得劳动者的签字,如不能获得签字,要通过邮件的形式发送进行送达。

2.风险提示

如没有签署所在岗位试用期转正考核指标表格,会导致试用期考核没有标准和依据,试用期出现公司认为不符合录用条件予以解聘时,会使公司无法证明劳动者不符合录用条件。

(四)试用期的解除

1.操作指引

(1)通过前述考核来证明劳动者试用期被证明不符合录用条件。

(2)用人单位需提前三十日以书面形式通知劳动者本人或者额外支付劳动者一个月工资后。

(3)试用期以不符合录用条件解除劳动关系,建议向劳动者发出解除劳动关系通知书,通过邮寄和电子邮件的方式分别送达,并保存送达通知。解除劳动关系通知书参考样式见[文件六:解除劳动关系通知书]。

2.风险提示

试用期解除劳动合同的情形法律有明确规定,若违法解除劳动合同有承担赔偿责任的风险。

六、日常管理

(一)绩效考核

1.操作指引

(1)制定岗位考核办法,考核办法要包括考核标准、考核内容、考核流程和考核结果生效流程等进行规定,作为劳动合同附件。

(2)在劳动合同中将考核流程和考核结果成立的条件进行注明。

(3)建议考核以月或周期为时间单位,并保留员工考核表,以邮件方式进行送达。员工考核表参考样式见[文件七:员工考核表]。

2.风险提示

若未能制定书面考核规定并作为劳动合同附件安排劳动者一并签署,则会导致用人单位在做出考核结果时不能具备合法依据,在依据考核结果调整工作后,发生纠纷时难于举证和获得法律支持。

(二)岗位、工资调整

1.操作指引

(1)用人单位与劳动者协商一致,可以变更,应当采取书面形式。参考样式见[文件八:员工岗位(工资)调整单],需要用人单位和劳动者双方签字确认,以表明双方已协商一致。

(2)对于因劳动者不能胜任工作的用人单位单方面调岗,在劳动合同或岗位说明书中对不能胜任工作的具体情形予以明确。

(三)工时制使用(不定时工作制和综合工时制)

1.操作指引

(1)适用对象:

A.不定时工时制:企业中的高级管理人员、外勤人员、推销人员、部分值班人员和其他因工作无法按标准工作时间衡量的职工,企业中的长途运输人员、出租汽车司机和铁路、港口、仓库的部分装卸人员以及因工作性质特殊,需机动作业的职工,以及其他因生产特点、工作特殊需要或职责范围的关系,不适合固定劳动时间的职工,可以实行不定时工作制。

B.综合工时制:企业因交通、铁路、邮电、水运、航空、渔业等行业中因工作性质特殊,需连续作业的职工;地质及资源勘探、建筑、制盐、制糖、旅游等受季节和自然条件限制的行业的部分职工;以及其他适合实行综合计算工时工作制的职工,可实行综合计算工时工作制。综合工时制是指分别以周、月、季、年等为周期,综合计算工作时间,但其平均周工作时间应与法定标准时间基本相同。

(2)执行条件:要经过公司所在地劳动管理部门审批。

(3)综合工时制平均周工作时间应与法定标准时间基本相同。

2.风险提示

未经过审批或平均工作时间超过法定标准工时,会面临被认定为加班或被行政处罚的风险。

(四)医疗期

企业职工因患病或非因工负伤,需要停止工作医疗时,根据本人实际参加工作年限和在本单位工作年限,给予三个月到二十四个月的医疗期:

(1)实际工作年限十年以下的,在本单位工作年限五年以下的为三个月;五年以上的为六个月。

(2)实际工作年限十年以上的,在本单位工作年限五年以下的为六个月;五年以上十年以下的为九个月;十年以上十五年以下的为十二个月;十五年以上二十年以下的为十八个月;二十年以上的为二十四个月。

(3)在医疗期间,用人单位不得解除劳动合同。

(4)在规定的医疗期内由公司支付其病假工资或疾病救济费,病假工资或疾病救济费可以低于当地最低工资标准支付,但不能低于最低工资标准的80%。

七、规章制度制定

1.操作指引

(1)流程:用人单位在指定、修改或决定有关劳动报酬、工作时间、休息休假、劳动安全卫生、保险福利、职工培训、劳动纪律以及劳动定额管理等直接涉及劳动者切身利益的规章制度或者重大事项时,应当经职工代表大会或全体职工讨论,提出方案和意见,与工会或职工代表平等协商确定。

(2)对全单位全部适用的,需按照上述规定制定;

(3)若仅对个别部门适用的,可由部门单独制定,经部门全体员工讨论签字后执行。

(4)用人单位应当将直接涉及劳动者切身利益的规章制度和重大事项决定公示,或告知劳动者。

(5)用人单位对自身的公示制度应当做出适当规定,建议有公示后的签字确认过程,并保留从公示到确认全过程的证据痕迹。

2.风险提示

上述程序为通过关系劳动者切身利益事项或制度的法定程序,若违反此程序,可能使所做的决议程序违法,不能发生法定效力,不被司法机关所认可和采信。

八、劳动合同的续约、解除或终止

(一)劳动合同的续约

1.操作指引

(1)用人单位在与劳动者签订劳动合同到期时,可要求劳动者签订书面的续订申请书,写明续订申请期间。

（2）在劳动合同到期前一个月内完成续订合同签订。

（3）通过邮件向劳动者发送书面的续订通知，以证明公司已经要求续订。

（4）在劳动合同到期前，劳动者接到通知后，仍不续订的，公司可以再次通知，若仍不续订，公司可以解除劳动关系，而无需支付经济补偿。

2.风险提示

未按照上述要求进行，会导致公司面临签订无固定期限合同和不能证明不续订的责任由谁承担，而产生纠纷和经济损失。

（二）劳动合同的解除、终止

1.操作指引

（1）协商一致，可以解除劳动合同。

（2）劳动者提前三十日以书面形式通知用人单位，可以解除劳动合同。

（3）劳动者在试用期内提前三日通知用人单位，可以解除劳动合同。

（4）在医疗期满或经培训后或发生情势变更的情况下，用人单位提前三十日以书面形式通知劳动者本人或者额外支付劳动者一个月工资后，可以解除劳动合同（选择额外支付劳动者一个月工资解除劳动合同的，其额外支付的工资应当按照该劳动者上一个月的工资标准确定）。

（5）劳动者过错时，用人单位可以单方解除劳动合同，并不支付经济补偿。

（6）在劳动合同中明确劳动者违规违纪的情形，以在劳动者出现符合解除时，作为公司行使解除权利的依据。

（7）公司应按照劳动合同及规章制度的程序进行劳动者违规违纪的记录和送达。

（8）保留劳动者违规违纪、不能胜任工作、试用期考核不合格等相应证明材料。

2.风险提示

如不能明确在劳动合同中约定，并做好证据保留，则用人单位在解除劳动合同时，会面临违法解除，按照经济补偿标准的二倍向劳动者支付赔偿金的风险。

九、离职程序

1.操作指引

(1)在劳动合同中明确离职的流程。

(2)在岗位说明书或其他文件中明确该岗位离职所应交接的文件。

(3)用人单位应当在解除或者终止劳动合同时为劳动者出具证明,并在十五日内为劳动者办理档案和社会保险关系转移手续。

(4)用人单位依照本法有关规定应当向劳动者支付经济补偿的,在办结工作交接时支付。

(5)用人单位对已经解除或者终止的劳动合同的文本,至少保存两年备查。

2.风险提示

若劳动者未按约定办理工作交接,用人单位可以此为由追究其责任,但公司若未对交接流程、交接文件等进行明确规定,则导致追究责任时很难证明劳动者违反约定。

十、工会

建议用人单位建立工会,工会在协调用人单位与劳动者的利益冲突和纠纷解决方面可起到事半功倍的作用。

工会的部分作用:

1.用人单位在制定、修改直接涉及劳动者切身利益的规章制度或重大事项时,可通过与工会协商,而使制度具备合法效力。

2.公司可与工会协商,订立集体合同,建立更加完善的管理体制。

3.用人单位单方解除劳动合同,应当事先将理由通知工会,方能使公司行为不构成违法解除劳动合同。

4.用人单位实行特殊工时制度时,在对这些岗位提出审批时需提交企业工会对实行特殊工时制度的意见,如没有成立工会组织则应提交实行特殊工时制度涉及职工的联名意见。

5.用人单位可在对员工违规违纪行为处理时,通报工会,达到完善程序的合法性的目的。

6.用人单位可对员工的考核结果通报工会,达到完善考核程序和考核结果生效的合法性目的。

第五编　知识产权管理中的法律风险检测

第一章
知识产权管理的内容及风险应对

进入 21 世纪,知识成为最重要的生产要素之一,知识产权的竞争在企业市场竞争中逐渐成为一个关键因素。对于企业来说,知识产权管理是一项越来越重要而又容易被忽视的工作内容。可以预见,对知识产权的管理将成为未来企业管理中非常重要的一部分。

加强知识产权管理中的法律风险检测,是企业未来发展中必须引起重视的一项重要工作。首先,加强知识产权管理中法律风险的检测为企业进行涉及知识产权权益的保护奠定了基础。困扰企业维权的常见问题之一就是权利的稳定性问题,往往因为企业平时对知识产权管理工作的疏忽和管理水平的业余,对自己知识产权的数量、内容、法律状态以及与他人权利的界限不加以重视,在应对他人提出的行政撤销、宣告无效和侵权诉讼等法律纠纷时无所适从,造成不可估计的损失。重视相关法律风险的把控可以在最大程度上避免因人员流动、资产流转而引发知识产权纠纷。其次,企业注重对知识产权管理,可以积累维权的可靠证据。通过知识产权管理,将知识产权取得和实施等过程中的重要资料进行合法合规的管理保存,可以为维权提供可靠的证据支持,这一点对于商业秘密的保护尤其重要。另外,对于知识产权法律风险的重视可以使得企业在选择维权途径,确定维权方案,衡量、降低维权成本等方面应对自如,更好地维护企业的利益。

第一节　知识产权的概念

知识产权(intellectual property)是指人们就其智力劳动成果所依法享有的专有权利,通常是国家赋予创造者对其智力成果在一定时期内享有的专有权或独占权。知识产权从本质上说是一种无形财产权,其客体为创造性的智力劳动所创造的劳动成果。它与有形财产一样,都受到国家法律的保护,都具有价值和使用价值。

根据《企业知识产权管理规范》GB/T 29490－2013 国家标准,知识产权范围包括专利、商标、著作权及相关权利、地理标志、植物新品种、集成电路布图设计、商业秘密和遗传资源、传统知识、民间文艺等。

第二节　知识产权管理的内容

一、知识产权管理的实质

知识产权管理的实质,是知识产权人对知识产权实行财产所有权的管理,也即财产所有人在法律规定的范围内对其所有的财产享有的占有、使用、收益和处分的权利。从企业管理角度来说,企业是知识产权运用的主体。知识产权管理是企业经营管理活动中的重要环节,企业在知识产权的实施、转让和许可的全过程中,进行包括计划管理、产权管理、许可管理等知识产权的全面管理,以达到通过知识产权管理提高企业知识产权经济效益的目的。

二、企业知识产权管理

(一)知识产权的开发管理

企业制定相应策略,开发新产品,研发新技术;做好知识产权的登记统计和清资核产工作,掌握产权变动情况,对直接占有的知识产权实施直接管理,对非直接占有的知识产权实施监督。

(二)知识产权的经营使用管理

企业对知识产权的经营和使用进行规范;研究核定知识产权的经营方式和管理方式;提高产品附加值,扩大市场份额,增加经济效益等。

(三)知识产权的收益管理

企业对知识产权使用效益情况进行统计,合理分配。

(四)知识产权的处分管理

企业根据自身实际情况确定对知识产权的转让、拍卖、终止。

企业通过知识产权管理,最终达到促进技术创新、支撑企业持续发展、提升企业核心竞争力、改善市场竞争地位、保障经营安全的目标。

第三节　知识产权管理中的法律风险与应对

知识产权管理中的法律风险主要表现为:专门知识产权制度和管理人员的缺失,引发知识产权管理混乱,不利于知识产权纠纷解决的风险;企业人员流动,引发知识产权信息缺失、专利信息和商业秘密泄露的风险;专业合同管理人员和合同管理制度的缺失,引发知识产权交易管理混乱,商业利益遭受损失的风险;在权益实施手段、知识产权价值维护等商业利用策略方面缺少整体策略指导,引发在市场竞争中处于被动状态的风险等。

企业必须要认识到知识产权对企业发展的重要性,涉及知识产权的法律风险一旦发生,会给企业带来严重的后果。企业应当改变传统的法律事务工作模式,不仅需要重视事后处理,更应重视事前防范,将企业法务工作的重心前移,使法律风险管理变成一种常规性的管理工作,在不同部门和岗位、不同类型的业务流程中,根据实际情况加以调整应用,对公司可能面临的知识产权法律风险进行防范。

知识产权管理主要可以细分为专利管理、商标管理、著作权管理、商业秘密管理四大类,根据管理内容的不同,其可能面临的法律风险和具体管理方法也存在差异。企业在知识产权各领域所涉及的各类典型法律风险将在下文按类型逐一展开。

第二章

专利管理中的法律风险检测

第一节 专利基本问题概述

21 世纪是知识经济的时代,创新是知识经济时代的灵魂。近年来,中国专利申请数量在全球持续领先。2018 年,中国受理专利申请数量位列全球第一,达到创纪录的 154 万件,占全球总量的 46.4%,其数量相当于排名第二位至第十一位申请量之和。创新是企业在激烈的市场竞争中维持发展的动力,企业的专利管理是对企业创新的最好保护。专利既可以保护企业的技术和产品,也可以打击竞争对手的侵权行为。做好专利的保护和管理工作,对企业的生产经营具有极大的促进作用。对于企业尤其是高新技术企业而言,不创新是死路,创新而不保护更是死路。

一、专利的概念与特征

专利,即专利权,是指专利权人在法律规定的范围内独占使用、收益、处分其发明创造,并排除他人干涉的权利。专利权具有时间性、地域性和排他性。

专利权具有如下法律特征:

第一,专利权是两权一体的权利,既有人身权,又有财产权。

第二,专利权的取得须经专利局授予。

第三,专利权的发生以公开发明成果为前提。

第四,专利权具有利用性,专利权人如不实施或不许可他人实施其专利,有关部门将采取强制许可措施,使专利得到充分利用。

162

二、专利的分类

根据《中华人民共和国专利法》,专利包括发明专利、实用新型专利和外观设计专利三种类型。

发明,是指对产品、方法或者其改进所提出的新的技术方案。所谓技术方案一般是指为了解决特定的技术问题所采取的技术措施的有序集合。发明专利是专利中技术含量最高的,也是体现企业核心竞争力的标志。发明专利可以是产品、方法,或者是产品、方法的改进。

实用新型,是指对产品的形状、构造或者其结合所提出的适于实用的新的技术方案。实用新型专利由于技术含量相对较低,俗称小专利。实用新型专利只保护产品,该产品应当是经过工业方法制造的、占据一定空间的实体。一切有关方法、无确定形状的产品,如气态、液态、粉末状、颗粒状的物质或材料,不能申请实用新型专利。

外观设计,是指对产品的整体或者局部的形状、图案或者其结合以及色彩与形状、图案的结合所做出的富有美感并适于工业应用的新设计。

三、专利管理的内容

企业专利管理工作是围绕企业专利的申请、保护、运用、交易等方面所进行的工作,如专利申请、专利权的许可与转让、专利金融、专利交易、专利许可、专利纠纷的处理等事项。

第二节 专利相关问题及法律风险

一、专利权和专利申请权的归属

在专利性质的智慧成果完成后,申请专利的权利属于完成该成果的单位或者个人;申请被批准后,申请的单位或者个人为专利权人。具体来说,需要注意以下几点内容。

(1)执行本单位的任务或者主要利用本单位的物质技术条件所完成的发明创造为职务发明创造。

(2)利用本单位的物质技术条件所完成的发明创造,如单位与发明人或者设计人订有合同,从其约定。

(3)非职务发明创造,申请专利的权利属于发明人或者设计人。

(4)两个以上单位或者个人合作完成的发明创造,申请专利的权利原则上属于共同完成的单位或者个人。

(5)单位或者个人接受委托所完成的发明创造,申请专利的权利原则上属于完成的单位或者个人;申请被批准后,申请者为专利权人。

(6)两个以上的申请人分别就同样的发明创造申请专利的,专利权授予最先申请的人,除非法律另有规定。

二、专利申请被驳回的救济

专利复审程序是专利申请被驳回时,申请人的一条救济途径。《专利法》第41条规定:"专利申请人对国务院专利行政部门驳回申请的决定不服的,可以自收到通知之日起三个月内向国务院专利行政部门,请求复审。国务院专利行政部门复审后,做出决定,并通知专利申请人。专利申请人对国务院专利行政部门的复审决定不服的,可以自收到通知之日起三个月内向人民法院起诉。"

三、专利宣告无效的法律风险

《专利法》第45条规定:"自国务院专利行政部门公告授予专利权之日起,任何单位或者个人认为该专利权的授予不符合本法有关规定的,可以请求国务院专利行政部门宣告该专利权无效。"

专利权宣告无效的法律后果是被宣告无效的专利权视为自始即不存在。对宣告专利权无效或者维持专利权的决定不服的,可以向人民法院起诉。

在实践中,企业涉及专利无效的案件数量仅次于专利申请的数量。企业被宣告专利权无效所承受的法律后果往往是十分严重的。对于专利申请人来说,做好专利文献的查询、市场调查等专利申请的前期工作尤为重要,可以有效在专利申请前规避风险,保障企业长远稳定的专利利益。

四、企业涉及专利优先权的法律问题

专利申请人就其发明创造第一次在某国提出专利申请后,在法定期限内,又在中国以相同主题的发明创造提出专利申请的,其在后申请时以第一次专利申请的日期作为其申请日,专利申请人依法享有的这种权利,就是专利优先权。专利优先权对于鼓励专利申请者及时申请专利保护,加快研发进度,保护专利权益有重要的作用。企业善于利用专利优先权可以更好地保护自己的专利权益。

专利申请优先权分为外国优先权和国内优先权。我国《专利法》第 29 条第一款规定:"申请人自发明或者实用新型在外国第一次提出专利申请之日起十二个月内,或者自外观设计在外国第一次提出专利申请之日起六个月内,又在中国就相同主题提出专利申请的,依照该外国同中国签订的协议或者共同参加的国际条约,或者依照相互承认优先权的原则,可以享有优先权。申请人自发明或者实用新型在中国第一次提出专利申请之日起十二个月内,或者自外观设计在中国第一次提出专利申请之日起六个月内,又向国务院专利行政部门就相同主题提出专利申请的,可以享有优先权。"

五、企业专利共有存在的法律风险

当发明创造为多人或多单位共同合作完成时,存在专利申请权及专利共有的情况。特别是在企业经营中,经常出现合作开发某项专利技术或产品的项目,这就需要考虑共同开发情形下申请专利和专利许可,以及收益分配等问题上存在的法律风险。

(一)专利申请须共同合作开发者同意

当专利申请权共有人不同意申请专利时,根据我国《民法典》第 860 条第三款规定:"合作开发的当事人一方不同意申请专利的,另一方或者其他各方不得申请专利。"其他申请权人便无法申请专利,从而无法很好地保护自己的知识产权。

(二)专利共有人的利益分配

当专利共有人实施专利许可时,关于所获得的收益分配依据《专利法》第14条规定:"……许可他人实施该专利的,收取的使用费应当在共有人之间分配。"但具体分配比例及方法在法律中未明确。是在专利权共有人之间平均分配,还是按照各共有人对专利的贡献分配,抑或是其他分配方式于法无据,容易引起纠纷。

因此,建议企业在协商共同开发专利技术或产品支出时,签订《专利共有协议》,规范共有专利权及利益分配,在事前防范法律风险。

六、企业经营中专利许可的法津风险

企业作为专利权人在进行专利许可的过程中,往往因为对各方面细节的忽视而产生法律风险,在企业经营中常见的专利许可风险如下。

(一)专利许可约定不明

企业在签订的专利许可法律文件中,需要约定许可期限、许可对象、许可方式、许可地域、许可内容等许可必需的要素,如约定不明,则可能为企业间产生专利许可纠纷埋下争议隐患。

1.许可期限约定不明

许可期限约定不明,许可人受到合同约束,不能及时结束合同履行,可能导致被许可人损害许可企业的经济损失。

2.许可对象约定不明

对于许可协议的双方当事人而言,都应当在协议和许可法律文书中明确被许可人的主体范围,明确是否包括被许可人的关联公司等对象,否则对双方都可能造成困扰。

3.许可方式约定不明

从许可权性质角度划分,许可方式包括独占许可、排他许可和普通许可。明确约定许可方式,对于明确权利人的权利义务意义重大。权利人是否允许被许可人进行转许可,也是在签订专利许可法律文件方面需要做好明确书面约定的问题。

4.许可地域约定不明

专利权具有地域性,仅在核准登记所在国具有受法律保护的排他性权利。权利人许可被许可人行使专利权的范围不得超出该国地域范围进行授权许可,不得授权他人在法律保护的地域之外实施专利技术方案,否则极有可能导致被许可人在第三国侵害他人的专利权。

(二)专利许可合同未经登记

根据我国《专利法》《专利实施许可合同备案管理办法》的规定,专利实施许可合同应当办理备案登记手续。

在诉讼实务中,经常发生不守约的一方以专利实施许可合同未经备案登记,主张合同无效的情形。虽然专利实施许可合同登记并非是合同生效的要件,合同生效在前,合同备案在后,合同未予备案并不影响合同生效,但是对于独占性专利实施许可合同而言,如果没有备案登记,权利人违反约定再次向第三方授权许可的,第三方得以善意第三人抗辩。因此,企业积极办理许可合同备案登记,可以保护合同双方的合法权益,规避潜在法律纠纷。

(三)收费计算约定不明

权利人主要以获取许可费形式在专利许可中取得收益,常见的收费方式有固定收费与浮动收费两种模式。浮动收费模式,又分为完全浮动和前期收费与浮动收费相结合。对于生产数量、销售金额的监控成为合同履行过程中的难点。收费计算方式约定不明,极易引起诉讼纠纷,所以权利人应当在合同中明确约定可操作性强、可检验的收费模式。以此规避由收费标准及数额的争议引发的法律风险。

(四)许可条款约定无效

许可合同约定条款违反法律强制性规定的,可能导致条款无效。我国《民法典》第 850 条规定:"非法垄断技术或者侵害他人技术成果的技术合同无效。"我国《最高人民法院关于审理技术合同纠纷案件适用法律若干问题的解释》第 10 条对"非法垄断技术、妨碍技术进步"的情形做了详细说明,主要包括以下情形:(1)限制再研发;(2)强制回授;(3)限制获得替代技术;(4)阻碍实施;(5)非法搭售;(6)限制交易;(7)禁止有效性质疑。

企业在经营中签订专利许可协议应当注意权利人在进行限制或者行使相关权利时,必须把握尺度,否则可能导致合同整体无效或部分有效,如被许可人既可以相关法律规范作为谈判的依托,也可在纠纷中将其作为保护自身利益的武器。

(五)滥用专利权

专利权是一项法律认诺的具有合法垄断性的权利,但是法律权利不得滥用是民事法律的根本原则。滥用专利权可能违反民事法律规定的禁止权利滥用原则,也可能因排除、限制竞争,违反《中华人民共和国反垄断法》相关规定。我国《反垄断法》第55条规定:"经营者依照有关知识产权的法律、行政法规规定行使知识产权的行为,不适用本法;但是,经营者滥用知识产权,排除、限制竞争的行为,适用本法。"

在专利许可过程中,涉嫌滥用专利权的非法垄断行为主要有以下内容。

1.搭售

搭售是指在专利许可中强行搭售其他产品或者服务。

2.限购

限购是指限制采购原料限制与其他竞争对手交易。

3.歧视性差别收费

歧视性差别收费一般是指具有明显差别并且没有合理理由的许可费收费标准。

4.其他滥用行为

例如,强制回授、不合理限制出口市场等。

七、技术转让的法律问题

随着高科技产品的技术复杂性明显增加,企业研发产品的技术突破需要不同学科、不同方向的技术集成。全球竞争的加剧和技术的变化,促使企业单独研发向企业联合开发、集成发展转变,因此企业发展自身核心优势的同时,又要加强外部资源的利用。企业善于利用技术转让,可以优化内部结构,提高企业竞争力,但与此同时,在进行技术转让的过程中也会遭遇法律风险。实务中,技术转让一般通过签订技术转让合同进行。技术转让合同是技术持有方将自己的技术交付给受让方使用并从中获得报酬而由技术持有方和被许可实施方签订的合同。技术转让合同常见的法律风险如下。

(一)所转让的技术不具有可实施性

实务中容易出现,一部分技术持有人所持有的实际上是并不成熟的技术,不具有可实施性,这是转让合同中常见的一种风险。这种经营中的风险一旦爆发,往往导致技术转让合同法律纠纷。

(二)利用包销条款欺诈受让方

包销条款是指技术持有人为增加技术转让的吸引力,承诺全部承销受让方根据该技术生产的产品。技术受让方一般认为合同实施后稳赚不赔,但包销的承诺一旦无法履行,追究技术出让的法律责任,往往耗费资源,且不一定能够及时弥补企业损失。

(三)变相高价出卖设备

技术转让过程中,持有方一般要向受让方提供相关条件和进行具体的实施指导。转让方以此为凭借要求受让方必须使用自己提供的高价技术设备或者技术已经落后的设备的情形,在实践中也容易产生纠纷。

(四)已转让技术的再转让

在市场利益驱使下,个别企业将已转让的技术进行再转让,或者隐瞒有在先约定不得转让的技术再次转让,也可能为涉事企业带来法律纠纷。

(五)其他可能引起法律纠纷的不当技术转让

在实践中,还存在个别企业或个人利用虚假宣传或欺诈性转让牟取不当利益,或者违背诚实信用原则骗取订金或服务费情形。

为防范技术合同订立中的各种法律风险,企业在订立技术转让合同的过程中应采取积极谨慎的态度,对不同情况采取不同的措施。一般来讲,需要注意以下几点内容:对合作对象的诚信记录和营业资质进行必要审查;充分调研,了解技术的真实性、可靠性与市场价值;充分开展技术转让谈判,谨慎设定技术合同担保;注意技术转让合同的法律规范与限制;明确约定权利义务和违约责任等。

第三节　专利侵权的法律问题

专利权受侵害,是当前专利权利人受到损害最为常见的问题之一。如何通过法律保障自身的专利权,如何规避自身的经营行为不侵犯他人专利权,是企业作为权利人的最重要的经营中的考量要素。我国《专利法》第 11 条规定:"发明和实用新型专利权被授予后,除本法另有规定的以外,任何单位或者个人未经专利权人许可,都不得实施其专利,即不得为生产经营目的制造、使用、许诺销售、销售、进口其专利产品,或者使用其专利方法以及使用、许诺销售、销售、进口依照该专利方法直接获得的产品。外观设计专利权被授予后,任何单位或者个人未经专利权人许可,都不得实施其专利,即不得为生产经营目的制造、许诺销售、销售、进口其外观设计专利产品。"违反了上述规定,就构成了专利侵权行为,专利权人有权以法律手段保护其正当权利。

一、专利侵权行为的构成要件

(一)侵犯的对象应当是在我国享有专利权的有效专利

专利权具有地域性与时效性的特征,有效专利一般应当是获得国家知识产权局授权的在规定保护期内未失效的专利。需要注意的是,如果一项专利权由于某些原因被宣告无效,则该专利权将被视为自始不存在,即使企业确有实施他人专利权的行为也不构成专利侵权。

(二)存在侵害权利的不法行为

行为人未经专利权人许可,以营利为目的实施专利的行为,一般就认定存在不法行为。但《专利法》第 75 条规定:

"有下列情形之一的,不视为侵犯专利权:

①专利产品或者依照专利方法直接获得的产品,由专利权人或经其许可的单位、个人售出后,使用、许诺销售、销售、进口该产品的;

②在专利申请日前已经制造相同产品、使用相同方法或者已经做好制造、使

用的必要准备,并且仅在原有范围内继续制造、使用的;

③临时通过中国领陆、领水、领空的外国运输工具,依照其所属国同中国签订的协议或者共同参加的国际条约,或者依照互惠原则,为运输工具自身需要而在其装置和设备中使用有关专利的;

④专为科学研究和实验而使用有关专利的;

⑤为提供行政审批所需的信息,制造、使用、进口专利药品或者专利医疗器械的,以及专门为其制造、进口专利药品或专利医疗器械的。"

以上5种行为,不认为是侵权行为,而是专利侵权责任的例外规定。

(三)行为人主观上有过错

侵权人主观上的过错包括故意和过失。所谓故意是指行为人明知自己的行为是侵犯他人专利权的行为而实施该行为;所谓过失是指行为人因疏忽大意或过于自信而实施了侵犯他人专利权的行为。由于科学技术的专业性,一般认为专利技术的申请和公开,即产生了公示和公信的效力,其他人推定应当知晓和予以保障。因此,一般来讲对具有侵害专利权的行为人是推定其有过错的。

(四)以生产经营为目的

《专利法》第11条规定:"……即不得为生产经营目的制造、使用、许诺销售、销售、进口其专利产品,或者使用其专利方法以及使用、许诺销售、销售、进口依照该专利方法直接获得的产品。……不得为生产经营目的制造、许诺销售、销售、进口其外观设计专利产品。"以生产经营为目的是判断专利侵权的一项基本要件。

二、企业在保护专利权时应当注意的问题

(一)明确该专利权的保护范围

《专利法》第64条规定:"发明或者实用新型专利权的保护范围以其权利要求的内容为准,说明书及附图可以用于解释权利要求的内容。外观设计专利权的保护范围以表示在图片或者照片中的该产品的外观设计为准,简要说明可以用于解释图片或者照片所表示的该产品的外观设计。"

（二）明确对专利侵权行为的诉讼时效

《专利法》第 74 条规定："侵犯专利权的诉讼时效为三年，自专利权人或者利害关系人得知或者应当知道侵权行为以及侵权人之日起计算。发明专利申请公布后至专利权授予前使用该发明未支付适当使用费的，专利权人要求支付使用费的诉讼时效为三年，自专利权人得知或者应当得知他人使用其发明之日起计算。但是，专利权人于专利权授予之日前即已得知或者应当得知的，自专利权授予之日起计算。"超过了诉讼时效，专利侵权人就产生了时效抗辩权。企业应及时通过法律手段主张权利，以免错过诉讼时效，带来无法弥补的经济损失。

（三）明确保护专利权的方法

我国《专利法》第 65 条规定："未经专利权人许可，实施其专利，即侵犯其专利权，引起纠纷的，由当事人协商解决；不愿协商或者协商不成的，专利权人或者利害关系人可以向人民法院起诉，也可以请求管理专利工作的部门处理。管理专利工作的部门处理时，认定侵权行为成立的，可以责令侵权人立即停止侵权行为，当事人不服的，可以自收到处理通知之日起十五日内依照《中华人民共和国行政诉讼法》向人民法院起诉；侵权人期满不起诉又不停止侵权行为的，管理专利工作的部门可以申请人民法院强制执行。进行处理的管理专利工作的部门应当事人的请求，可以就侵犯专利权的赔偿数额进行调解；调解不成的，当事人可以依照《中华人民共和国民事诉讼法》向人民法院起诉。"

三、被起诉侵犯专利权的应对策略

企业如果被他人起诉侵犯专利权，法院在受理后会向企业送达起诉状副本，被告在收到起诉状副本后十五日内必须提交答辩状。在这段时间内，应做下列工作。

（1）首先判断侵权的可能性，先到专利局或委托代理机构检索对方的专利文件，并请代理人或律师对自己的产品和对方专利文件中的权利要求书或外观设计图片进行技术对比。

（2）在判断产品确有侵犯他人专利权的嫌疑后，可以对方的专利进行有关无效检索，收集对方专利申请日以前的有关相同或接近的技术，向专利复审委员会请求宣告该专利权无效，并要求法院中止审理，直到专利复审委托员做出审查决定。如果有关证据明显不利,企业应及时采取必要措施,停止继续生产和销售该产品。

(3)开展针对该专利技术的技术研究,开发出技术更先进、技术效果更好的产品并及时申请专利,通过交叉许可的途径取得该专利的使用权,并吸取教训,尊重他人的知识产权。开发具有自主知识产权的产品,合法使用专利。

第四节　专利法律纠纷典型案例

一、专利权转让合同纠纷案例

甲公司与乙公司签订某项专利权转让协议,约定乙公司作为受让人不得转让该专利权给第三人。后乙方高管私自将专利权转让给第三人。不久该专利权因其他单位申请,被宣告无效。甲公司遂起诉乙公司依约承担转让专利权的违约赔偿。[①]

本案中争议的焦点在于专利权被撤销后,专利权转让合同条款是否继续有效。法院认为:不能仅因专利权被宣告无效而认定无效前已经签订的专利许可或转让合同亦无效。专利权被宣告无效对合同履行产生的后果应当是与专利权相关的义务履行不能,但不影响当事人根据合同约定应当承担的其他义务。因此,本案法院判决乙公司应承担违约责任,但酌情调整了违约金数额。

二、专利权侵权纠纷案例

甲公司在某展销会上发现乙、丙两公司共用的展台中销售标记有丁公司生产的自行车,自行车结构中使用了涉嫌侵害甲公司具有专利权的设计,但该自行车上标记的生产厂家丁公司未在市场监督管理机关登记。甲公司遂以乙、丙两公司为被告,诉其二者侵犯专利权。[②]

法院认为,被诉侵权产品的"车把杆折叠机构"包含涉案专利权利要求的全部技术特征,落入涉案专利权保护范围;鉴于乙、丙未能披露丁公司的真实情况,应承担举证不能的不利后果,推定乙、丙实际实施了销售、许诺销售的被诉侵权行为,应认定被诉侵权产品由其制造,共同实施了侵害涉案专利权的行为,应当承担连带责任。

---

① 详见最高人民法院(2019)最高法知民终 394 号判决。
② 详见最高人民法院(2020)最高法知民终 1806 号判决。

第三章
商标管理中的法律风险检测

第一节　商标基本问题概述

商标权,是指国家商标管理机关依照法定程序赋予注册商标所有人的一种民事权利。所有人为企业时称之为企业商标权,包括商标专用权、商标续展权、商标转让权和商标许可权等。商标既是产业活动中的一种识别标志,又是市场经济活动中的重要资源,所以加强注册过程中各个环节的法律风险检测,有利于实现企业经营战略,进而维护产业活动的秩序。

第二节　商标相关问题及法律风险

一、商标注册的法律问题

一个好商标对于企业的竞争和发展至关重要,但商标注册上还存在许多易被忽视的法律问题。关于商标注册的具体法律概念及问题主要介绍如下。

(一)高价回购被抢注商标

不注册商标,就不能排斥别人在相同的商品上使用相同的商标,这为不正当竞争提供了机会。如果企业的商标意识淡薄,在商标培养成熟以后才去申请注册,就可能被别人抢先注册,自己因此不能再使用。如果有人恶意抢注,那么原商标所有人就不得不高价回购,从而造成巨大损失。企业应在产品投入市场前先申请商标,在进行产品开发的同时企业将商标的申请同步进行,可以更有效地规避相关法律风险。

(二)网络域名被抢注

互联网域名的注册不属于传统意义上商标的范围,目前域名注册的程序简便但不够完善,有许多专业机构联合个人投机者抢注著名的商标或注册与他人近似的商标作为域名,再向商标所有人高价出售或者谋求不正当利益。这虽不违反法律规定,但无疑给被抢注的企业造成损失。

(三)未规避商标禁用条款

虽然我国《商标法》列举了不能作为商标注册的情形,但由于法律用语的模糊性,仍存在法律风险。

例如:我国《商标法》第 10 条第二款规定:"县级以上行政区划的地名或者公众知晓的外国地名,不得作为商标。但是,地名具有其他含义或者作为集体商标、证明商标组成部分的除外;已经注册的使用地名的商标继续有效。"其中"其他含义"在实践中难以界定。若在商标未注册就先使用的情况下,最终不能成功注册,那么前期投入便付之一炬。地名的主要功能不在于区别不同生产者和经营者,若地名被"独占",将会妨碍其地理标志的作用,或使商标产生地理欺骗性。因此,"其他含义"应理解为,该地名具有明显区别于地名的、明确的、易为公众接受的含义,从而起到标识性作用。

例如:司法实践中有法院认为,申请商标虽然含有县级以上行政区划名称,但由于商标仍有文字、字母及图形等其他组成要素,且商标与公司商号有对应性,所以整体上具有显著特征,不违反《商标法》第 10 条第二款的规定。[①]

(四)未规避他人的在先权利

《商标法》第 32 条规定:"申请商标注册不得损害他人现有的在先权利。"在

---

①详见(2014)高行(知)终字第 2855 号行政判决书"国家工商行政管理总局商标评审委员会与广州证券有限责任公司行政诉讼上诉案"。

先权利一般包括商标权、姓名权、肖像权、专利权、版权、商号权和地理标志权等。常见情形有:

1.侵犯他人著作权的行为

例如:甲公司指责乙公司将其创作的动画片中"葫芦兄弟"形象以及相应中英文组合,向国家申请了商标注册,并在全国范围销售该商标的儿童沐浴类产品。最终人民法院认为:乙公司依法享有涉案注册商标专用权,但该权利不能侵犯他人合法在先权利。甲公司的涉案著作权形成时间早于乙公司商标权的取得时间,因此判决乙公司停止产销、销毁侵权产品和标识,并赔偿其他经济损失。①

2.致使其他商标弱化的行为

商标弱化,即把商标用在无竞争关系的商品上,弱化了商标与商品的特定联系。

例如:在吴玲玲注册的"优酷"商标被无效宣告一案中,合一公司持续大量地在在线视频服务上使用"优酷"汉字以及拼音,投入大量资金并广泛地宣传。"优酷网"不仅居于视频网站行业领先地位,且曾在商标评审委员会审理的其他案件中被认定为驰名商标。虽然吴玲玲注册的"优酷"商标主要在瓷砖、木材、水泥等商品上进行使用,与合一公司"优酷 YOUKU"在使用领域上并不相同,但其足以使相关公众认为两者有相当程度的联系,进而减弱商标显著性、贬损市场声誉,属于《商标法》第13条第二款规定的"误导公众,致使该驰名商标注册人的利益可能受到损害"的情形。最终被宣告商标无效。由此可见,在商标注册中必须注意到弱化他人商标所带来的法律风险,避免造成不必要的损失。

实践中规避被他人侵犯在先权利的法律风险的一种常见思路为:企业可以使用自己已登记有著作权或者已申请外观设计专利权的标识作商标。如果其他企业及个人再以商标形式注册或使用,企业即可以根据《著作权法》或《专利法》来阻止别人的使用。同样,竞争对手也不能再使用商标抢注、商标淡化、商标退化等手段。

3.商标的退化使用

商标的退化使用,是指以一定的方式使消费者将他人商标误认作有关商品的通用名称,从而减损其显著性,最终导致商标权的丧失。

例如:在北京法院发布专利商标授权确权行政案件典型案例——"金骏眉"商标异议复审案中,法院终审认为,相关证据足以证明,在商标评审委员会裁定做出时"金骏眉"已作为一种红茶的商品名称为相关公众所识别和对待,成为特

---

①详见(2009)沪高民三(知)终字第7号民事判决书"汕头市宏裕化妆品有限公司与上海美术电影制片厂侵犯著作财产权纠纷上诉案"。

定种类的红茶商品的通用名称。被异议商标的申请注册违反了《商标法》第 11 条第一款第(一)项的规定。据此,判决撤销商标评审委员会对被异议商标予以核准注册的裁定。

虽然有些注册商标不具有显著性或现在不再具有显著性,但相关权利人如果不加以重视会使其成为商品通用名称,或者被他人"合理使用"在自己的商品上。例如,朗科的"优盘"商标就因此而沦为通用词汇,最终被撤销。企业在设计商标时应注意《商标法》中禁用条款并考虑其显著性;企业在宣传产品尤其是新研制的产品时,应该同时注意商标与通用名称的宣传,避免商标的退化;此外,为区别于包装上其他文字和图形,商标使用时应当采用显著的字体、字形、字号及颜色,并应按规定标注注册标志。如果竞争对手故意将其当作通用名称使用,最终会导致自身的商标申请权利受损。

4.商标的境外保护

我国《商标法》规定的商标保护范围为国内。若企业疏于商标的境外保护,在开拓国际市场时可能需高价回购商标或额外付出打造一个新的品牌。例如:中国老字号"同仁堂"在向国外发展时发现早已被日本企业抢注,从而无法顺利开拓日本市场;由于博世西门子公司"HiSense"商标与海信"Hisense"商标的相似,致使海信在德国甚至欧洲的发展步履维艰;又如百年老字号"王致和"商标被一家名为欧凯(OKAI)的德国公司注册,王致和集团表示将追讨商标权,并在全球 34 个国家和地区抓紧注册,以免抢注事件再次发生。

企业可以根据企业自身发展需要逐国申请,但有一种更好的方法:根据《商标国际注册马德里协定》,通过国家商标局向世界知识产权组织提交国际注册申请。这样就可以通过一次申请,在该公约的成员国中同时注册。同时,企业也要考虑相关出口国家或地区的法律和特殊习俗的要求,以免在国外不能得到注册而被迫在国外重新打造一个品牌。

5.驰名商标的保护

在我国,驰名商标是指相关公众广为知晓并享有较高声誉的商标。我国通常采取"个案认定、被动保护"的原则来认定驰名商标。《商标法》第 14 条第一款规定:

"驰名商标应当根据当事人的请求,作为处理涉及商标案件需要认定的事实进行认定。认定驰名商标应当考虑下列因素:

(1)相关公众对该商标的知晓程度;

(2)该商标使用的持续时间;

(3)该商标的任何宣传工作的持续时间、程度和地理范围;

(4)该商标作为驰名商标受保护的记录;

（5）该商标驰名的其他因素。"

对于驰名商标的特殊保护，为拥有驰名商标的企业在维护企业权益的活动中提供了一种有效的思路。例如，在"锦竹 JINZHU 及图"商标侵权案件中，"锦竹 JINZHU 及图"商标权利人知晓"绵竹大曲"商标的知名度，但其仍注册相近商标，多次摹仿包装并被工商行政管理机关处罚，造成公众混淆。相关事实足以证明争议商标申请注册之时并非善意，显然已经损害了"绵竹大曲"商标所有者的合法权益。"绵竹大曲"商标所有者对侵权行为启动了多次工商投诉、民事诉讼维权工作，但侵权人仍经过翻新，继续以其他方式侵权。最终，转而针对"锦竹 JINZHU 及图"注册商标启动无效宣告并成功。

商标权人不仅可以通过此途径保护商标，还可以达到品牌战略目的。例如，为维护"淘"商标的显著性，阿里巴巴公司曾对大量"淘"商标提起无效宣告，清理和处理商标注册领域的历史遗漏问题。

此外，即使企业合法使用商标也有可能被他人提起侵权诉讼。在此种情况下，企业可对原告的商标提起无效宣告。只要企业确未明显不当地使用商标或违反上述法律规定，且证据足够充分，就可成功。

二、商标注册被驳回的法律风险

商标注册申请有时会被驳回。根据《商标法》第 34 条，对驳回申请、不予公告的商标，商标局应当书面通知商标注册申请人。商标注册申请人不服的，可以自收到通知之日起十五日内向商标评审委员会申请复审。商标评审委员会应当自收到申请之日起九个月内做出决定，并书面通知申请人。有特殊情况需要延长的，经国务院工商行政管理部门批准，可以延长三个月。当事人对商标评审委员会的决定不服的，可以自收到通知之日起三十日内向人民法院起诉。

驳回包含违反禁止性规定、商标不具显著性、与在先商标权相冲突等几种情况。前两种驳回复审仅涉及商标局与被驳回商标申请人，但第三种驳回复审还涉及在先商标权利人。如果被驳回商标申请人对于商标局引证的在先商标的权利有争议，认为系恶意抢注行为或者为非法获得的（如侵犯了被驳回商标申请人在先的企业名称权等），则不应阻碍被驳回商标申请注册。由于此种驳回复审介入了第三方利益，情况比较复杂，企业需要向专业的法律人士进行咨询与准备。

三、商标宣告无效的法律风险

注册商标宣告无效，是指商标注册后存在不符合注册条件的情形，由商标局依法宣告无效,或经权利人请求,由商标局裁定是否宣告无效的制度。其实质是判定商标的取得方式是否合法。

(一)无效宣告的类型

1.绝对理由的无效宣告

商标不具备可视性、显著性、合法性,以欺骗手段或者其他不正当手段取得注册,申请主体不限,期限不限。

2.相对理由的无效宣告

商标权同他人先取得的权利或其他合法权益相冲突。主要包括:侵犯姓名权或名称权、肖像权、著作权、外观设计专利权、驰名商标权,抢注商标,违反代理或代表的规定等。申请主体为在先权利人或者利害关系人,期限为争议商标注册之日起五年内,若为驰名商标被恶意注册的不受此期限限制。

(二)无效宣告的条件

我国《商标法》第 44 条和第 45 条规定,基于法定的事由,商标局或者商标评审委员会可以决定或裁定撤销注册商标。总体而言,法定事由包含以下三种情况。

1.注册商标有明显瑕疵

注册商标有明显瑕疵,即违反《商标法》的禁止性规定或者以欺骗手段获得注册。例如,《商标法》规定的禁止作为商标或注册商标使用、立体商标不具备显著特征等情形,或者注册商标人使用伪造营业执照、伪造药品或烟草管理部门的批文、伪造产地证明等手段的注册。

2.以不正当手段注册商标

以不正当手段获得注册,如侵犯他人在先权利、恶意抢注、侵害他人的商业信誉等。其中,恶意注册的形式较为多样:

(1)抢注已有一定影响的商标;

(2)就相同或者类似商品申请注册的商标是复制、摹仿或者翻译他人未在中国注册的驰名商标,容易导致混淆的;

(3)就不相同或者不相类似商品申请注册的商标是复制、摹仿或者翻译他人已经在中国注册的驰名商标,误导公众,致使该驰名商标注册人的利益可能受到损害的;

（4）未经授权，代理人或者代表人以自己的名义将被代理人或者被代表人的商标进行注册的；

（5）商标中有商品的地理标志，而该商品并非来源于该标志所标示的地区，且商标权人是恶意申请注册并获得核准的。

3.注册商标有争议

注册商标争议，这种情形依据的是保护在先原则。《商标法》规定了相关救济途径：在后注册的商标将不予注册并禁止使用。但存在特殊情况：商标中有商品的地理标志，而该商品并非来源于该标志所标示的地区，误导公众的，不予注册并禁止使用；但是，已经善意取得注册的继续有效。例如：乙公司所拥有的注册商标与甲公司所拥有的"M"商标设计风格、细节相近，图形部分为"M"图形进行 180 度旋转，"M"图形的弧度基本相同，二者嵌入单词或拼音的位置相似，整体设计手法和外观相近，前者构成对后者的摹仿。虽然乙公司注册商标使用范围与甲公司不完全重合，但在消费群体方面重合度高并存在较高关联。乙公司商标的注册和使用，足以贬损甲公司的市场声誉，构成《商标法》第 13 条第三款规定的情形。最终乙公司注册商标被宣告无效。[①]

（三）无效宣告的申请流程

流程依据启动程序主体不同而有所差异。

1.商标局依职权宣告无效

商标局应当将决定书面通知当事人；不服决定的当事人可在规定时间内向商标评审委员会申请复审；对商标评审委员会的决定仍不服的，可于规定时间内向人民法院起诉。

2.其他单位或者个人请求宣告注册商标无效

先向商标局提出申请；商标局应当书面通知有关当事人，限期答辩，并应在 9 个月内做出裁定并书面通知当事人；对裁定不服的当事人可在规定时间内向人民法院起诉。

（四）无效宣告的后果

从《商标法》第 47 条可以看出，被宣告无效的注册商标视为自始即不存在。但是，因商标注册人的恶意给他人造成的损失，应当给予赔偿。若依规定不返还

---

① 详见（2020）京行终 1015 号行政判决决书"麦当劳公司等与国家知识产权局二审案"。

商标侵权赔偿金、商标转让费、商标使用费,明显违反公平原则的,应当全部或者部分返还。

(五)申请商标无效宣告的重要性

一方面,商标无效宣告制度保护企业商标权益,防止自身商标淡化、弱化、丑化,解决他人通过商标注册的形式损害权利人的在先权利;另一方面,如果企业注重理解和使用相关制度,可以避免因自身不适当的注册使用或者被其他企业利用这一制度而引发的纠纷,降低运营风险,减少经济损失和品牌形象贬损的可能性。

四、商标被撤销的法律风险

商标撤销,是商标注册后,商标局依职权决定或裁定原注册商标专用权归于消灭的程序。

(一)商标撤销的情形

我国《商标法》规定了几种商标撤销的情形。

1.商标使用不当

使用不当撤销,即注册商标所有人违反合理使用注册的义务。主要包括自行改变注册商标标识、注册人名义或其他事项,且情节严重的情况。

2.注册商标成为其核定使用商品的通用名称

注册商标成为其核定使用商品的通用名称,任何人可以依法申请撤销该注册商标。典型的案例如上文所述的"金骏眉"商标因发展为通用名称而被撤销,朗科公司的"优盘"商标因为商标内容成为商品"通用名称",因而注册商标被撤销。

3.超期不使用的商标

连续三年不使用的注册商标,任何人都可以依法申请撤销该注册商标,但商标注册人能提供有效使用证据的除外。

实务中,第三种情形已经成为大部分企业扫清商标申请障碍常用的手段。往往因为企业经营中负责人的忽略、管理人员的频繁更换,或者相关负责人对商标管理法律风险检测意识不够,导致宝贵的商标一直没有被实际使用。司法实践中判断商标权人是否尽到使用义务的基本标准可以概括为"公开、真实、合法"。由最高人民法院在个案中的意见可知：需要判断商标注册人是否有真实的使用意图和实际的使用行为，仅为维持注册商标的存在而进行的象征性使用，不构成商标的实际使用。[①]

(二)"象征性使用"的界定

对于"象征性使用"的界定，主要有以下几个因素。

1.使用人的经营范围及能力

使用人的经营范围及能力，即经营范围是否与商标所核定使用的商品或服务相关，以及使用人本身的性质及生产经营规模。实务中为避免恶意抢注，很多企业不得不在全类上申请注册"防御商标"，其所核定使用的商品或服务大多与申请人的经营范围无关，易以"连续三年不使用"为由而被撤销，势必不利于品牌发展。

2.商品或服务本身的性质

商品或服务的提供难度、使用时间、价格及数量不同，其体现在使用证据上亦会有所差异。撤销"连续三年不使用"注册商标的目的在于清理闲置商标，所以应将此作为一项重要的参考因素。

3.商标使用的具体方式

商标使用的具体方式，包括用于商品、包装或者容器、交易文书上或者商业活动中。根据使用人不同，使用证据也可体现为许可使用协议、商标标签及外包装、合同以及相关票据等。通常，当事人提交的在案证据形式越多，越能证明其真实的使用意图。

4.商标使用的规模和持续时间

商标使用的规模和持续时间，即结合实际的销售数量、地域范围、营业额度及使用频率等因素来综合判断。

例如：甲商标持有企业在三年里使用复审商标的商品销售额仅为 1 800 元，并于三年期间的后期仅有一次广告行为投放于在全国发行量并不大的报纸上。故最终法院认定上述使用系出于规避《商标法》第 44 条相关规定以维持其注册效力目的的象征性使用行为，而不是出于真实商业目的使用复审商标。[②]

---

①详见(2015)知行字第 181 号行政裁决书"成超与通用磨坊食品亚洲有限公司、国家工商行政管理总局商标评审委员会行政判决、行政撤销申诉案"。

②详见(2010)高行终字第 294 号行政判决书"杭州油漆有限公司诉国家工商行政管理总局商标评审委员会商标撤销复审案"。

(三)防止商标被撤销的合理措施

根据现行商标法规定,任何人可以提出"撤三",并无须举证,举证责任完全在被申请人。若企业不对商标被撤销的法律风险加以重视,在商标被申请撤销后极易陷入被动,难以维护企业自身权益。

具体而言,企业可以从以下几方面防范商标被"撤三":

第一,注册地址变化应及时办理地址变更申请。如不及时变更,第三人提出撤销商标时商标局会按照原地址发通知书,可能会导致提供证据超期。

第二,不定期查询和监测使用中商标的法律状态,可以自行或委托代理机构进行。越早发现风险,越容易掌握主动权。

第三,指派专业人士及主管人员负责和审阅相关正式文件及信函,在法定有效期内积极决策。防止因法律意识淡薄等原因导致的提供证据超期。

第四,保证规范使用商标,并且有效保存相关原始证据的电子档及原件。在收到提供使用证据的通知书时可以从容应对。同时,不断强调和突出商标的使用,也利于企业品牌塑造。

第五,警惕他人表示有意向购买并多次联系而未达成转让的情形。对实务中出现的为达成其目的转而申请撤销商标的情形加以防范。

第六,建立"商标管理制度",使整个企业了解正确使用商标的重要性,要求各部门积极参与商标规范使用和证据有效保存。

第七,培育员工的品牌保护意识。对各重要部门进行商标保护培训,将相应的管理规范列入规章制度、员工手册。

第八,为保留"防御性商标"的商标权,企业应适时"使用"并保存使用证据。将商标使用在包装、交易文书以及其他商业活动中,都属于实际使用。如今网络销售日益崛起,应对被他人"撤三"的手段就会随之丰富起来。比如,有效的记录和公证网络宣传及线上产品交易流程。

此外,还需特别注意商标的使用方式。也就是说,在保留的使用证据中使用商标和注册商标最好能完全对应。同时,商标保护具有地域性,注意挑选在中国领域内形成的使用证据。在商标的使用时间问题上,如果他人针对"连续三年未使用"提出撤销,则需要收集申请之日的前三年内的使用证据。另外,商标被许可人还需提供商标许可使用合同和许可备案信息。

(四)商标撤销的救济途径

我国《商标法》规定了商标撤销的程序。具体而言:当事人对商标局的决定不服的,可以自收到通知之日起十五日内向商标评审委员会申请复审;商标评审委员会应当自收到申请之日起九个月内做出决定,并书面通知当事人(特殊情况经国务院工商行政管理部门批准,可以延长三个月);当事人对商标评审委员会的决定不服的,可以自收到通知之日起三十日内向人民法院起诉。

若法定期限届满,当事人对商标局做出的撤销注册商标的决定不申请复审或者对商标评审委员会做出的复审决定不向人民法院起诉的,撤销注册商标的决定、复审决定生效。

被撤销的注册商标专用权自商标局公告之日起终止,自撤销之日起一年内,与该商标相同或者近似的商标注册申请,商标局不予核准。

五、第三人侵犯商标专用权的法律风险

第三人侵犯商标专用权在实务中是企业面临的较为常见的法律风险,因此做好相关法律风险的检测对企业良好发展有重要意义。

(一)侵犯注册商标专用权的典型行为

1.未经商标注册人的许可,在同一种商品或者类似商品上使用与其注册商标相同或者近似商标的;

2.销售侵犯注册商标的商品;

3.伪造、擅自制造他人注册商标标识或销售伪造、擅自制造的注册商标标识的;

4.未经商标注册人同意,更换其注册商标并将该更换商标的商品又投入市场的;

5.给他人的注册商标专用权造成其他损害的。

(二)商标权人的风险防范措施

企业可以采取多种救济途径来防范第三人侵犯商标专用权,具体来说:

1.自行协商

这是商标权人维护权益的最迅速有效的方式,同时可以降低侵权人的声誉损害。若自行协商不成,当事人可以进而寻求公力救济维护自身商标权益。

2.行政救济

行政部门依法对侵犯注册商标专用权的行为给予行政处理,从而保护商标专用权。《商标法》第 60 条第二款规定了工商行政管理部门对侵权行为的多种处理办法:责令立即停止侵权行为、没收或销毁侵权商品和主要制造工具、根据违法经营额进行罚款。商标权人在发现侵权行为时应立即通知侵权人,若无法联系或联系后侵权行为仍继续,商标权人应立即请求行政机关介入。

3.司法救济

司法救济,即人民法院利用司法手段保护商标专用权的行为。根据《商标法》,当事人关于赔偿数额的争议,既可以请求进行处理的工商行政管理部门调解,也可以向人民法院起诉。若经过行政部门调解,仍未达成协议或者调解书生效后不履行,当事人仍可以将起诉作为最终救济手段。

同时,企业应善于使用禁止令。在法院做出判决前,通过财产保全、证据保全等手段保护企业权益,以更好地进行后续诉讼活动。即使在起诉前也可申请,但需要商标注册人或者利害关系人有证据证明他人正在实施或者即将实施侵权行为,且不制止会造成难以弥补的损害。

六、注册商标转让法律问题

注册商标转让是商标注册人对其商标权的一种最重要的处分方式。注册商标一般需要一年到两年左右的时间,而购买商标最快四个月即可使用。所以实务中一些企业选择购买商标来节省时间、获取原注册商标已积累的知名度。但同时不能忽视在购买商标时所面临的法律风险。商标转让应注意以下几个要点。

(1)按照法定流程签订转让协议后,双方共同向商标局提出申请。协议提前明确当事人之间的权利义务,约定突发情况的处理方式,作为解决后续出现纠纷的重要依据。

(2)签订合同时应审查对方的相应资格,即对方是否依法成立,以及是否可以根据国际条约等成为合同主体。提防不法分子使用伪造印章、假冒签名来骗取合法外衣非法转让商标。

(3)在订立转让合同之前先核查商标的状态:是否还在其有效期内,有效期何时截止,是否办理了注册商标续展手续等。

(4)事先检查商标是否存在被抵押、被转让、被许可使用、被申请异议、被撤销等问题。受让存在上述问题的商标,可能会使企业被迫参与到其他争议当中。

（5）警惕卖家故意隐瞒、没有一并转让相似同类产品的行为，这直接损害了买家的正当利益。

（6）转让过程必须依照法定程序进行，需经商标局核准后予以公告，受让人自公告之日起享有商标专用权。未履行法定程序的，商标局有权责令其限期改正或者撤销注册商标。

实务中可能还有其他情况出现，建议企业务必请专业法律人士进行风险检测，避免风险损失。例如：甲公司经营者丙与乙公司签订转让协议，将其商标专有权转让给乙公司。乙公司支付转让费，甲公司交付商标注册证。乙公司投入生产，双方共同向商标局提出申请，因甲公司印章与商标局留存印章不一致而未获核准。两年后甲公司注销，并以商标注册证丢失为由申请商标局补发。丙又以甲公司名义与丁公司签订商标转让协议，并保证未签过其他转让协议。双方共同向商标局申请核准。之后乙公司发现丁公司的生产销售行为后起诉，申请保全甲与丁之间的转让合同，请求判令丙履行甲和乙之间的转让协议，并且由丙和丁公司共同赔偿乙公司的损失。省高院二审认为，甲公司在与丁公司签订合同之前已被注销，所以丙与丁公司签订的合同不能成立。丙应继续履行甲公司与乙公司签订的合同，并承担赔偿责任。[1]

此案例涉及了上文所述的多种商标转让风险。第一，在甲公司与乙公司以及甲公司与丁公司商标转让中，乙公司、丁公司都疏于审查甲公司资质，导致乙公司、丁公司无法取得商标专用权；第二，丁公司疏于对被转让的商标的事先检查，被迫参与到甲公司与乙公司的商标专用权纠纷当中，造成不必要的麻烦。

七、商标许可的法律问题[2]

商标所有人允许第三人使用商标的制度就称为商标使用许可，通常以订立使用许可合同的方式进行。为了长远发展，企业应善于依法使用商标许可制度。首先，企业可利用注册商标提高商标声誉、开拓市场，也可以收取许可使用费，为企业带来一笔高额收益。其次，商标使用许可能够解决被许可人使用相关商标的需求。但在双赢的背后，需要明确把握一些法律问题。

---

①详见（2014）甘民三终字第38号民事判决书"兰州兴旺水烟厂与兰州泰和水烟工业有限责任公司、岳小成"。

②商标权转让合同纠纷案。

(一)许可的形式

许可人和被许可人的权利义务因许可形式不同而有所不同。注册商标使用许可主要有以下 3 种形式。

1.独占使用许可

独占使用许可,是指商标注册人仅许可一个被许可人在约定的期间、地域和方式使用商标,商标注册人本身也不得使用该注册商标。

2.排他使用许可

排他使用许可,是指商标注册人仅许可一个被许可人在约定的期间、地域和方式使用商标,商标注册人依约可以使用该商标。

3.普通使用许可

普通使用许可,是指商标注册人许可他人在约定的期间、地域和方式使用商标,并可自行使用和再许可他人使用其商标。

(二)订立使用许可合同的主体

我国《商标法》规定,被许可人必须是依法成立的企业、事业单位、社会团体、个体工商户、个人合伙以及可通过与中国签订协议、国际条约或对等原则办理的外国人、外国企业。

(三)许可合同双方权利义务

在订立使用许可合同这一双务合同时,应首先明确合同双方当事人的权利义务。

商标许可人的义务主要包括:(1)保持注册商标的有效性;(2)维护被许可人合法使用权,许可人应及时采取有效措施制止第三人侵权行为;(3)监督被许可人使用该注册商标的商品质量。

被许可人的义务主要包括:(1)保证商品质量,维护商标信誉,并在其商品或包装上注明产地和被许可人的名称;(2)未经许可人书面授权,不得擅自转让、注销或变更商标,不得将商标使用权移转给第三人;(3)被许可人应协助许可人查明被他人侵权事实;(4)许可使用商标的期限,不能超过注册商标的有效期限;(5)按合同的约定支付商标许可使用费。

(四)商标使用许可常见法律风险及防范措施

1.许可合同主体不适格的法律风险

合同签订的基础是双方主体适格。根据《商标法》相关规定,被许可商标必须是注册商标,许可人必须是注册商标的所有人。除此之外,几类特殊商标对于主体有进一步的要求。具体而言,使用人用药品、医用营养食品、医用营养饮料和婴儿食品商标的,被许可人需提供卫生行政管理部门的证明文件;使用卷烟、雪茄烟和有包装的烟丝商标的,被许可人需提供国家烟草主管部门批准生产的证明文件,但被许可人是我国内地以外的除外。若企业忽略了对于被许可人资格的检查,则易导致合同无效。

2.超出许可范围使用许可商标的法律风险

根据《商标法》有关规定,被许可人使用许可商标的商品或服务应当与商标局核准使用的范围相一致。若被许可企业一旦超过许可范围使用,可能导致许可合同被主张违约,同时被追究侵权责任。若被许可人注册或使用类似或近似商标,或将被许可商标部分内容与自身商标进行组合,可能使消费者误认为该商标与被许可商标之间存在某种关联。这样即使解除许可关系,已产生的混淆仍不利于许可人商标。

许可人为避免该风险应在合同中明确:未经许可人同意,被许可人不得将被许可商标与其他具有显著性的文字或图形进行组合使用或注册;未经许可人同意,被许可人不得使用或注册与被许可商标近似的商标;未经许可人同意,被许可人不得将许可事项中涉及的产品名称、许可人企业商号、包装设计和广告用语等申请为商标等条款。

3.商品质量问题的法律风险

许可他人使用商标意味着商标所承载的商誉与被许可人行为、其提供的商品息息相关。因此,应当在商标使用许可合同中明确质量控制。

按照《商标法》的规定,若被许可企业在商品上隐瞒实际的生产人名称和产地,工商行政管理机关可以责令被许可人限期改正,收缴其商标标识,并可根据情节处以 5 万元以下的罚款。实务中经常出现的商品质量不达标等问题,会间接损害商标许可企业的商标商誉,因此许可人应当监督被许可人使用商标,防止不利于企业名声和商品信誉的事情发生。对此的建议是:首先,慎重考量合作伙伴,生产能力较好、经营管理水平较高、履约能力较强的企业优先;其次,签订许可合同前,企业应充分考察被许可人的法人资格、生产能力、管理水平、产品质量等,严格要求其生产能力和生产质量;再次,建议许可人以书面形式明确质量标准以及相应监督办法,并且敦促双方严格执行;最后,许可合同订立后,许可人应密切关注生产销售情况,以便迅速采取措施,及时终止许可合同。

4.许可合同备案的法律风险

《商标法》第 43 条规定:"许可他人使用其注册商标的,许可人应当将其商标使用许可报商标局备案,由商标局公告。商标使用许可未经备案不得对抗善意第三人。"通常认为,商标许可合同备案不影响合同效力,但如果没有备案就不能对抗第三人。此时若商标权人将商标转让,新受让人可能排除被许可人使用商标的权利。

5.商标普通许可滥用的法律风险

普通使用许可是商标许可中最为常见的形式。但是若不限制特定区域、时间、领域,带来的竞争必然影响被许可人的利益。因此,建议企业在合同上与许可人约定包括商标权人不得在特定区域、时间、领域许可第三方使用商标。

6.许可终止后混淆误认的法律风险

实务中为推广品牌合作,许可人可能同意被许可人登记与许可人商号相同或者含有许可人商号的企业名称。但许可关系终止后,被许可人仍可以继续使用与许可人商号相同或高度近似的企业名称,易引发消费者的混淆和误认。因此,建议许可人明确约定,在许可关系结束后规定期限内,被许可人应及时办理变更企业名称登记。

第四章
著作权管理中的法律风险检测

著作权是知识产权的一个重要组成部分,著作权保护在现代企业发展中的作用与日俱增。作为一项重要的财产性权利,企业的著作权保护更多地集中在广告、网络、软件、设计、使用他人音乐、照片等商业领域。本章将对企业管理中常见的著作权问题进行分析,并提出相应的风险防范方法。

第一节　著作权基本问题概述

一、著作权的定义

著作权,又称为版权,是知识产权的一种。著作权根据其内涵可以划分为著作人格权与著作财产权。其中,著作人格权的内涵包括了公开发表权、姓名表示权及禁止他人以扭曲、变更方式利用著作损害著作人名誉的权利;著作财产权主要是对作品的使用、收益、处分权。著作财产权是基于人类智慧所产生的财产权利,也是企业著作权保护的主要对象和最终目的。

二、著作权人的权利

根据我国《著作权法》相关规定,著作权可以分为人身权和财产权两部分。人身权部分主要包括:发表权、署名权、修改权、保护作品完整权。著作的人身权利部分主要是作者对其作品所享有的与人身权相联系而又无直接财产内容的权利,是作者通过创作作品而依法享有获得名誉、声望和维护作品完整性的权利。

　　企业享有著作权的主要目的是通过其财产权利的行使将著作转化为现实经济利益。企业对著作权财产权利的行使一般有以下渠道:表演、复制、播放、展览、改编、放映、发行、注释、编辑、整理、翻译等。

三、著作权管理对企业的意义

　　对于拥有著作权的企业来说,企业著作权管理水平的高低直接影响到企业经营活动的诸多方面。

　　首先,企业著作权管理对企业在日常经营中处理涉及著作权的问题时起到了一定的约束和规范作用,有利于减少有关著作权权属纠纷、报酬纠纷等问题的出现。企业完善规范的著作权管理制度也可以为纠纷的解决减少法律上的风险。

　　其次,企业著作权管理的相关制度和经验也可以为企业经营管理提供一种新的途径和视角,使企业可以在涉及商标保护、专利保护、行业竞争等多个领域从著作权保护的视角出发综合考虑相关问题,更好地维护自身权益,减少可能面临的经济损失和法律风险。

第二节　企业著作权管理的主要作用

　　企业在日常经营活动中,通过著作权管理可以维护自身权益,规避法律风险。如上文所述,对企业来说,重视对著作权的管理不仅是单纯管理企业所拥有的著作权本身,最主要的好处是通过对著作权相关规定的理解掌握为企业在涉及商标、专利、行业竞争等多个领域的具体问题上提供另一种解决问题的思路和方法,具体来说体现在以下几个方面。

一、保护企业未注册的商标

　　我国商标法保护的是注册商标,同时《反不正当竞争法》对商标的保护也仅限于对注册商标的保护,但在实务中,一些企业的商标并未进行注册或正在注册的流程中，而此时这些商标容易被他人恶意利用或抢先使用，导致企业商誉受损或承担经济损失。

在这种情况下，如果企业使用的未注册商标设计精美，具有独创性的文字和图形，那么这个文字和图形的结合本身就是一件作品，受到《著作权法》保护。通过对著作权有关法律法规的运用，可以一定程度上化解此类风险。如果有人将该商标抢先注册，可以根据保护在先权利的原则，请求商标局撤销已注册的商标，保护企业未注册的商标权利，给企业争取一次补救的机会，亡羊补牢，抓紧注册商标。

例如，韩国 A 和 B 公司诉广州市 C 公司著作权侵权案[①]："流氓兔"形象是原告 A 在韩国创作的动画形象，在韩国进行了著作权登记，依《伯尔尼公约》在中国同样受到著作权保护。原告 A 将其拥有的"流氓兔"形象的著作权独占性、排他性设定给 B 公司，因此，任何人未经著作权人同意不得发表、复制其作品，否则构成侵权。被告广州市 C 公司未经两原告同意，在其生产销售的文具礼品等商品及宣传资料中大量复制原告的"流氓兔"形象，并在其网站上大量宣传，被原告诉至法院。

本案中虽然被告 C 公司将相关动画形象进行了商标注册，且从未收到任何对该商标提出的异议，但因其未经著作权人许可复制、发行和通过网络向公众传播著作权人的作品，构成对著作权人著作权的侵犯，依法应当承担停止侵权、赔偿损失的民事责任。最终法院判决被告 C 公司停止侵犯著作权行为，赔偿经济损失三十万元。

正如上文所述，即使其他企业通过抢注商标等手段侵犯我方权利、进行不正当竞争，企业在符合条件的情况下仍然可以通过运用手中的著作权利进行救济，排除其他企业不正当竞争，维护自身合法权益。

二、制止他人擅自使用企业非知名商品装潢

我国《反不正当竞争法》第 6 条规定，经营者不得擅自使用与他人有一定影响的商品名称、包装、装潢等相同或者近似的标识以及其他足以引人误认为是他人商品或者与他人存在特定联系的混淆行为。但通过法律条文可知，这种保护仅限于"有一定影响"的商品的名称、包装和装潢。

对于市场上大多数中小企业来说，企业商品往往尚未达到"有一定影响"的

---

①详见金在仁、CLKO 娱乐有限公司诉广州市越秀区珠江企业有限公司著作权侵权案。

程度,或者尚未引起消费者误认的,就无法受到《反不正当竞争法》的保护,但潜在的法律风险却始终存在。此时,如果企业商品的装潢具有独创性,符合了作品的条件,就可以通过寻求《著作权法》的保护来维护相关权益。

三、保护企业已失效外观设计专利

如本章前文所述,专利的保护也是有地域和时间限制的。在专利未受保护的地区及专利权有效期限届满后,满足一定条件的企业对于外观设计的保护也可以通过对著作权的保护来进行。如果该外观设计符合《著作权法》中的作品要件,即使不能受到专利权的保护,也可以继续适用《著作权法》的相关规定,在较长的著作权保护期内和广泛的地域范围内得到保护。

四、保护商业秘密

商业秘密的价值在于其信息的内容,如果他人侵犯企业商业秘密的行为是通过复制载有商业秘密信息的图纸、说明书、计算机软件等来实现的,且这些图纸、说明书、计算机软件达到《著作权法》中的作品条件,可以认定为企业对其拥有著作权的话,则除了从商业秘密角度来保护以外,还可以主张其侵犯我方著作权来追究侵权人的责任,实现两种途径互为补充保护企业商业秘密。

五、防止抄袭模仿行为及不正当竞争

在实务中,有的企业采用抄袭模仿其他企业的产品说明书和广告词等进行企业宣传,以达到误导消费者的目的,其实质上涉嫌不正当竞争,但此类行为在《反不正当竞争法》中缺乏明确的界定。从著作权角度来看,一份具有独创性的内容,无论是一份清楚记载了产品性能使用方法、注意事项等内容的产品说明书、一段具有独特设计的广告词,还是一份令人印象深刻的宣传材料等都可以认为是受到著作权法保护的作品。即使难以认定其不正当竞争行为,权利人仍可以通过追究对方的著作权侵权责任的方式来保护企业权益。

例如,"迪士尼、皮克斯诉 A 公司、B 公司等著作权侵权、不正当竞争纠纷案"[①]:迪士尼、皮克斯是知名动画电影《赛车总动员》《赛车总动员 2》的著作权人。《汽车人总动员》由被告 A 公司出品,由被告 B 公司发行。《汽车人总动员》中的动画形象与《赛车总动员》《赛车总动员 2》中的动画形象构成实质性相似,《汽车人总动员》的电影海报与《赛车总动员 2》的电影海报构成实质性相似,构成著作权侵权。《汽车人总动员》的电影名称与《赛车总动员》系列电影名称近似。电影海报中,"人"字被轮胎遮挡,电影名称成为"汽车总动员"。A 公司的电影使用"汽车人总动员"或者"汽车总动员"的电影名称,均会误导公众,构成不正当竞争。

上海市浦东新区人民法院做出认定被告构成著作权侵权,判令其停止著作权侵权行为及不正当竞争行为,并停止通过信息网络传播侵权作品。二审法院驳回上诉,维持原判。

本案是一个典型的企业著作权保护案例,通过主张企业著作权,维护企业对外形象、挽回经济损失。对于著作权侵权的认定,法院认为争议作品具有独创性,整体动画形象及电影海报具有美感,属于美术作品,原告对争议作品享有著作权,被告所制作的动画形象与原告享有著作权的作品构成实质性相似,被告构成著作权侵权。

同时,正如上文所述,因本案原告为世界知名电影公司,其作品《赛车总动员》经过大量使用、宣传,这一电影名称已经能够发挥区别商品来源的作用,属于知名商品特有名称。对于"知名商品",企业除了可以依照著作权法进行保护外,还可以请求根据《反不正当竞争法》进行保护。被告所制作的《汽车人总动员》的海报中,"人"字被轮胎遮挡,视觉效果变成了"汽车总动员",相关公众容易产生误认,属于擅自使用知名商品特有名称的不正当竞争行为。企业著作权管理是企业解决纠纷、维护知识产权和经济利益手段中的重要组成部分。

第三节 企业著作权问题常见风险类型

上文主要介绍了企业著作权管理的基本作用及意义,本节将通过几个典型案例介绍企业在经营行为中所能够涉及的著作权法律风险,虽然在具体案例中不同企业面临的问题各不相同,但可以大致归类总结为以下两种典型类型。

[①]详见(2015)浦民三(知)初字第 1896 号民事判决书"迪士尼、皮克斯诉厦门蓝火焰影视动漫有限公司、北京基点影视文化传媒有限公司等著作权侵权、不正当竞争纠纷案"。

一、著作权权属认定不清引发纠纷

如前文所述,著作权是一种基于作者对作品的智力创作活动而产生的民事权利,在理想状态下,作品的作者就是著作权人,著作权权属清晰明确不易发生纠纷。但在实务中,著作权主体的合并、变化,不同作品的不同产生方式,著作权客体的多样化都会使著作权经常出现归属不清的现象。

因企业缺乏知识产权风险意识而任意使用受著作权保护的作品或未在使用某作品前充分做好相关权利查询及确认所引发的纠纷近年时有发生,企业因自身的疏忽而被卷入诉讼纠纷,最终增加企业经营成本,并有可能造成不良社会影响。近几年"鹿角巷"饮品店著作权系列纠纷是比较典型的案例。

例如,邱茂庭(广州)餐饮管理有限公司与广州鹿角巷餐饮有限公司关于"鹿角巷"系列作品著作权纠纷[①];近几年各大城市出现了一批"鹿角巷"饮品店,且饮品店门头、柜台、店内价目表、招贴等处使用的中文"鹿角巷"、英文"THE AL-LEY",门头及店内墙、饮品杯、购物袋上使用的"鹿头"图案与鹿角巷受著作权保护的美术作品具有高度相似性。邱茂庭公司旗下经营"鹿角巷"连锁创意饮品品牌。邱茂庭对"鹿角巷"作品进行过登记,广州鹿角巷餐饮有限公司的法定代表人尹燕亦主张对于"鹿角巷"名称和图案享有著作权。经邱茂庭的许可,邱茂庭(广州)餐饮管理有限公司有权排他使用邱茂庭名下全部"鹿角巷"系列作品。广州鹿角巷餐饮有限公司亦经尹燕授权无偿独占许可使用"鹿角巷"美术作品。双方在近年来均对数个侵犯"鹿角巷"相关设计、作品的饮品店提起著作权侵权诉讼。

在多个关于鹿角巷著作权侵权的知识产权诉讼中,不同地区、级别的法院对案涉著作权归属问题做出不同甚至完全相反的判决,各饮品店因在加盟时未对相关权利归属进行明确识别和认定,被迫卷入双方著作权纠纷。"鹿角巷"系列作品的著作权归属至今仍尚不能得到最终确定答案,但无论相关权利归属何方,个案中的饮品加盟店作为经营个体,只因为没有对著作权权利归属问题引起足够的重视,而不得不遭受无妄之灾,耗费大量时间、精力进行诉讼,甚至赔偿经济损失。

---

①详见(2019)粤 0106 民初 20022 号、(2019)粤 0115 民初 3690 号、(2020)浙民终 118 号民事判决等多个"鹿角巷"相关民事诉讼案件。

二、著作权侵权纠纷

侵犯他人著作权所引发的纠纷是企业最常面临的著作权纠纷,企业因缺乏相关法律知识或疏于对著作权法律风险进行事先评估,在进行宣传推广或商业活动时非常容易侵犯他人著作权。尤其在当前的互联网新媒体时代,企业在利用网络扩展宣传途径的同时,极容易在不知不觉中侵犯他人著作权,引发侵权纠纷。

例如,A 公司诉 B 公司侵害作品信息网络传播权纠纷案[①]:B 公司为企业宣传目的在其官方微博中转发了一条配图微博,原告 A 公司发现该配图微博中的图片与原告拥有著作权的图片在内容和视觉上无差别,主张构成侵权。B 公司主张其转发微博是通过某软件图片库里面所提供的图片进行的,没有侵犯原告的权利。法院认为:B 公司转发的配有涉案图片的微博,侵害了原告的信息网络传播权,其在转发该配图微博时没有审查权利归属,也未能提供证据证明使用该图片已经合法授权,判决被告 B 公司删除并停止使用涉案图片且赔偿经济损失。

本案件为广州首例企业转发微博侵犯相关图片的著作权案件。被告在进行企业宣传过程中忽视了行使他人著作权的合法前提条件,甚至可能并未意识到使用了他人受著作权保护的作品,侵犯了他人的著作权,引起纠纷造成了不必要的损失和商誉的损害。微博作为一种分享和交流平台,当前已经成为企业营销、对外宣传的新工具,其对于企业来说,已不仅仅是一个浏览资讯新闻而无商业目的的社交软件,企业可以通过微博进行信息发布、名牌塑造、网络营销、引领潮流等商业目的,与此同时就必须注重其中潜在的著作权侵权风险。

第四节　企业著作权法律风险防范建议

企业进行著作权管理时,为更好地防范上述及其他潜在的法律风险,应尤其注意下列要点。

---

① 详见广州市中级人民法院(2013)穗中法知民终字第 511 号民事判决"华盖创意(北京)图像技术有限公司诉广大欧派家居集团有限公司、北京微梦创科网络技术有限公司侵犯作品信息网络传播权纠纷案"。

一、依法确定著作权权属

前文所述企业通过主张其著作权维护自身权益都是以企业拥有作品的著作权为前提,根据相关法律法规,不同类型作品的著作权归属有所区别,具体如下。

(一)普通作品

一般来说,创作作品的公民是作者。两人以上合作创作的作品,著作权由合作作者共同享有。由单位主持,代表单位意志创作,并由单位承担责任的作品,单位视为作者。

(二)职务作品

职务作品的著作权归属相对复杂,但也是企业在实务中接触较多的一类问题:一般职务作品的著作权归作者享有,但法人或者其他组织有权在其业务范围内优先使用。作品完成两年内,未经单位同意,作者不得许可第三人以与单位使用相同的方式使用该作品。单位在业务范围内使用该职务作品时可与作者在合同中约定是否支付报酬,作品完成两年后,单位可在其业务范围内继续使用。

(三)特殊职务作品

特殊职务作品,是指主要利用法人或其他组织的物质技术条件创作,并由法人或其他组织承担责任的工程设计图、产品设计图、计算机软件、地图等职务作品,以及法律、行政法规规定或者合同约定著作权由法人或者其他组织享有的这类作品,作者只享有署名权,著作权的其他权利由法人或者其他组织享有,法人或者其他组织可以给予作者奖励。

(四)受委托创作的作品

受委托创作的作品,著作权的归属由委托人和受托人通过合同约定。合同未做明确约定或者没有订立合同的,著作权属于受托人。因此,企业在委托他人设计或公开征集商标图案、装潢图案、外观设计图案、广告词以及委托他人拍摄有关照片时,应注意在协议中约定著作权归自己所有。

依法确定著作权权属是企业著作权管理的基础内容,也是保护自身著作财产权益的前提。

二、明确界定侵权行为

依据《著作权法》及法理,著作权保护的是著作权人在著作的人身权利和财产权利上的"禁止权",即著作权人享有禁止他人擅自实施《著作权法》第10条的受控行为的权利。

凡是侵犯著作权中的各项具体权利均构成著作权侵权,根据实际情况,需要承担停止侵犯、消除影响、公开赔礼道歉、赔偿损失等民事责任,性质严重的,可以由著作权行政管理部门给予没收非法所得、罚款等行政处罚。

在当前社会发展日新月异的背景下,网络技术不断发展,微博、微信等宣传方式日新月异,使用人更应当准确把握使用作品的方式和目的,准确鉴别个人使用和商业使用,在享受技术带来便捷的同时,更加重视尊重他人的知识产权。

三、防范日常侵权行为

无论是公司网站设计、广告刊登、产品手册,还是计算机软件使用等,企业侵犯他人著作权的大部分情况是无意使用他人作品进行了宣传推广或将他人作品制作为商品开展经营活动等。为防范这种无意侵权的行为,企业对于涉及著作权使用的行为应进行严格审查。具体来说必须在日常经营中做到以下几点。

(1)企业网站运营人员、文案编辑人员、美工等应当提高著作权侵权风险防范意识,主动学习相关法律法规及相关知识。

(2)企业网站需要使用他人作品时,必须征得著作权人许可并签订许可合同。对于网络资源中不能确定著作权人的,为避免风险尽量不使用、不得不使用的,必须明确注明出处,并进行诸如"该作品来源于网络,作者不详,请速联系本企业"等字样的声明。

(3)尽可能使用自身原创素材,对所使用的文字作品、美术作品、设计等均要对可能侵犯他人著作权的情形进行排查,不得抱以侥幸心理任意使用他人作品制作商品或用于宣传。

(4)对作品进行实质性修改的,要与作者协商一致,最好能够取得作者的书面授权。

（5）网站或自媒体上所用的作品，收到来自权利人要求撤稿的声明时，务必慎重对待，及时与投稿人联系以确定权属。

四、针对计算机软件的特殊规定

随着科学技术水平的发展和商业行为模式的进步，在诸多著作权侵权案例中，计算机系统、软件的著作权侵权问题与企业关联越来越紧密。此类侵权行为一般隐蔽性更强、认定难度更大，且相比于普通著作权规定有一定区别。

1.根据国务院《计算机软件保护条例》，涉及计算机软件的著作权侵权分为两个不同层次。首先，购买盗版软件并安装的行为，若企业为善意，既不知道也没有合理理由应当知道该软件是侵权复制品，不承担赔偿责任，但必须停止使用、销毁该侵权复制品。其次，若企业为恶意，除上述责任外，还必须承担赔偿损失的责任。一般来说，对于是否构成善意，应当考虑购买地、购买价格、被告的认知能力等因素。善意企业应当是在正规的软件购买渠道，通过合理的市场价格获得软件，且在识别软件正版与否的过程中负有与其能力相适应的注意义务。

2.作为使用主体的企业若对软件进行商业使用，则根据相关司法解释即使企业为善意，仍然需要承担损害赔偿责任。这一点需要企业格外注意。

判断是否构成商业性使用是软件著作权侵权纠纷中的核心内容，由于计算机的普及性和现代行业的多样性，很难依照一个标准判断商业性的构成。比如，以往在个人计算机中安装的软件往往是为学习研究而使用，而现在很多设计师都是在家中使用个人电脑完成单位的工作，这就具有了商业的性质。在实务中判断是否构成商业使用，应当通过考虑使用者、使用地、使用目的、使用结果等多种因素判断是否具有明显的经营性、牟利性，是否为从事营业而进行的一种附属性活动，进而判断其是否构成商业使用。

例如，美国 A 公司与青岛 B 公司软件著作权侵权纠纷上诉案[①]：原告美国 A 公司是 E 软件的著作权人。2005 年 12 月 9 日，山东省青岛市版权局发现被告 B 公司经营场所内的计算机中安装了多套 E 软件。被告未能提供任何软件使用授权许可或软件介质。A 公司认为，被告的行为侵犯了其合法权益，应当承担侵权责任。本案的争议焦点为对于企业使用盗版计算机软件时是否构成善意、是否构成商业使用。

---

①详见(2007)青民三初字第 132 号判决书、(2008)鲁民三终字第 86 号民事裁定书"青岛欧特美交通设备有限公司与美国参数技术公司软件著作权侵权纠纷上诉案"。

关于善意与否,本案中被告抗辩其软件系购买电脑时预装的,但不能提供任何证据予以支持,且预装软件通常是为实现计算机的一般性使用功能而装载,而E软件是专业性很强的设计软件,法院最终未支持其抗辩。关于是否构成商业使用,第一,B公司在经营场所内的计算机中安装该软件,应当认定为工作性使用;第二,B公司为生产设计型企业,而E软件主要应用于设计领域,因此B公司存在为商业目的使用的可能性;第三,B公司计算机中储存的以E软件制作的文件均为生产设计图纸,而非个人性质的学习研究文件,因此法院认定B公司目的为商业性。

本案的启发意义在于,法院对于是否善意和是否商业使用的认定是在考虑各种因素情况下所做出的综合判断,随着当前世界范围内对知识产权的重视程度与日俱增,企业必须提高其知识产权保护意识,对在日常经营中涉及软件著作权的问题需要格外加以重视,不能轻视相关风险,时刻防范出现侵犯他人软件著作权的行为。

五、做好企业著作权登记保护

企业著作权保护工作不仅是防范侵犯他人著作权的工作,企业本身所享有的著作权也应当加以保护。对于企业经营中所产生的图文设计、软件设计等可以进行著作权保护的内容,应当及时通过作品登记、软件著作权登记等方式进行合理的保护,更好地发挥无形资产的力量,提升企业竞争力,同时在维护企业权益时有据可依。

六、完善企业著作权管理制度

企业应加强著作权法律意识,按照一定格式制定书面企业著作权管理制度,具体应至少包括著作权登记、使用、许可和转让、保护等部分,对涉及相关法律规则、行政审批流程、使用规范等内容整理归纳,结合本企业实际情况形成具有指导意义的著作权保护管理制度。对于广大中小企业,特别是没有设立法务部或法务人员的,还应当定期进行相关法律及案例的培训,充分了解著作权知识,强化著作权法律意识。最终实现将著作权管理从制度层面下移为一项企业日常工作内容,提高企业著作权管理水平,避免相关法律风险。

第五章

商业秘密保护中的法律风险检测

商业秘密作为一种具有经济价值的无形财富,在日益激烈的市场竞争中的作用越来越显著,技术力量的储备、信息资源的掌握往往决定着企业的成败。我国法律对于商业秘密的保护由来已久,尤其近年来随着我国商业发展水平的不断提高和相关法律法规的不断修改完善,对于商业秘密保护的范围也不断扩大,力度不断增强。本章将对企业生产经营中常见的商业秘密问题进行简述,介绍常见的商业秘密法律风险,提出企业管理中商业秘密保护的合理建议。

第一节　商业秘密基本问题概述

一、商业秘密的概念

《中华人民共和国反不正当竞争法》第 9 条第四款规定:"本法所称的商业秘密,是指不为公众所知悉、具有商业价值并经权利人采取相应保密措施的技术信息、经营信息等商业信息。"商业秘密的保护实质上提供了与专利权和著作权等排他性权利不同的保护,它的主要保护范围在于保护商业机密,防止不公平竞争及间谍行为等。

二、商业秘密的特性

企业准确把握以下三种特性,可以在生产经营活动中更好地界定相关资料的性质,进而更好地采取不同程度的适当的保护措施进行商业秘密的保护。

(一)秘密性

秘密性体现为"不为公众知悉"。"公众"通常指其所属领域的相关人员,即同行业或同领域的工作者或竞争者。一般体现为某一商业信息不为同行业或同领域的工作者或竞争者所了解、获得、掌握。

(二)保密性

保密性是指权利人为防止信息泄漏采取了与其商业价值等具体情况相适应的合理保护措施,要求权利人必须对其主张权利的信息对内、对外均采取了适当合理的保护措施,但也不过分苛求企业。在实务中,重视商业秘密保护的企业为了自身经济利益和竞争需要,总是不断地采取有效的措施来保守其商业秘密。如果企业采取放任态度,没有采取必要的合理保护措施,使企业商业秘密置于公众轻易可以获得的状态,其掌握的这类技术信息和经营信息就不可能成为受法律保护的商业秘密。

(三)价值性

价值性是指信息具有现实的或潜在的商业价值,能为权利人带来竞争优势。作为商业秘密的信息一般都凝聚了企业在长期的实践中付出的大量的人力、物力和巨大的智力投资,它在付诸应用后能够给企业带来经济利益,增强其在商业竞争中的实力。价值性不等于现实价值性或持续价值性,无论经济利益大小和实现时间长短都不影响对该信息商业价值性的判断。

三、企业商业秘密的范围

商业秘密包括生产领域和商业经营领域的秘密。从企业角度来看,商业秘密的范围涉及企业生产经营的各个方面,且为适应社会经济发展不断对企业生产经营活动提出新的需求,企业商业秘密的范围也相应逐渐扩大,具体来说主要涵盖下列几方面内容。

(一)经营中的商业秘密

经营中的商业秘密是指"管理诀窍、客户名单、货源情报、产销策略、招投标中的标底及标书内容"等信息。其内容具体包括:新产品的市场占有情况及市场开辟方案;产品的社会购买力、区域性分布情况;产品长、中、短期发展方向和趋势;经营战略;流通管道和机构等。

(二)企业技术信息中的商业秘密

企业技术信息中的商业秘密是指"设计、程序、产品配方、制作工艺、制作方法"等信息。其内容具体包括:技术水平;技术潜力;新技术前景预测;替代技术的预测;专利动向;新技术影响的预测等。

四、技术秘密归属问题

技术秘密的界定和归属问题较为复杂,需要企业进一步明确和掌握相关规定。

(一)雇佣关系中的商业秘密归属

职务技术成果是指,执行法人或其他组织的工作任务,或者主要利用法人或其他组织的物质技术条件所完成的技术成果。职务技术成果的归属为单位所有,由单位拥有并行使技术成果的使用权、转让权。

非职务技术成果的归属是指,技术成果与职工的工作任务和责任范围没有直接关系,而且不是利用本单位的物质技术条件完成的技术成果,其归属于职工个人,其使用权、转让权由完成技术成果的个人拥有和行使。

(二)委托开发关系下商业秘密的归属

企业除自行研究开发外,出资委托其他企业或科研机构研究开发生产技术的情形也比较常见。如果没有约定或约定不明的,委托人和受托人都有使用和转让的权利。但受托人在向委托人交付研究成果之前,不得转让给第三人。另外,除当事人另有约定以外,委托开发中完成的技术成果的专利申请权属于受托人。

(三)合作开发关系下商业秘密的归属

企业在和其他公司、科研机构合作开发技术项日时,合作开发关系下商业秘密的归属由当事人自行约定,也就是说当事人可以约定委托关系下完成的技术成果属于参加合作的任何一方或几方。如果没有约定或约定不明的,归全体合作人共同拥有,共同行使使用权、转让权和专利申请权。

第二节 常见侵犯商业秘密的行为及后果

一、侵犯商业秘密的行为

《反不正当竞争法》第 9 条第一款规定:"经营者不得实施下列侵犯商业秘密的行为:

(一)以盗窃、贿赂、欺诈、胁迫、电子侵入或者其他不正当手段获取权利人的商业秘密;

(二)披露、使用或者允许他人使用以前项手段获取的权利人的商业秘密;

(三)违反保密义务或者违反权利人有关保守商业秘密的要求,披露、使用或者允许他人使用其所掌握的商业秘密;

(四)教唆、引诱、帮助他人违反保密义务或者违反权利人有关保守商业秘密的要求,获取、披露、使用或者允许他人使用权利人的商业秘密。

经营者以外的其他自然人、法人和非法人组织实施前款所列违法行为的,视为侵犯商业秘密。

第三人明知或者应知商业秘密权利人的员工、前员工或者其他单位、个人实施本条第一款所列违法行为,仍获取、披露、使用或者允许他人使用该商业秘密的,视为侵犯商业秘密。

二、侵犯商业秘密的后果

《反不正当竞争法》第 21 条规定:"对侵犯商业秘密的不正当行为,由监督检查部门责令停止违法行为,没收违法所得,处十万元以上一百万元以下的罚款;情节严重的,处五十万元以上五百万元以下的罚款。"

国家工商行政管理局《关于禁止侵犯商业秘密行为的若干规定》第 7 条第二款和第 8 条分别规定:"工商行政管理机关在依照前款规定予以处罚时,对侵权物品可以做如下处理:(一)责令并监督侵权人将载有商业秘密的图纸、软件及其他有关资料返还权利人;(二)监督侵权人销毁使用权利人商业秘密生产的、流入市场将会造成商业秘密公开的产品。但权利人同意收购、销售等其他处理方式的除外。""对侵权人拒不执行处罚决定,继续实施本规定第三条所列行为的,视为新的违法行为,从重予以处罚。"

根据情节轻重,侵犯商业秘密的行为也可能涉及刑事犯罪,《刑法》第 219 条第一款规定:"有下列侵犯商业秘密行为之一,情节严重的,处三年以下有期徒刑,并处或者单处罚金;情节特别严重的,处三年以上十年以下有期徒刑,并处罚金:

(一)以盗窃、贿赂、欺诈、胁迫、电子侵入或者其他不正当手段获取权利人的商业秘密的;

(二)披露、使用或者允许他人使用以前项手段获取的权利人的商业秘密的;

(三)违反保密义务或者违反权利人有关保守商业秘密的要求,披露、使用或者允许他人使用其所掌握的商业秘密的。"

第三节　企业商业秘密保护措施

商业秘密保护与企业知识产权保护一样,是一项整体而系统的工作。

一、明确商业秘密的范围、分类,并划分等级

不论企业规模的大小和经营领域的不同,企业都拥有一些影响自身发展和商业竞争的商业信息值得被保护。对于企业商业秘密的保护最基础的任务是要正确认识商业秘密的范围、分类和保护的等级。具体包括以下三个环节:

(1)确定商业秘密的具体范围;

(2)对各项商业秘密划分层级;

(3)正确评估各项商业秘密的保密时间。

二、制定商业秘密保护规章制度

企业制定的保密规章制度可以在企业规程、员工手册与员工考核等各处加以体现。在制定过程中应注意以下要点。

（1）制定的商业秘密保护制度应当分范围、分层次进行保护，明确规定不同岗位员工可以接触的商业秘密的范围和权限，控制涉密人员数量，排除不必要的商业秘密接触所带来的泄密风险。

（2）技术秘密的保护与经营秘密的保护必须并重，企业对经营秘密依照其自身特点给予相应水平的保护才能在日渐复杂的商业发展环境中全面地保护企业利益。

三、完善商业秘密管理模式

企业保护商业秘密除了制定相关规章制度外，还需要从完善内部组织结构和强化各部门机密管理两方面入手。

（一）设立商业秘密管理部门

在条件允许的情况下，一般由企业法务部门牵头并吸收相关部门负责人参加，承担企业内部商业秘密管理的总体工作，直接对企业法人负责。

（二）强化日常涉密管理

企业应注意对涉密技术信息资料以及生产流程加以物理隔离，建立内部监控设施、防盗系统，禁止无关人员任意进出保密区域，把涉密人员控制在绝对范围内。对公司内部计算机设立分级操作口令，储存资料由专人保管，借用、复制必须登记批准。对上网计算机严格控制，防止信息通过互联网传输失窃。

四、正确运用竞业限制协议与保密协议

(一)签订竞业限制协议

竞业限制是指限制他人从事竞争性行为,即掌握单位商业秘密的职工,在任职期间或离职后的一定期间内,不得到同类且有竞争关系的单位任职,也不得自己生产与原单位有竞争关系的同类产品或经营同类业务。

企业与员工签订竞业限制协议时必须要注意以下要点。

1.确保形式合法合理

建议企业严格采取一员工一合同的方式签订正式的竞业限制协议;以真实的劳动关系为基础与劳动者商定竞业限制事宜;减少对竞业限制义务的生效或解除所增设的前提条件;且协议约定的内容应尽量简明、具体,避免产生歧义引起纠纷。

2.合理划定对象范围

签订竞业限制协议的员工范围应当是因职务关系可能接触本企业商业秘密的员工,尤其是处于关键岗位有可能接触重要商业秘密的人员,如经理、董事、高级研究开发人员、财会人员、市场计划人员、保安人员等。

3.合理设置协议期限

根据《劳动合同法》第 24 条第二款规定:"……从事同类业务的竞业限制期限,不得超过二年。"过短的禁止时间难以达到签订协议所预期要达到的防止离职员工泄露商业秘密的目的,但过长的协议时间将极大限制离职员工的公民基本权利,也因此在实务中过长的协议期间不能被支持。

4.合理给付补偿费用

员工离职后的竞业限制应当给予合理的补偿,具体的补偿方式可以由双方通过合同进行约定,但企业必须在具体数额、给付期间、给付方式等关键问题上进行明确。实务中出现许多案例都是因为此类问题造成纠纷,虽然双方签订了协议,但因为语义上的不明确和关键时间节点上的不明确而导致了诉讼纠纷的产生。

(二)签订保密协议

员工保密协议是指单位和单位员工为保障单位利益不受损害,根据国家规定就保密事宜协商一致所签订的协议书。对于在职员工,除了签订离职后的竞业限制协议,还应在入职时即签订有关商业秘密的保密协议。

我国《劳动法》第 22 条规定:"劳动合同当事人可以在劳动合同中约定保守用人单位商业秘密的有关事项。"国家科委《关于加强科技人员流动中技术秘密管理的若干意见》第 6 条还规定:"拒不签订保密协议的,单位有权不调入,或者不予聘用。"企业与职工签订保密协议具有法律上的依据,是企业维护自身利益的重要手段。

在保密协议的内容上,企业应着重注意对下列条款的规定:

(1)规定员工保守秘密的义务;

(2)规定员工获得商业秘密职务成果及时汇报的义务;

(3)规定不得利用单位的商业秘密供个人使用成立自己企业的义务;

(4)规定员工不得利用商业秘密为竞争企业服务的义务;

(5)规定员工妥善处理商业秘密的义务。

在保密协议的形式上,同上文所述的签订竞业限制协议的注意事项相类似,企业也应注意协议的规范性和明确性,在将来涉及此类纠纷时,使协议发挥应有的证据效力,妥善解决纠纷。

(三)企业合作中的保密协议

除了与本单位员工签订相关协议外,企业还应与协作企业签订保密协议。在企业间的协作过程中,时常出现其他企业利用业务关系之便,掌握属于商业秘密的技术信息或经营管理经验,进而与协作企业进行不正当竞争。为防止其他企业利用合作之便掌握商业秘密,企业应考虑与协作单位就协作事宜中所涉及的涉密信息签订保密协议。

在同合作方签订保密协议时,应在协议中着重强调以下要点:

(1)确定合作中所涉及的商业秘密的内容和范围;

(2)确定商业秘密披露的期限;

(3)确定合作方使用本企业秘密和合作关系解除后应承担的保密义务;

(4)违反保密协议的违约条款。

五、严格员工保密管理

对于新入职员工,除要求其承担保密义务外,还应重视对其背景的调查,了解其是否曾存在违反保密协议、私自与其他公司的客户进行往来、损害公司利益的行为;调查其是否在入职时仍负有对其他公司的保密义务及竞业限制等。

同时,企业应对涉密员工开展不定期的秘密保护培训,强调劳动合同、《员工手册》及保密协议中的相关约定,提高员工对于泄露商业秘密所引发后果的严重性的认识,增强员工的风险意识。定期经常进行保密检查监督,及时发现泄密隐患,堵塞泄密漏洞。一旦发生问题,及时处理并给予严厉的惩罚。

六、结合其他知识产权综合保护

商业秘密的保护,不是独立于其他知识产权保护之外的一类措施,而是与其他知识产权保护手段互为补充,各自在不同领域综合维护企业权益的手段。对于很多商业秘密,企业完全可以适用多种知识产权的综合保护。

企业在生产一项新产品的过程中,一般应特别注意对商业秘密的保护,避免他人利用企业的研究成果抢先完成产品研发,抢先申请专利。在产品研发完成后,企业也应根据情况及时申请其他知识产权保护,防止潜在的法律风险,造成企业损失。同时产品开发阶段的图纸、配方、实验报告等如果符合了著作权中著作的特性,则又可以对其加以著作权法的保护。

七、重视证据收集整理

从商业秘密的特性可知,不同于专利等权利需要申请以获得公权力的保护,商业秘密是一种无须登记,依靠持有人秘密保持的无形财产,不仅商业秘密本身的拥有具有秘密性,对商业秘密的侵犯也往往难以认定。

在涉及商业秘密的诉讼中,被侵犯商业秘密的企业往往难以举证自己的商业秘密被侵害,所以企业在申请有关部门查处侵犯商业秘密的行为以及涉及商业秘密侵权的诉讼中经常面临着主张不被支持的风险。因此,在企业的日常商业秘密管理中,在各个环节都需要格外重视对证据的整理和留存,提前将相关风险在日常工作中分散化解,避免对簿公堂时的手足无措,正当权益也得不到完美的救济。

《反不正当竞争法》第 32 条规定："在侵犯商业秘密的民事审判程序中,商业秘密权利人提供初步证据,证明其已经对所主张的商业秘密采取保密措施,且合理表明商业秘密被侵犯,涉嫌侵权人应当证明权利人所主张的商业秘密不属于本法规定的商业秘密。商业秘密权利人提供初步证据合理表明商业秘密被侵犯,且提供以下证据之一的,涉嫌侵权人应当证明其不存在侵犯商业秘密的行为:

（一）有证据表明涉嫌侵权人有渠道或者机会获取商业秘密,且其使用的信息与该商业秘密在实质上相同;

（二）有证据表明商业秘密已经被涉嫌侵权人披露、使用或者有被披露、使用的风险;

（三）有其他证据表明商业秘密被涉嫌侵权人侵犯。"

根据法律规定,企业在主张他人侵犯其商业秘密时,应至少证明其被侵犯的信息为商业秘密,也即符合商业秘密定义的信息,同时该商业秘密有被侵犯的事实或风险。虽然经过修改的《反不正当竞争法》将举证责任向侵权人倾斜,但企业仍需重视对双方所达成的协议的文本的语义是否有矛盾或法律漏洞、相关文本的保存、秘密被侵犯或有被侵犯风险的事实调查材料等。重视对证据的搜集和留存,才能在纠纷的解决中占据有利地位,保护企业自身合法权益。

八、避免侵犯他人商业秘密

随着防范商业秘密被侵犯的法规的不断完善,权利人在自身商业秘密受到侵犯后通过相关法律法规对自身利益进行维护的方式日益成熟和有效,企业在通过上述多种措施保护自身商业秘密不受侵害的同时,也应同时重视对自身行为的规范和审查,避免自身的生产经营行为在一些情况下侵犯了其他企业的商业秘密或他人的正当合法权益,进而引发不必要的法律纠纷。企业在生产经营活动中应重视对法律规定的学习理解,安排专职岗位进行商业秘密保护的合规性审查,规范企业自身商业行为,避免侵权行为的产生。

第四节　案例评析

在商业经营中,侵犯商业秘密的纠纷往往形式多样,通过对实务中真实案例进行分析点评,往往能够使企业对侵犯商业秘密行为及其中各自存在的不同问题和风险有更直观的认识。

一、百花公司与卓基公司等侵害商业秘密纠纷上诉案

上海百花公司和上海卓基公司均从事幼升小的培训行业。胡某、徐某曾在百花公司处担任主讲教师。两人在任职期间与百花公司均签订有劳动合同和保密协议。两人离职后创办了卓基公司,对外招生过程中使用百花公司客户名单,且教学过程雷同。百花公司认为被告行为侵犯了其商业秘密,故起诉要求二人以及学员立即停止侵权行为、连带赔偿经济损失及合理费用并且刊登声明、消除影响。浦东法院经审理认为,关于教学,百花公司虽与学员家长签订入学协议要求承担保密义务,但是该条款约定的保密范围过于宽泛,且并未采取特别的保密措施,要求学员家长对这些定期获得的资料承担保密义务也并不合理;对客户名单,百花公司仅提交了学员签订的就读一到两个学期的入学协议,难以证明已建立了长期稳定的交易关系,亦不能作为商业秘密保护。

　　📎点评:本案的启发意义在于,针对企业所拥有的各项技术信息和经营信息,首先必须明确其信息是否属于商业秘密。对于商业秘密的正确认定,是对企业信息进行商业秘密保护的前提,避免出现类似案例中所出现的因未尽到某些管理义务而使商业信息不属于秘密,避免使本需要保护的商业信息因使用方式不当而被认定为已经公开的信息。

二、刘某诉某公司劳动合同纠纷案

刘某在某公司从事外贸业务员工作,双方在签订的劳动合同中约定:"刘某不得有以下行为:

1.将公司的客户透露给其他单位;

2.将公司平台内容、邮箱、密码泄露给其他单位或个人;

3.将工作期间接触的订单私自提供给其他单位。

若违反上述约定,损害公司的合法权益,刘某要赔偿某公司的经济损失"。后来公司到公安局报案称:"刘某利用客户名单私自将客户的订单找其他公司完成,从中获利,使公司损失重大。"最终,公司诉至法院,法院判决刘某于判决生效之日起 10 日内赔偿某公司经济损失 200 000 元。

　　📎点评:本案属于典型的企业员工侵犯企业商业秘密的案例。此案例反映

了企业在生产经营中易忽视与员工签订保密协议。只有正确运用保密协议和竞业限制协议,才可以有效规避此类法律风险,减少可能造成的损失。

三、江汉石油"牙轮钻头"商业秘密案

A 公司员工幸某在离职后,窃取并非法使用在职期间掌握的技术信息,帮助 B 公司制作了有关产品,给 A 公司造成较大经济损失。A 公司将幸某及新公司以侵犯商业秘密为由诉至法院。法院最终确认,B 公司应停止对 A 公司的商业秘密侵犯并赔偿合计 1 700 万元。幸某也因侵犯商业秘密罪,被判处有期徒刑六年。

点评:本案作为指导性案例,十分具有代表性。

从责任承担的角度来说,对于该职员来说,其行为构成违约行为,应当承担相应的违约责任。B 公司如果知道或者应当知道该职员的行为侵害了原公司的商业秘密,而仍然使用该商业秘密的,其行为也成立侵犯商业秘密的不正当竞争行为。

从引发的后果来说,企业被侵犯商业秘密后所造成的后果往往涉及其生产经营的关键领域,造成的后果可能非常严重,本案中仅一个离职员工的泄密行为,就给企业造成上千万元的经济损失。对于侵犯机密的个人,除了进行经济上的处罚外,还可能涉嫌刑事犯罪,后果更加严重。

第六编　企业涉税风险检测

第一章
增值税涉税风险检测

第一节　对纳税主体身份选择的涉税风险检测

一、检测要点

（1）检测企业是否存在为了享受国家给予小规模纳税人的优惠政策，本已达到一般纳税人认定标准却仍然按照小规模纳税人计税方法计税，而未申请一般纳税人认定而产生的涉税风险；

（2）检测企业是否存在扣缴义务，但未按规定履行代扣代缴义务或未按实际税额履行代扣代缴义务的风险。

二、实施检测

（一）对申请一般纳税人认定的涉税风险检测

检测会计报表、资金收付凭据、货物流通凭据、销售明细账和对现金流量的计算，进而对企业的单位能耗（比如材料消耗、水电消耗、工资消耗等）进行测算；检测纳税人的年实际应税销售额；检测企业是否存在符合一般纳税人条件但未申请办理一般纳税人手续的情况。尤其关注营改增后的纳税人兼有销售货物或提供应税服务时,企业销售货物的销售额或提供应税服务的销售额是否已达到一般纳税人认定标准。

(二)对扣缴义务人履行扣缴义务的涉税风险检测

对扣缴义务人身份认定的涉税风险检测,应了解企业是否有对外支付劳务费及应税服务费情况,如有则应进一步审阅企业所签订的劳务合同、应税服务合同,检测境外单位或个人在境内提供应税劳务和应税服务的情况,在境内是否设有经营机构;未设有经营机构的,需要核查购买人扣缴税款的处理是否正确。

【例 6-1-1】　通过对某外企"管理费用—总部管理费"的检测,发现该外企于2019 年 10 月向境外总部支付了一笔信息技术服务费 127 200 元,但在检测增值税纳税申报及代扣代缴税款情况时,并未发现有代扣代缴税款记录。检测"应交税费—应交增值税"明细账时,发现"进项税额"三级明细科目的借方记载了7 200 元,贷方挂在"其他应付款—总部"科目,技术服务合同、付款证明和境外收据等资料齐全。经检测,该企业未履行增值税代扣代缴义务,存在被处以税收行政罚款的风险。

第二节　对特殊销售行为的涉税风险检测

一、检测工具和指标

(一)检测工具

检测企业增值税纳税申报表的申报情况,如果企业是增值税一般纳税人,则应关注申报表第一行"按适用税率计税销售额"栏申报的金额;如果是小规模纳税人,则关注增值税纳税申报表"应征增值税不含税销售额"行次申报的金额,与企业报送的同期利润表中的营业收入额是否一致。

(1)结合企业经营范围、经营模式、内控制度,进而检测企业是否可能存在视同提供应税服务及视同销售货物的行为;

(2)了解企业的基本情况,查阅工商登记中企业的经营范围,了解是否可能存在兼营行为。

(二)检测指标

对企业每月增值税税负率进行检测,与同行业税负率比较,关注企业增值税税负率是否存在异常。

税负率的计算公式为:

当月的增值税税负率＝(当月应纳税额/当月应税销售额)×100％

该公式中涉及数据的来源:月"应纳税额"即为每月《增值税纳税申报表》主表第 19 行"应纳税额"中"一般货物及劳务和应税服务"的"本月数"和"即征即退货物及劳务和应税服务"的"本月数"＋第 21 行"按简易计税办法计算的应纳税额"。

月"应税销售额"即为每月《增值税纳税申报表》主表中第 1 行"按适用税率征税货物及劳务销售额"中"一般货物及劳务和应税服务"的"本月数"和"即征即退货物及劳务和应税服务"的"本月数"＋第 5 行"按简易征收办法征税货物销售额"。

如果税负率明显偏低,企业可能存在着正常销售收入、视同销售收入、价外费用等未计税的问题。另外,计算检测企业税负率,与销售额变动率等指标配合使用,将销售额变动率和税负率与相应的正常峰值进行比较,销售额变动率高于正常峰值、税负率低于正常峰值的,销售额变动率低于正常峰值、税负率低于正常峰值的和销售额变动率及税负率均高于正常峰值的均可列入检测要点。

二、实施检测

(一)对视同销售行为的涉税风险检测

正常情况下,如果存在视同提供应税服务及视同销售货物的行为,则增值税申报表第一行数据应包括会计上未确认收入的部分。

在对企业实施税务检测时,首先要了解企业的经营范围中是否存在视同提供应税交易的行为。

(1)检测单位和个体工商户是否存在将自产或者委托加工的货物用于集体

福利或者个人消费的情况；

（2）检测单位和个体工商户是否存在无偿赠送货物的情况，但用于公益事业的除外；

（3）检测单位是否存在对外无偿赠送无形资产、不动产或者金融商品的情况，但用于公益事业的除外。

【例6-1-2】　某市一般纳税人油脂厂在2019年秋季将自产的葵花籽油向某经营困难企业捐赠，成本200 000元，公允价值300 000元，企业的账务处理如下：

借：营业外支出　　200 000（元）

贷：库存商品　　200 000（元）

企业没有计提对外捐赠视同销售行为的销项税额，账务处理应该补做一笔分录：

借：营业外支出　　27 000（元）

贷：应交税费－增值税－销项税额　　27 000（元）

（二）对兼营不同税率应税行为的涉税风险检测

（1）采取询问、实地观察等方法，检测企业的实际经营范围，是否有兼营非增值税应税劳务的情况；

（2）检测"主营业务收入""其他业务收入"科目，检测企业兼营不同税率或者征收率应税行为的情况；

（3）检测分别核算适用不同税率或者征收率的销售额，未分别核算销售额的，从高适用税率。

【例6-1-3】　某建筑安装公司为增值税一般纳税人，2019年9月取得如下收入：

（1）取得A项目（2015年12月开工）收入1 000万元，选择简易计税方法；

（2）取得甲方延期付款利息收入100万元；

（3）取得B项目（2017年3月开工）收入2 000万元；

（4）取得C项目（甲供）收入500万元，选择简易计税方法；

（5）取得销售断桥铝门窗收入200万元。

该公司当月进项税额为202万元，期初无留抵税额。

检测结果：

（1）假设各项收入能够分别核算，当月应交增值税为：

$(100×6‰＋2\ 000×9‰＋200×13‰－202)＋(1\ 000×3‰＋500×3‰)＝$
$55(万元)$

（2）假设财务核算不健全，未分别核算收入，从高适用税率，则应纳增值税为：
$(100＋2\ 000＋200＋1\ 000＋500)×13‰－202＝292(万元)$

后者比前者多缴增值税 237 万元。

第三节　对适用税率的涉税风险检测

一、检测工具、指标和要点

（一）检测工具

（1）检测一般纳税人增值税纳税申报表附表一中"一般计税方法"下不同税率下企业的填报情况（13‰税率的货物及加工修理修配劳务、9‰税率的服务、不动产和无形资产、6‰税率的应税项目），检测企业销售收入对应的税率是否正确。

（2）检测一般纳税人增值税纳税申报表主表第 5 行"按简易办法计税销售额"中是否进行了申报。还要对应检测附表一中"简易计税方法计税"下，预征率对应的各行次销售额申报是否正确，检测企业是否可能存在未申报或将高税率货物、应税服务混入简易计税销售额申报的问题。

（3）检测简易办法计税所对应的税额是否反映到主表第 21 行"简易计税办法计算的应纳税额"。由于简易办法计税的项目进项税额是不得抵扣的，所以同时要关注附表二第二部分进项税额转出额中第 17 行"简易计税方法征税项目用"是否有转出处理。

（二）检测指标

1.销售额占比检测

低税率货物及应税服务销售额占比＝（低税率货物及应税服务销售额/销售

总额)×100％

公式中"低税率货物及应税服务销售额",取自《增值税纳税申报表》附表一"一般计税方法"中"13％、9％、6％"税率销售额以及"简易计税方法"中"5％、3％"税率销售额。

公式中"低税率货物及应税服务销售额",取自《增值税纳税申报表》主表第1行"按适用税率计税销售额"和第5行"按简易办法计税销售额"合计数。

2.销售额变动检测

低税率货物及应税服务销售额变动率＝[(本期低税率货物及应税服务销售额－基期低税率货物及应税服务销售额)/基期低税率货物及应税服务销售额]×100％

通过计算不同税率货物、加工修理修配及应税服务的销售额占总销售额的比例,并将其与上期或以往年度的比例进行对比,如果发现低税率货物、应税服务的销售收入比例明显上升,高税率货物、应税劳务或应税服务的销售收入比例明显下降,应检测不同税率货物的销售价格和销售数量是否发生变化;如果变化不大,则该纳税人可能存在高税率货物按低税率货物申报纳税的问题。

(三)检测要点

(1)检测企业是否将高税率货物适用低税率,少缴税款;

(2)检测企业兼营不同税率的应税交易,是否未分别核算不同税率的应税交易的销售额,也未从高适用税率;是否不能准确核算不同税率的应税交易的销售额,或将高税率应税交易的销售额混入低税率应税交易的销售额进行核算;

(3)检测企业适用简易计税方法不同征收率的应税交易是否分别核算;

(4)检测企业是否将按适用税率计税的固定资产采用按简易办法计税;是否销售了自己使用过的应按简易办法缴纳增值税的固定资产而未申报缴纳增值税。

二、实施检测

(一)对基本适用税率的涉税风险检测

(1)先了解企业的基本情况,查阅工商登记中企业的经营范围,掌握适用的基本税率。进入企业实施检测时,再对企业有关人员进行询问,掌握其实际的经营范围。

(2)对企业难以判断属性和用途的货物,应查阅有关书籍,咨询权威机构,观察企业生产过程,同时对"原材料""生产成本"科目进行检测,必要时可以请有关部门进行技术鉴定,或跟购货方进行沟通。了解企业货物的生产工艺及使用的原材料情况,进而掌握货物的属性和用途,判断其适用税率。

(3)检测企业"主营业务收入"明细账和"应交税费—应交增值税"明细账以及有关凭证,检测是否将应适用高税率的货物适用了低税率。

【例 6-1-4】 某化工厂主营用于卫生杀虫剂生产的原材料 A 的生产销售,应适用 13%的税率。在对其进行检测时,发现该企业有部分货物按卫生杀虫剂适用了 9%的税率。经委托技术监督局进行取样、鉴定,证明该企业适用 9%税率的货物实质为应适用 13%税率、属于用于生产卫生杀虫剂的原材料。

(二)对简易办法计税的涉税风险检测

(1)检测企业"应交税费—应交增值税"科目记载的进项转出金额与增值税申报表附表二第二部分"进项税额转出额"中第 17 行"简易计税方法征税项目用"是否一致。

(2)重点检测企业"主营业务收入""其他业务收入""应交税费—未交增值税"明细账,检测是否按规定分别核算和准确核算简易计税的货物、应税服务的销售额,账上记载金额与增值税纳税申报表主表第 5 行"按简易办法计税销售额"是否一致。

(3)检测记账凭证和原始凭证,根据原始凭证注明的经济内容,检测价格和金额等方面有无异常情况,判断有无将应适用高税率的应税交易的销售额混入简易办法计税销售额的情况。

(4)对销售使用过的按简易办法计税的固定资产的检测。企业出售固定资产时,固定资产的净值、发生的清理费用和收入均应在"固定资产清理"科目核算。部分纳税人将出售固定资产取得的收入直接通过"营业外收入"科目核算,清理费用、固定资产净值在"固定资产清理"科目核算,导致出售固定资产的成本与收入两分离。检测人员应通过检测"固定资产""固定资产清理""营业外收入"等科目检测企业有无销售使用过的固定资产情况。

①检测企业固定资产登记卡(簿),检测出售的固定资产是否属于列入企业固定资产目录并且作为固定资产管理的货物、是否使用过的固定资产。如果属

于按简易办法计税的固定资产,通过"应交税费－简易计税"科目检测其是否计税;

②如果属于按适用税率计税的固定资产,通过"应交税费－应交增值税"科目检测其计税方法是否正确。

(5)不属于混合销售的特殊行为的检测。检测企业销售活动板房、机器设备、钢结构件等自产货物的同时提供建筑、安装服务,是否分别适用不同的税率或者征收率计税。

第四节　对计提销项税额的涉税风险检测

对销项税额的检测,实际上是对销售额的检测,因为企业税率是固定的,只要税率选择正确,影响销项税额的主要因素是销售额。

一、检测工具、指标和要点

(一)检测工具

(1)检测企业《增值税纳税申报表》主表中第 1 行按"适用税率计税的销售额"中填报的销售额及第 5 行按"简易办法计税销售额"合计数与利润表中销售额比对,如果小于利润表中销售收入数额,应重点检测是否存在未申报增值税问题。

(2)检测企业《增值税纳税申报表》主表第 11 行"销项税额",与其计税依据相关的《增值税纳税申报表》主表中第 1 行按"适用税率计税的销售额"进行检测。

(3)如果企业有差额计税的情况,检测销项税额时则要查核《增值税纳税申报表》附表三《应税服务扣除项目明细》中所填报的内容是否符合差额纳税的项目。

(4)关注企业资产负债表中列示的资产状况,判断企业的生产能力,同时与《增值税纳税申报表》申报的收入情况进行比对,检测企业是否可能存在账外经营的问题。

(二)检测指标

1.对销售额变动的检测

按适用税率计税销售额变动率＝[(本期销售额－基期销售额)/基期销售额]×100％

公式中本期销售额为检测所选期间《增值税纳税申报表》主表第 1 行"(一)按适用税率征税销售额"栏下"一般货物、劳务和应税服务"的"本月数"和"即征即退货物及劳务和应税服务"的"本月数"合计数;基期销售额为上期或上年同期《增值税纳税申报表》主表第 1 行"(一)按适用税率征税销售额"栏下"一般货物、劳务和应税服务"的"本月数"和"即征即退货物及劳务和应税服务"的"本月数"合计数。

如果"按适用税率计税销售额变动率"呈负增长,且变化较大,则检测企业是否存在本期销售收入未入账问题;如果"按适用税率计税销售额变动率"呈正增长,且变化较大,则检测企业是否存在虚开增值税专用发票问题。

另外,对资产负债表、利润表上的数据进行检测、比较,找出异常之处。例如,将本期销售收入与上年同期或本年上期的销售收入进行比较,检测销售结构和价格变动是否异常;将企业销售收入的变动情况与同行业其他企业的销售收入变动情况对比检测,看企业收入变动是否符合行业发展趋势;比较本期的存货减少额与销售收入、销售成本之间的比例关系,检测是否存在销售收入小于存货减少额的异常情况。

2.对未开具发票销售额变动的检测

按适用税率计税销售额中未开具发票的销售额变动率＝[(本期未开具发票的销售额－基期未开具发票的销售额)/基期未开具发票的销售额]×100％

公式中"本期未开具发票的销售额"为本期《增值税纳税申报表》附表一第 5 列合计数,"基期未开具发票的销售额"为上期或上年同期未开具发票的销售额。企业未开具发票销售额变动率如果呈负增长,则可能存在未开具发票未申报纳税的问题。

(三)检测要点

(1)检测企业是否人为滞后确认销售、延迟申报时间、延迟缴纳税款;

(2)检测企业是否账面已确认销售但未计提销项税额,未申报纳税;是否账面已确认销售、已计提销项税额,但未申报或少申报纳税;

(3)检测企业是否隐匿了销售额,是否未将价外费用计提销项税额;

（4）检测企业是否将全额纳税的项目列入差额纳税项目来计税，扣除的差额部分是否准确；

（5）检测企业是否存在账外经营行为而未申报纳税的问题。

二、实施检测

（一）对纳税义务发生时间确认的涉税风险检测

1.检测企业可能存在的涉税问题

针对企业增值税纳税申报表申报情况，结合企业购销合同的具体约定，主要检测企业是否按照增值税纳税义务发生时间计算销项税额：

（1）检测企业发生应税交易，纳税义务发生时间是否为收讫销售款项或者取得索取销售款项凭据的当天；先开具发票的，为开具发票的当天。

（2）检测企业发生视同应税交易，纳税义务发生时间是否为视同应税交易完成的当天。

（3）检测企业确认增值税扣缴义务发生时间是否为纳税人增值税纳税义务发生的当天。

2.对相关科目及凭证的检测

（1）在具体实施检测时，应查阅"主营业务收入"明细账，根据每笔业务摘要内容和凭证字号，调阅有关记账凭证和原始凭证，将"销货发票""出库单"等单据上记载的发出商品时间、数量等内容，与"主营业务收入"明细账、《增值税纳税申报表》、购销合同中的价款结算方式等相关内容进行比较检测。

（2）根据所附的发货证明、购货方收货证明等资料，确认货物的出库和发运时间，判断是否存在滞后入账的情况；根据所附的托收回单、收款单等确定企业办妥托收手续的时间及准确的收款时间，判断入账时间是否正确，有无存在不及时结转销售的问题。

（二）对销售收入申报情况的涉税风险检测

1.对账载销售额与增值税应税销售额申报不符的检测

从增值税申报表入手，查阅企业增值税申报表中第 1 行按"适用税率计税的销售额"中填报的销售额与企业账簿中记载的销售额是否相符,进而造成纳税人向税务机关报送的《增值税纳税申报表》中填报的销项税额与账面销项税额不一致。

(1)对账表进行比对,将《增值税纳税申报表》中填报的销项税额与"应交税费—应交增值税(销项税额)"进行逐月比对,如果账上记载的销项税额大于申报表上的销项税额,检测企业是否存在未申报、少申报增值税的问题。

检测企业账上记载的货物、劳务、应税服务销售收入与适用税率的乘积是否等于增值税申报表上的销项税额,如果按上述方法计算的结果大于报表上的销项税额,则可能存在账上记载了销售收入,但未计提销项税额、未申报纳税的问题。

(2)对汇总申报缴纳增值税的企业,还要注意将各成员单位的增值税明细账进行汇总,并与应交增值税科目的汇总金额进行比对,检测其是否存在不一致的问题。

2.对账内隐匿销售额的检测

检测企业是否存在销售货物直接冲减"生产成本"或"库存商品"的情况;检测企业是否存在以物易物不按规定确认收入,不计提销项税额;检测企业是否存在用货物抵偿债务,不按规定计提销项税额等情况。

首先应将企业各月份的"生产成本""原材料""库存商品"总账贷方累计数与"主营业务成本"总账借方累计数进行比对,如果不一致,检测明细账记载情况,进而检测记账凭证所记录的会计核算内容。

(1)如果存在与资金科目直接对转的异常情况,则结合原始凭证,检测销售货物是否直接冲减生产成本或库存商品。

(2)如果存在对应科目是"原材料""工程物资"或其他资产类科目的,应进一步检测相关合同和原始凭证,查明是否存在以物易物不按规定确认收入少缴税款的问题。

(3)如果存在对应科目是负债类的,应进一步查阅相关合同,检测各种债务的清偿方式,检测是否存在与"库存商品""原材料"等资产类科目的贷方发生额对转的情况,确认是否存在以货抵债的事项。进而检测偿还债务的原始凭证和"应交税费—应交增值税"明细账,检测以货抵债业务是否按规定计提了销项税额。

【例6-1-5】 某企业为增值税一般纳税人,主要生产数控机床,2020年3月比对2019年度增值税纳税申报表与企业会计报表数据时,未发现可疑问题。进入企业后,检测人员审核了会计科目之间的对应关系,发现该企业2019年度"主营业务成本"科目的借方累计发生额为 2 000 000 元,而"产成品"科目的贷方累计发生额为 2 201 800 元。在正常销售情况下,"产成品"科目的贷方发生额与"主营业务成本"科目的借方发生额应是相等的。在检测"产成品"科目的相关记账凭证时,发现 2019 年 12 月第 114 号凭证记载如下:

借:应付账款　　201 800
贷:产成品　　201 800

记账凭证后附有仓库出库单据,该公司存在以数控机床抵付应付购货款未按照视同销售计提增值税销项税额的事实。

(三)对价外费用的涉税风险检测

在进入企业检测之前,先了解企业所属行业特点和产品市场供求关系,综合检测企业有无加收价外费用的可能,同时还要了解行业管理部门是否要求其代收价外费用的情况等。检测企业是否可能存在向购货方收取各种价外费用的情形,进而检测企业的账务处理方式,有无采用不入账、冲减费用、人为分解代垫运费或长期挂往来账等手段,不计算缴纳增值税的情形。

1.对购销合同的检测

进入企业实施检测时,首先要核实购销合同,查阅是否有收取价外费用的约定或协议。

2.对相关科目的检测

(1)检测"其他应付款"明细科目,关注企业是否存在长期挂账款项,如果有,则进一步审阅有关原始单据,检测其是否属于价外费用。同时对照"应交税费—应交增值税(销项税额)"科目,检测是否申报纳税。

(2)检测"营业外收入"明细账,检测企业是否将从购买方收取的价外费用计入"营业外收入"科目,同时对照"应交税费—应交增值税(销项税额)"科目,检测是否申报纳税。

(3)检测"管理费用""制造费用""销售费用"等成本、费用类明细账,如发现费用类科目有贷方发生额或借方红字冲减情况,应对照记账凭证,逐笔检测是否属于将收取的价外费用直接冲减成本费用而少缴税款的情况。

(4)检测"其他应收款"科目中是否核算了收取运费项目,而且要确认其是否同时符合代垫运费的两个条件,判断代垫运费业务是否成立,同时确认企业是否存在代垫运费协议,有无将销售业务人为分割成货物销售和代垫运费的情况等。

(四)对差额计税的涉税风险检测

1.对经营范围的检测

(1)检测提供物业管理服务的纳税人(一般纳税人/小规模纳税人),其向服务接收方收取的自来水水费,是否以扣除其对外支付的自来水水费后的余额为销售额,按照简易计税办法依3%的征收率计算缴纳增值税。

(2)检测劳务派遣公司,是否以取得的全部价款和价外费用,扣除代用工单位支付给劳务派遣员工的工资、福利和为其办理社会保险及住房公积金后的余额为销售额,按照简易计税方法依5%的征收率计算缴纳增值税。

(3)检测人力资源外包服务公司,是否按照经纪代理服务缴纳增值税,其销售额中是否扣除接受客户单位委托代为向客户单位员工发放的工资和代理缴纳的社会保险、住房公积金。

(4)检测提供建筑服务的一般纳税人,适用一般计税方法计税的,是否以取得的预收款(全部价款和价外费用)扣除支付的分包款后的余额,按照2%的预征率计算预缴税款,向建筑服务发生地税务机关预缴税款。

(5)检测房地产开发企业中的一般纳税人销售其开发的房地产项目(选择简易计税方法的房地产老项目除外),是否以取得的全部价款和价外费用,扣除受让土地时向政府部门支付的土地价款后的余额为销售额。

所述"向政府部门支付的土地价款",包括土地受让人向政府部门支付的征地和拆迁补偿费用、土地前期开发费用和土地出让收益等。在取得土地时向其他单位或个人支付的拆迁补偿费用也允许在计算销售额时扣除。纳税人按上述规定扣除拆迁补偿费用时,应提供拆迁协议、拆迁双方支付和取得拆迁补偿费用凭证等能够证明拆迁补偿费用真实性的材料。

(6)检测企业进行金融商品转让,是否以卖出价扣除买入价后的余额为销售额。

(7)检测提供旅游服务的企业,是否以取得的全部价款和价外费用,扣除向旅游服务购买方收取并支付给其他单位或者个人的住宿费、餐饮费、交通费、签证费、门票费和支付给其他接待同一旅游企业的旅游费用后的余额为销售额。

(8)境外单位通过教育部考试中心及其直属单位在境内开展考试,检测教育部考试中心及其直属单位提供的教育辅助服务,是否以取得的考试费收入扣除支付给境外单位考试费后的余额为销售额,按照提供"教育辅助服务"缴纳增值税;是否就代为收取并支付给境外单位的考试费统一扣缴增值税。

(9)检测航空运输销售代理企业提供境外航段机票代理服务,自2018年1

月 1 日起是否以取得的全部价款和价外费用,扣除向客户收取并支付给其他单位或者个人的境外航段机票结算款和相关费用后的余额为销售额。

2.对差额纳税凭证合法性的检测

针对企业差额纳税项目,检测所附差额纳税的原始凭证是否属于符合法律、行政法规和国家税务总局规定的有效凭证;如为支付给境内单位或者个人的款项,检测其所附的差额纳税凭证是否是发票;如为支付给境外单位或者个人的款项,检测其所附的差额纳税凭证是否该单位或者个人的签收单据;如为扣除的政府性基金或者行政事业性收费,检测其所附的差额纳税凭证是否省级以上财政部门印制的财政票据。

第五节　财政补贴收入的涉税风险检测

一、检测要点

(1)通过"专项应付款""其他应付款""递延收益""营业外收入""其他收益"等科目,检测企业是否取得财政性资金收入。

(2)查阅企业取得财政性资金的有关文件,检测其取得的财政补贴收入是否与其销售货物、劳务、服务、无形资产、不动产的收入或者数量直接挂钩。

二、检测案例

【例 6-1-6】　甲公司主要生产销售环保设备,生产成本为每台 600 万元,正常市场销售价格为每台 780 万元。甲公司按照政府补贴定价以每台 500 万元(不含税价)对外销售;同时,按照国家有关政策,每销售 1 台环保设备由政府给予甲公司补助 282.50(含增值税)万元。2020 年 1 月,甲公司销售环保设备 20台,收到政府给予的环保设备销售补助款 5 650 万元。甲公司的账务处理:

借:银行存款　　5 650

贷:其他收益　　5 650

对于甲公司而言,销售环保设备收入由两部分构成:一是终端客户支付的价款；二是政府的补助款。政府补助款是甲公司产品销售对价的组成部分，且与甲公司的销售数量直接相关，因此，甲公司收到政府的补助款，应确认为销售收入，同时应计提增值税销项税额。甲公司应做更正分录如下：

借：其他收益　　5 650（万元）

贷：主营业务收入　　5 000（万元）

应交税费－应交增值税－销项税额　　650（万元）

第六节　对增值税减免税政策适用的涉税风险检测

一、检测要点

（1）检测企业《增值税纳税申报表》主表第8行"免税销售额"填报情况，关注企业是否免税和应税项目同时存在，是否应税与免税项目未准确划分。另外关注《增值税纳税申报表》附表二中"进项税额转出额"部分的第14行"免税项目用"是否填报了数字。

（2）检测企业《增值税纳税申报表》主表中是否涉及"即征即退货物、劳务和应税服务"项目，如果存在，则关注企业是否符合政策规定享受优惠。

（3）检测《增值税纳税申报表》主表第23行"应纳税额减征额"填报数据时，检测纳税人检测期按照税法规定减征的增值税应纳税额填报是否正确。对应的还要和《增值税纳税申报表》附表四《税额抵减情况表》进行比对。

二、实施检测

（一）对购销业务进行征免税范围划分的检测

了解企业经营范围是否存在享受免税优惠的项目，检测企业是否存在擅自扩大免税范围，将应税项目混入免税项目，并将应税项目的销售收入记入免税项目的问题。检测其是否存在将免税项目的进项税额记入应税项目予以抵扣问

228

题;检测其是否存在将免税项目领用的应税项目材料,未做进项税额转出处理。

1.检测纳税人享受的免税项目是否符合税收政策规定

这项检测主要是检测企业具体的经营项目,产品生产工艺流程、配方比例和产品用途,分别检测免税项目和应税项目的范围。

2.核实企业免税项目和应税项目的会计核算和财务管理情况

这项检测主要是检测其是否严格按照规定进行了分类明细核算。如企业未实行分别核算,应区别情况对其进行检测。

(1)若耗用原材料基本相同。核实企业不同时期应税项目的单位材料消耗定额,关注企业不同时期的消耗定额是否有明显的较大变动,检测其是否存在将免税项目领用材料计入了应税项目成本中,同时进项税额也未做转出处理的情况。

(2)若耗用原材料不同。核实企业材料领用单和仓库发料记录,检测企业是否存在将免税项目领用材料混入应税项目成本中,进项税额未做转出处理的情况。

(3)查阅免税项目货物出库单、提货单等出库票据,与免税项目"库存商品""主营业务收入"科目贷方发生数进行核对。检测免税项目存货发出品名、数量,与免税项目"库存商品"科目贷方发生的品名、数量是否相符。检测免税项目销售明细账记录的销售货物品名、数量和销售发票记载的品名、数量是否一致。查证有无将应税项目的销售收入计入免税项目中。

(4)检测原材料出库数量与应税项目"生产成本"科目借方发生数是否匹配,结合投入产出率等因素检测库存商品生产数量。进而检测有无将免税项目的原材料成本计入应税项目的成本中,并将免税项目对应的进项税额进行抵扣。

(5)到生产车间实地调查。了解应税项目原材料实际领用数量的情况,核对账面应税项目原材料出库数量,核实两者的差异数量,检测是否存在免税项目领用应税项目材料、进项税额未做转出处理的情况。

(6)计算检测应税项目和免税项目生产成本中的物耗成本分配标准(比如产量、单位生产工人工资等)是否合理,分配比例是否正确。在结转物耗成本时,检测其进项税额是否同比例结转。

(二)对编造虚假资料骗取税收优惠情况的检测

应先了解企业是否存在安置残疾人就业的情况,检测其享受的税收优惠政策是否存在编造虚假的残疾人资料,以骗取增值税即征即退的可能。检测其是否存在编造虚假的产品生产工艺(流程)、配方比例和产品用途,骗取增值税减免税、先征后退和即征即退的可能。

(1)查阅企业职工花名册、应付工资表、考勤表、保险缴费明细和用工合同等资料,检测企业安置残疾人比例是否符合规定,有无瞒报职工人数、人为提高安置残疾人比例的情况。到生产车间实地了解残疾人上岗情况,该企业是否有适合残疾人工作的岗位,核对企业上报的资料,检测其有无编造虚假的安置残疾人人数的情况。另外,检测企业是否给安置的残疾人缴纳了社会保险,是否通过金融机构发放工资等。确定企业是否符合增值税即征即退政策的条件。

(2)对于其他方面增值税的优惠政策规定,在检测的过程中,主要结合税收优惠政策的享受条件实施检测,关注企业是否具备了相关条件。如通过查阅原材料、库存商品明细账及有关记账凭证和原始凭证,以及原材料的出库单、入库单,核对原材料的投入比例等税收规定的优惠条件是否具备。实地到生产车间调查了解产品生产工艺流程、原材料耗用比例(配方)、产品用途等实际情况,检测其是否与企业提供的资料相吻合。

(三)对应纳税额减征额计算的检测

检测《增值税纳税申报表》主表第 23 行"应纳税额减征额"填报的数据是否按照规定可在增值税应纳税额中全额抵减的增值税税控系统专用设备费用以及技术维护费金额、简易办法计税的销售使用过的固定资产减征的税额;主表第 19 行的计算是否包含加计抵减额。

1.对购进防伪税控系统抵扣税额的检测

(1)检测企业"应纳税额减征额"填报数据是否初次购买增值税税控系统专用设备的费用,是否存在将非初次购买的增值税税控系统专用设备支付的费用在增值税应纳税额中抵减的问题,同时与"应交税费—应交增值税(减免税款)"科目核对数据是否相符;

(2)检测企业"应纳税额减征额"填报数据是否技术维护费,同时与"应交税费—应交增值税(减免税款)"科目核对数据是否相符;

(3)检测企业是否将上述业务取得的增值税专用发票作为增值税抵扣凭证,进项税额从销项税额中予以抵扣。

2.对销售使用过的固定资产减征税额的检测

使用过的固定资产适用简易办法计税是依照 3％征收率减按 2％计税。检测企业《增值税纳税申报表》主表第 23 行"应纳税额减征额"中是否填报了税额优惠 1％的部分。

3.生活服务业增值税加计抵减的规定

检测企业从 2019 年 4 月 1 日到 2019 年 9 月 30 日,是否按照当期可抵扣进项税额的 10%计提当期加计抵减额;检测企业从 2019 年 10 月 1 日至 2021 年 12 月 31 日,是否按照当期可抵扣进项税额的 15%计提当期加计抵减额,填入附表四第 6 行,同时主表 19 行参与计算。

第七节　对虚开增值税专用发票的涉税风险检测

一、对虚开增值税专用发票的检测

1.检测受票企业接受的已证实虚开的增值税专用发票,是否企业购销业务中销货方所在省(自治区、直辖市和计划单列市)的增值税专用发票。

2.检测受票企业与销货方是否有真实交易,购进的货物与取得虚开的增值税专用发票上的内容是否一致。

(1)应通过企业正常的原材料采购以及耗用量水平加以初步判断,并结合付款方式、是否支付货款、付款对象等,查找疑点,检测购进货物经济业务的真实性。

(2)应查阅企业的购货合同、货物运输凭据、货物验收单和入库单以及领用(发出)记录,检测其与销货方是否有真实货物交易,以及其实际采购货物与增值税专用发票注明的销售方名称、印章、货物数量、金额及税额等全部内容是否相符。

3.对企业"应付账款"科目从贷方发生额入手,与其借方发生额进行对照检测。

(1)应核实"应付账款"科目贷方核算的单位与付款反映的单位是否一致,如不一致,则应进一步查明原因,检测其是否存在取得代开、虚开的增值税专用发票抵扣税款的情况;

(2)应核实"应付账款"科目发生额是否与其经营规模或销售情况相匹配,对某些发生额较大,且长期不付款或通过大额现金付款的且与其资本规模不符的,应对其进货凭证逐一进行检测;

(3)核实企业是否接到主管局的协查通知。

二、对虚开农产品销售普通发票的检测

1.检测农产品销售普通发票开票对象

检测企业接受的农产品销售普通发票的开票方,是否为直接从事初级农产品生产的企业。

2.检测收购业务是否真实

主要检测企业的购货合同、货物运输凭据、货物验收单和入库单以及发出(领用)记录等原始凭据,检测其与销货方是否有真实货物交易,实际采购货物与销售发票上注明的货物品种、数量等全部内容与实际是否相符。

3.检测票货款是否一致

此项主要检测企业货款的支付情况,检测支付货款的收款单位是否与发货单位以及开票单位完全一致。查证票款结算是否相符、往来是否一致,确定货物交易是否真实。

第二章
消费税涉税风险检测

第一节　对适用税目和税率的涉税风险检测

一、检测要点

（1）检测企业兼营非应税消费品，是否采取混淆产品性能、类别、名称，隐瞒、虚报销售价格等手段，故意混淆应税与非应税的界限；

（2）检测企业是否存在兼营不同税率应税消费品从低适用税率的情况；

（3）检测税目税率发生变化的应税消费品是否存在从低适用税率的情况；

（4）检测消费税复合税率计税的应税产品是否遗漏计税。

二、实施检测

1.对照检测"主营业务收入""应交税费－应交消费税"明细账

检测时，要注意检测销售发票、发货凭据等原始单据；必要时，应深入车间、仓库、技术、销售部门，了解生产工艺流程、产品原料、结构、性能、用途及售价等，看有无不同税率的应税消费品的适用税目，是否正确划分；不同税率的应税消费品，是否分别核算；未分别核算的，是否从高适用税率；不同税率应税消费品的销售额、销售数量，是否正确计算应纳消费税。

2.检测"库存商品""自制半成品""原材料""委托加工物资""包装物"等科目

重点看其有无可供销售的成套应税消费。如有，进一步查阅"主营业务收入"等科目，核实其有无将组成成套消费品销售的不同税率的货物分别核算、分别适用税率或者从低适用税率的情形。

3.对税目税率发生过变动的应税消费品的检测

重点掌握被检测对象是否在政策变动的时间临界点及时调整了核算对象或核算办法。

除此之外,还应对不同的应税消费品实施特殊的检测。例如,酒、卷烟、成品油、小汽车等。对这些特殊应税消费品要从其行业特点、生产工艺、流程等入手,对其品种、牌号、价格,是否从低适用比例税率,是自产自用、委托加工,还是进口等环节进行检测;在检测要点的基础上,进一步检测"原材料""库存商品""委托加工物资""主营业务收入""其他业务收入"等科目,与"应交税费－应交消费税"明细账进行核对。

【例 6-2-1】 某首饰商城为增值税一般企业,2019 年 6 月,零售金银首饰与镀金首饰组成的套装礼盒,取得收入 22.6 万元,包装盒单独计价 1.13 万元,经检测,发现该商城仅对首饰套装销售额申报了消费税。

金银首饰连同包装物销售的,无论包装物是否单独计价,也无论会计上如何核算,均应并入金银首饰的销售额,计征消费税。

应纳消费税额＝(22.6＋1.13)÷(1＋13％)×5％＝1.05(万元)

检测结果是该商城应补缴金银首饰包装盒的消费税 0.05 万元。

4.对复合计税的卷烟和白酒消费税的检测

应检测是否计算消费税有遗漏。检测公式:

应纳税额＝应税销售数量×定额税率＋应税销售额×比例税率

第二节　对纳税环节及纳税义务发生时间的涉税风险检测

一、检测要点

(一)对纳税环节的涉税风险检测

1.对生产销售应税消费品的涉税风险检测

(1)检测企业在中国境内生产销售应税消费品(不包括金银首饰),是否申报纳税。

(2)检测非税收定义下的受托加工是否按照销售自制应税消费品申报缴纳消费税。

2.对自产自用应税消费品的涉税风险检测

(1)检测企业将自产应税消费品(不包括金银首饰)用于连续生产应税消费品以外用途的,是否在移送使用时申报纳税。

(2)检测生产、批发、零售单位用于馈赠、赞助、集资、广告、样品、职工福利、奖励等方面的金银首饰,是否按视同销售在移送使用时申报纳税。

3.对委托加工应税消费品的涉税风险检测

(1)检测企业委托加工应税消费品(不包括金银首饰),是否存在受托方未按规定代收代缴的消费税,委托方也未主动申报纳税的情形。检测委托个体经营者加工应税消费品(不包括金银首饰)的企业,是否按规定申报纳税。检测企业是否存在将自产应税消费品混入委托加工应税消费品直接销售而不申报纳税的情形。检测企业是否存在隐匿或部分隐匿委托加工的应税消费品。检测委托方是否存在以委托加工的部分应税消费品抵偿加工费,少申报缴纳消费税的情况。

(2)检测企业受托加工应税消费品(不包括金银首饰),交货时是否代收代缴消费税。检测企业受托代销金银首饰,是否将受托代销收入申报纳税。接受除消费者个人外的单位委托加工金银首饰及珠宝玉石时,是否故意将委托方变为消费者个人,仅就加工费申报缴纳消费税。

(二)对纳税义务发生时间的涉税风险检测

此项检测主要检测企业是否按照规定的纳税义务发生时间申报缴纳消费税。

二、实施检测

(一)对纳税环节的涉税风险检测

1.对生产销售应税消费品的涉税风险检测

(1)检测企业的经营范围,看其是否有上述应税消费品的应税行为。

(2)检测"库存商品""生产成本""委托加工物资"等会计科目,看其是否有属于应税消费品的货物。

(3)检测购销合同,了解购销双方有关货物流、资金流以及收款依据的约定,检测存货明细账、仓库实物账、货币资金类科目明细账、往来款项明细账、银行对账单以及相关发运货物单据,并与销售发票、收入明细账、"应交税费－应交消费税"明细账进行比对,核查是否已发生纳税义务而未及时申报缴纳消费税。

(4)检测那些不生产最终应税消费品的生产企业、商业企业、服务企业时,重点看其生产经营过程是否有自产自制应税消费品又连续用于生产经营的行为。

【例6-2-2】 某化妆品企业2020年3月受托为某单位加工一批高档化妆品,收取委托单位不含税加工费13万元,由委托单位提供原材料,受托方另行收取代垫辅料价款2万元(不含增值税),消费税税率为15％。经检测,该化妆品企业仅就加工费代扣代缴了消费税。

委托方提供原料和主要材料,受托方只收取加工费和代垫部分辅助材料加工的应税消费品按委托加工应税消费品计算缴纳消费税。

该化妆品企业应代收代缴的消费税＝(13＋2)×15％＝2.25(万元)

经检测,该化妆品企业存在被处以税收行政罚款的风险。

2.对自产自用应税消费品的涉税风险检测

(1)熟悉企业的经营范围、生产工艺流程,看其是否有上述应税消费品的应税行为。重点检测被检测对象有无属于应税消费品的自产半成品、中间产品。

(2)检测"自制半成品""库存商品"等会计科目的对应科目,看其有无将其用于连续生产应税消费品以外的其他方面的情形。检测中,可结合仓库实物账以及发货、发料凭证,购销发票的品种、数量,根据其生产工艺,判断应税消费品的发出去向、用途和领用部门。检测其一定时期内企业相关办公会议纪要,了解管理层是否做出自产自用应税消费品的纪要,并对照"应交税费－应交消费税"明细账,核查属于应税消费品的自产半成品、中间产品用于其他方面的,是否按规定申报缴纳消费税。

【例6-2-3】 对某摩托车厂2019年度经营情况进行检测时发现,2019年5月份,管理部门领用2辆普通型摩托车作为交通工具,另将10辆该型号摩托车捐赠给贫困地区,经检测,发现该厂并未就上述行为申报应缴纳的消费税。已知该企业生产的普通型摩托车不含增值税单价为6 000元/辆,成本为4 500元/辆。

(汽缸容量在250毫升以上,适用10％的消费税税率。)

将自产应税消费品(不包括金银首饰)用于连续生产应税消费品以外用途的,如用于馈赠、赞助、集资、广告、样品、职工福利、奖励等方面,应于移送使用时按同类应税消费品的销售价格计算纳税。

该摩托车厂少缴消费税＝6 000×(2＋10)×10％＝7 200(元)

3.对委托加工应税消费品的涉税风险检测

(1)检测"库存商品""生产成本""委托加工物资"等科目,看其中是否有属于委托加工的应税消费品。检测委托加工合同、存货明细账、材料出(入)库凭据、备查簿、收(付)款凭证等,核查委托加工业务是否真实。

(2)检测(或外调)其往来单位,看其有无委托加工应税消费品的业务;核实委托加工数量与其收回数量是否匹配;若收回委托加工应税消费品直接用于销售,核实其销售数量与委托加工的收回数量是否匹配。

(3)检测委托方存货明细账、受托方收入明细账以及双方的往来明细账、"应交税费－应交消费税"科目,核查是否在交货时代收代缴消费税,是否及时结缴税款。

(4)核对仓库实物账、发(收)货发(收)料凭据及存货明细账,检测核对货币资金类科目明细账及银行对账单,核查是否存在双方串通,货物、资金账外循环逃避消费税的情况。

4.对进口应税消费品的涉税风险检测

(1)检测企业的经营范围,看其是否有进口应税消费品的应税行为。

(2)检测"库存商品""生产成本""委托加工物资"等科目,看其中是否有属于应税消费品的进口货物。

(3)对有进口应税消费品的,应检测其进口环节的完税证明及其货款支付、往来情况。

(二)对纳税义务发生时间的涉税风险检测

对纳税义务发生时间的涉税风险检测,应重点调取收集仓库保管人员的"销货发票""产品出库单"等单据,结合仓库保管员的货物出库单存根联的开具情况,调阅与取得收入相关的原始凭证和记账凭证。根据所附的发货证明、收货证明,查清发出商品的时间;根据所附的托收回单、送款单确定其收款依据,与"产品销售明细账""消费税纳税申报表"相对照,以此判断入账时间是否正确,检测有无存在不及时结转销售而少计销售的问题。

1.对直接收款结算方式的检测

(1)结合订货合同,如合同注明直接收款方式,将"主营业务收入""其他业务收入"等与货物出库单进行核对,检测当月应实现的收入是否全部入账,有无压票现象;

(2)通过对预收款、应收款、应付款、其他应收款、其他应付款等有关明细账进行清理,检测有无虚列户名的无主账户或转账异常的情况,凡核算内容不符合

237

规定的、发生额挂账时间较长的,就存在隐匿收入的可能。

2.对赊销和分期收款结算方式的检测

(1)检测"分期收款发出商品"明细账,并调阅一些老客户、信誉好的大户的赊销合同;

(2)根据赊销双方赊销合同的约定,确认其赊销行为是否成立,核实企业是否将不属于分期收款方式销售的商品划为赊销处理,滞后实现销售收入;

(3)对照赊销合同,检测备查对象是否按照约定的金额和时间实现销售;

(4)通过审核合同约定的收款时间,与相关收入、往来科目进行比对,检测是否存在到期应转而未转的应税销售额,确认是否存在滞后收入或不计收入的情况。

3.对预收货款结算方式的检测

(1)将"预收账款"科目与"主营业务收入"等科目进行比对,检测其是否在发出应税消费品的当天确认销售额;

(2)检测存货明细账、仓库实物账、发货(出门)凭据、运输单据等,与收入明细账、"应交税费－应交消费税"明细账进行比对,检测是否发生应税消费品未及时申报缴纳消费税。

4.对自产自用应税消费品的检测

检测"原材料""自制半成品""库存商品""生产成本"(非应税消费品)"固定资产""在建工程""管理费用""营业费用""营业外支出""其他业务支出""应付职工薪酬"等科目以及仓库实物账和相关发货(领料)凭据,核实其是否在移送使用的当天确认销售额。

第三节　对计税依据及应纳税额计算的涉税风险检测

一、检测要点

(一)对从价定率计税依据的检测

(1)检测企业是否存在隐匿销售收入的情况;

（2）检测企业是否存在发生视同销售行为（如对外投资、抵偿债务等），未按视同销售处理或未按最高价计税的情况；

（3）检测企业是否存在已实现销售少报或不申报税款的情况；

（4）检测企业是否存在将价外费用单独记账，不并入销售额的情况；

（5）检测企业是否存在包装物及其押金收入未足额缴纳消费税的情况；

（6）检测企业是否存在将销售费用、支付给购货方的回扣等直接抵减应税销售额的情况；

（7）检测企业是否存在自产应税消费品用于连续生产应税消费品以外用途，未按视同销售处理的情况；

（8）检测企业是否存在向单独成立的销售公司或其他关联企业低价销售应税消费品的情况。

（二）对从量定额计税依据的检测

此项检测主要检测企业是否存在隐匿销售数量的情况。

（三）对复合计税依据的检测

检测卷烟和白酒两类应税消费品是否全部进行复合计税，确认有无漏税的情况。

（四）对消费税应纳税额的检测

（1）检测企业是否存在超范围抵扣外购或委托加工应税消费品的已纳税额的情况。

（2）检测企业是否存在外购或委托加工应税消费品的已纳税额已申报抵扣，但该应税消费品未用于连续生产应税消费品的情况。

（3）检测企业是否存在取得不符合规定的抵扣凭证申报抵扣外购或委托加工应税消费品已纳税额的情况。

二、实施检测

（一）对从价定率计税依据的检测

1.对隐匿收入的检测

（1）对申报数据的检测

此项检测是检测"库存商品""自制半成品""包装物""委托加工物资""主营业务收入""其他业务收入""营业外收入"等科目,核实被检测对象的产销存情况是否与纳税申报情况相符。

（2）测算消费税税负

与同行业税负对比,本期税负与基期税负对比,找出异常之处。

（3）运用比较检测法进行检测,找出异常之处

如将本期销售收入与其上年同期销售收入进行比较,检测销售结构和价格变动是否异常;比较被检测对象与同行业其他企业的销售收入变动情况,检测是否符合行业发展趋势;比较本期的存货减少额与销售成本之间的比例关系,检测是否存在销售收入小于或等于存货减少数的异常情况。

2.对应税消费品销售收入的检测

对应税消费品销售收入的检测主要检测企业有无不通过"主营业务收入"等科目核算,而直接挂"应收（付）账款、预收账款"等往来科目。

3.对视同销售的检测

（1）检测"库存商品""自制半成品"明细账的贷方发生额中有无异常减少的情况。如有,应进一步核查相应的原始凭证（如产品出库单、商品销售清单等）,看其是否将应税消费品用于对外投资、抵偿债务等非货币性交易的行为。

（2）检测"长期股权投资"科目、往来款异常波动的单位往来明细账,看被检测对象有无将应税消费品用于对外投资入股和抵偿债务等方面。如有,应以其同类应税消费品的最高销售价格作为计税依据计算消费税。

4.对已确认销售少报或不申报税款行为的检测

此项检测是将年度、季度或月度纳税申报表中的申报收入明细数据及累计数据与"主营业务收入""其他业务收入"明细账贷方发生额相比较,结合原始凭证的检测和抽查销售日报表、发货款存根联、银行解款单等,查明申报销售收入

与账面数是否相符、征免划分是否符合规定。

5.对价外费用的检测

（1）了解被检测对象可能收取的价外费用种类，特别是其代政府或行业管理部门收取的价外费用。

（2）向销售部门了解销售情况和货款结算形式，对有长期业务往来的客户，应要求其提供合同、协议，并审阅业务相关内容，综合检测企业有无加收价外补贴的可能。

（3）根据开具发票或收据所列货物或劳务名称，确定价外费用的金额。

（4）检测"销售费用""管理费用""财务费用"等明细账，如有借方红字发生额或贷方发生额，应逐笔核对相关会计凭证，检测其有无价外费用直接冲减期间费用的情况，并与"应交税费－应交消费税"科目核对。一是检测"主营业务收入""其他业务收入""营业外收入"明细账，如有属于应税消费品而从购买方收取的价外收费，应对照"应交税费－应交消费税"科目，核实价外收费有无申报纳税。

6.对包装物的检测

（1）结合企业生产特点，实地检测其所产应税消费品是否需要包装物。

（2）检测购进包装物的财务核算情况。检测在购进时有无不通过"包装物"科目而通过往来科目核算、随货销售后不记收入的情形；重点检测其取得发票的品名是否真正属于包装物；检测随同应税消费品出售单独计价的包装物，检测其包装物销售额是否计入"其他业务收入"科目、是否一并申报缴纳消费税；检测须包装的应税消费品与包装物的消耗量的对应关系有无异常。如有异常，则可能存在以下两个问题：应税消费品可能存在问题；包装物可能存在问题。对往来明细账的检测。抽查有无异常波动情况，特别是要检测"其他应付款"明细科目借方发生额的对应科目，看有无异常的对应关系，如发现有与"应付职工薪酬"科目对应的，一般就是将应没收的包装物押金（如销售啤酒、黄酒、成品油收取的包装物押金）挪作他用。

7.对异常抵减应税销售额的检测

（1）对红字冲减应税销售额的检测

检测"主营业务收入"科目有无红字冲销的情况，如有，应进一步核实，看其有无将支付给购货方的回扣、推销奖、委托代销商品的代购代销手续费用等直接冲销销售收入。

（2）对直接坐支销售额的检测

采用随机抽样等方法，抽检部分销售凭证，检测原始凭证中，有无按坐支后的余额记入"主营业务收入"科目。抽检中，注意将原始销售凭证、销售（代理代销）合同、合同订立价格、收入类科目与同类货物正常销售价格进行对比，从中找出异常并予以查证核实。

8.对自产应税消费品用于连续生产应税消费品以外用途的检测

(1)检测"自制半成品""库存商品""在建工程""管理费用""销售费用""营业外支出""其他业务支出""应付职工薪酬"等科目,看被检测对象有无将其自产应税消费品用于连续生产应税消费品以外用途的情形;如有,则应进一步检测其是否生产同类应税消费品,有无确认销售额、是否足额申报纳税。

(2)对有同类应税消费品销售价格的,检测是否按其当月同类消费品的售价(或当月加权平均售价)计算自产自用应税消费品的计税价格,检测中应特别注意加权平均价格的计算是否正确。

(3)对无同类应税消费品销售价格的,是否按组成计税价格计算其自产自用应税消费品的组成计税价格。

9.对关联交易的检测

(1)了解被检测对象销售机构的设置及汇总核算情况,特别要注意检测被检测对象是否单独成立了销售公司;查看相关注册登记文书,判断是否存在其他关联企业。

(2)将同类应税消费品按销货单位对销售收入、销售数量进行统计,分销售对象计算出检测期销售平均单价并按单价排序,从中找到价格异常明显偏低的单位,结合单位成本价格,对低于成本价销售的单位进行重点检测。

(二)对从量定额计税依据的检测

1.对生产销售应税产品的检测

查阅其生产台账、库存台账、销售台账等,核实其应税消费品的生产、销售、库存数量,与其申报销售数量核对,看有无异常情况。

2.对委托加工应税产品的检测

核实"委托加工物资"科目,核实其委托加工的收回数量、销售数量。

(三)对从价从量复合计税依据的检测

【例6-2-4】 某白酒生产企业为增值税一般企业,主要生产销售粮食白酒,其不含增值税售价为100元/公斤。2019年5月销售给某商场粮食白酒600公斤,并收取"品牌使用费"22 600元。经检测,该企业收取的"品牌使用费"未申报缴纳消费税。

该企业自行申报的消费税税额＝100×600×20％＋600×2×0.5＝12 600(元)

账务处理如下：

借:税金及附加　　　　　　　　12 600(元)

贷:应交税费－应交消费税　　　12 600(元)

解析：

白酒生产企业向商业销售单位收取的"品牌使用费"，不论企业采取何种方式或以何种名义收取价款，均应并入白酒的销售额中缴纳消费税。

经检测，该企业少缴消费税＝22 600÷(1＋13％)×20％＝4 000(元)

第三章
企业所得税涉税风险检测

第一节　对收入总额的涉税风险检测

一、检测工具、指标和方法

(一)检测工具

1.对纳税申报表的检测

重点分析营业收入项目即主营业务收入和其他业务收入,对居民企业待查各年营业收入各项目的绝对数、相对数进行比较分析,如营业收入各项目的增减变动超出了正常的变化幅度和曲线值,便可以初步判断这种变动可能存在涉税风险。

与收入总额检测有关的企业所得税年度纳税申报表(A 类)还包括"纳税调整项目明细表"中收入类调整项目及其二级附表中的各收入项目,包括"视同销售和房地产开发企业特定业务纳税调整明细表"中的视同销售收入和房地产开发企业销售及结转未完工产品相关的收入,"未按权责发生制确认收入纳税调整明细表"中的各项收入、"投资收益纳税调整明细表"中的持有收益和资产处置收益、"专项用途财政性资金纳税调整明细表"中影响会计损益的不征税收入等项目。上述内容是否存在具体涉税问题则需在检测实施环节结合企业实际生产经营特点对具体账簿、凭证等资料实施检测,检测时主要是审阅其中有无金额大或金额变动大的数据,初步筛选涉税风险点。

2.对资产负债表的检测

对企业待查年度收入总额尤其是营业收入进行检测时,应主要结合企业同期资产负债表中的存货、货币资金、应收账款(应收票据)、预收账款、其他应付款等报表项目的年初、年末数据的增减变动展开分析,同时关注报表中所有者权益各构成项目的年初、年末增减变动情况,结合企业所处行业特点初步判断上述报表项目数据的真实性和合理性,可适当结合存货周转率、应收账款周转率等财务指标辅助分析企业各年营业收入是否存在涉税问题。

3.对现金流量表的检测

企业待检测年度收入总额与同期现金流量表中的经营活动现金流入、投资活动现金流入、筹资活动现金流入都有钩稽关系,但检测中应重点分析经营活动现金流入中"销售商品、提供劳务所增加的现金流入"项目,结合利润表中营业收入的增减变化和构成项目比重变化等进行分析,初步判断企业有无少计收入或存在视同销售行为未申报的情况。

(二)检测指标

1.对营业收入的环比检测

主营业务收入变动率＝[(本年主营业务收入－上年主营业务收入)÷上年主营业务收入]×100％

其他业务收入变动率＝[(本年其他业务收入－上年其他业务收入)÷上年其他业务收入]×100％

通过上述指标的变动趋势,可以直观地检测出企业待查各年企业营业收入的变化规律和变化幅度,从而快速发现风险点,结合其他指标判断营业收入可能存在的涉税风险。

2.对营业收入变动率配比的检测

(1)主营业务收入变动率与应纳税所得额变动率的配比值。

(2)主营业务成本变动率与主营业务收入变动率的配比值。

(3)期间费用变动率与主营业务收入变动率的配比值。

(4)主营业务利润变动率与主营业务收入变动率的配比值。

其他业务收入变动率的配比分析可参照上述指标进行分析。

3.对营业收入各年数据结构的检测

结构分析就是对各期利润表或资产负债表等做纵向分析:利润表中的所有

项目用营业收入的百分率表示,资产负债表中的项目则用资产总额的百分率表示。首先,将各年主营业务收入确定为100%;然后,分析以下项目占主营业务收入的比重及其各年变化特点。其他业务收入各年数据的结构分析可参考主营业务收入的结构分析。

(1)主营业务成本占主营业务收入比重及其变动。

(2)主营业务利润占主营业务收入比重及其变动。

(3)税金及附加占主营业务收入比重及其变动。

(4)管理费用占主营业务收入比重及其变动。

(5)销售费用占主营业务收入比重及其变动。

(6)财务费用占主营业务收入比重及其变动。

4.对营业收入各年数据与同行业平均值比对的检测

若企业待检测年度上述营业收入各项目数据低于本地同期同行业营业收入项目的平均值,则可能存在少列收入、多列成本费用、税会差异调整不正确等涉税问题。

5.对营业收入与其他主要税种相关指标的比对检测

正常情况下,若企业全年货物与劳务税的销售(服务)、营业额小于同期企业所得税收入总额,检测时一是比对企业待查各年货物与劳务税累计税负率及其变动率和企业所得税税负率的变动方向和变动趋势是否合理匹配;二是比对企业待查各年货物与劳务税纳税申报表中的销售(服务)、营业收入数据与企业所得税申报表中营业收入数据是否合理匹配。

其中:

企业所得税税负率=(本年应纳所得税额÷本年收入总额)×100%

增值税税负率=[本年累计增值税税额÷本年累计应税销售(服务)收入]×100%

(三)检测方法

1.对销售货物收入的检测

(1)检测销售货物收入实现的时间是否按税法规定时限申报纳税

①检测企业采用托收承付方式销售货物的,是否按税法规定在办妥托收手续时确认收入。

②检测企业采取预收款方式销售货物的,是否按税法规定在发出商品时确认收入。

③检测企业货物安装和检验是否销售实现的必经程序,若安装程序比较简

单,是否在发出商品时即确认收入。

④检测企业采用支付手续费方式委托代销货物的,是否在收到代销清单时确认收入的实现。

⑤检测企业以分期收款方式销售货物的,是否按照合同约定的收款日期和收款比例确认收入的实现。

⑥检测企业采取产品分成方式取得收入的,是否在收到分得的产品时确认收入的实现。

⑦检测房地产开发企业签订正式《商品房预售合同》和《商品房销售合同》后,是否及时确认开发产品销售收入的实现。

⑧检测企业采用其他销售方式销售货物的,是否以权责发生制为原则确认收入。

(2)检测销售货物收入计税额是否按税法规定申报纳税

①检测企业采用售后回购(非融资)方式销售货物的,销售的货物是否按售价确认收入。

②检测企业销售货物涉及商业折扣的,是否按照扣除商业折扣后的金额确定销售货物收入金额。

③检测企业销售货物涉及现金折扣的,是否按扣除现金折扣前的金额确定销售货物收入金额。

④检测企业已经确认销售收入的售出货物发生销售折让和销售退回,是否在发生当期冲减当期销售收入。

⑤以非货币形式取得收入,是否按非货币形式的公允价值确定收入额。

(3)检测是否将收取的销售款项直接坐支,仅以余额计入销售收入

如采用支付佣金或手续费方式委托代销销售货物的,是否将扣除佣金或代销手续费后的销售款净额计入销售收入。

2.对提供劳务收入的检测

(1)检测企业受托加工制造大型机械设备、船舶、飞机,以及从事建筑、安装、装配工程业务或者提供其他劳务等,持续时间超过 12 个月的,是否按照纳税年度内完工进度或者完成的工作量确认收入的实现。

(2)检测企业销售货物或应税劳务的价格是否明显低于同行业同规模企业同期的销售价格,或某一笔交易的货物(应税劳务)销售价格明显低于本企业同期该货物或劳务的平均销售价格。

3.对转让财产收入的检测

(1)检测企业取得转让股权收入,是否于转让协议生效,且完成股权变更手续时,确认收入的实现。

(2)检测企业计算股权转让所得时是否扣除了被投资企业未分配利润等股东留存收益中按该项股权所可能分配的金额。

(3)检测企业取得其他财产转让收入,是否依法及时确认收入的实现。

4.对股息、红利等权益性投资收益的检测

(1)检测企业取得股息、红利等权益性投资收益,除国务院财政、税务主管部门另有规定外,是否按照被投资方做出利润分配决定的日期确认收入的实现。

(2)检测被投资企业将股权(票)溢价所形成的资本公积转为股本的,投资方企业是否增加该项长期投资的计税基础。

(3)检测企业是否正确区分在持有被投资企业股权期间取得、从被投资企业清算作为可供股东分配的剩余财产中取得、在被投资企业撤资或减资时取得等不同情形下权益性投资收益的实现。

5.对利息收入的检测

(1)检测企业是否按照合同约定的债务人应付利息的日期确认收入的实现。

(2)检测关联方之间无息或低息出借资金,是否按独立交易原则依法调整并确认利息收入的实现。

6.对租金收入的检测

(1)检测企业提供固定资产、包装物或者其他有形资产的使用权取得的租金收入,是否按照合同约定的承租人应付租金的日期及金额全额确认收入。

(2)如果交易合同或协议规定租赁期限跨年度,且租金提前一次性支付,检测出租人是否选择对上述已确认的收入,在租赁期内分期均匀计入相关年度收入。

7.对特许权使用费收入的检测

(1)检测企业提供专利权、非专利技术、商标权、著作权以及其他特许权的使用权取得的特许权使用费收入,是否按照合同约定的日期及金额全额确认收入。

(2)检测关联方之间有无通过特许权使用费条款来人为调节利润,是否按独立交易原则依法调整并确认特许权使用费收入的实现。

8.对接受捐赠收入的检测

(1)检测企业接受捐赠收入,是否按照实际收到捐赠资产的日期确认收入的实现。

(2)检测接受捐赠非货币性资产,是否按照非货币性资产的公允价值确认收入的实现。

9.对其他收入的检测

检测企业是否存在取得其他收入,未及时、准确申报收入的实现。如企业发生债务重组,检测其是否在债务重组合同或协议生效时确认收入的实现。

二、实施检测

(一)检测范围

1.对企业销售货物、提供劳务的会计处理实施检测;

2.对企业应按合同约定及计算确定的租金、特许权使用费、转让财产、其他收入、资产盘盈等金额的会计处理实施检测;

3.对企业接受捐赠的会计处理实施检测;

4.对企业取得权益性投资收益的会计处理实施检测;

5.对企业不征税收入的会计处理实施检测。

(二)检测要点

1.对收入确认范围的检测

《企业所得税法实施条例》第13条规定:"企业所得税法第六条所称企业以非货币形式取得的收入,应当按照公允价值确定收入额。前款所称公允价值,是指按照市场价格确定的价值。"

(1)审查购销、投资等合同类资料以及资金往来的相关记录,结合原始凭证资料,分析"主营业务收入""其他业务收入""投资收益"等科目借方发生额和红字冲销额,检测其收入项目、内容、单价、数量、金额等是否准确。

(2)结合货物及劳务税价外费用账务处理,从以下三个方面检测所得税收入是否全额入账:

①向销售部门了解销售情况和结算形式,通过产品销售市场分析确认有无加收价外费用分解收入的问题。

②重点检测"其他应收款"和"其他应付款"科目,查看是否有挂账欠款,尤其是通过"其他应付款"科目的借方发生额或"其他应收款"科目的贷方发生额,查看其对应科目是否和货币资金的流入或债权"应收账款"科目的借方增加额发生往来。如果存在往来核算,则需通过审阅发票、收据等原始单据进一步查明是否属销售收入。

③检测成本类科目的会计核算,注意红字记录,分析"生产成本""制造费用"

"管理费用""财务费用"等科目借方发生额的红字冲销记录,是否存在收入直接冲抵成本、费用的问题。

(3)核查公司章程、协议、分红、供应商和销售商、网络信息等,确定与公司利益上具有关联关系的境内外企业或个人。使用比较分析法,将关联企业的货物(应税劳务)销售价格、销售利润率与企业同类同期产品(商品、劳务)售价以及同期同行业的平均销售价格、销售利润率进行对比,核实销售价格和销售利润率是否明显偏低,检测企业与其关联方之间的业务往来是否符合独立交易原则。

2.对可能存在的隐匿收入的检测

(1)对隐匿收入一般情况的检测。

(2)对销售货物(服务)收入的检测。

(3)对劳务收入的检测。

结合劳务合同、劳务结算凭据等,检测"主营业务收入""其他业务收入""主营业务成本""其他业务成本"等科目,重点审查应收未收的合同或协议价款是否全额结转了当期收入总额。

(4)对租金收入的检测。

(5)对特许权使用费收入的检测。

(6)对接受捐赠收入的检测。

(7)对其他收入的检测。审查企业"其他应付款—包装物押金""营业外收入""管理费用""销售费用""财务费用"等相关科目,特别注意非对应科目间的会计核算,分析合同协议,取得企业发生其他收入的证据,对照其账务处理,核实企业有无少计或不计收入,以及将收入挂账的问题。

3.实现收入确认时间的检测

(1)对企业延迟收入确认时限的检测。

①检测企业往来类、资本类等科目,对长期挂账不做处理的账项进行重点核实,检测是否存在收入记入往来账、不及时确认收入的情况。

②对季末、年末收入发生骤减的企业,采取盘存法核实企业存货进销存的实际情况,结合货币资金增减的时间,确认有无延迟收入入账时间的问题。

③结合成本类科目,通过收入与成本配比性的检测,对长期挂往来科目预收性质的收入逐项核实,并通过审阅合同或协议,按照结算方式查实有无未及时确认收入的问题。

(2)对劳务收入的检测。

(3)对股息、利息收入的检测。

4.对视同销售行为的检测

(1)检测企业"产成品""库存商品""开发产品"的发出,对应"应付职工薪酬"，核实有无将企业的产品、商品用于职工福利、辞退福利等未做视同销售处理。

（2）检测"产成品""库存商品""生产成本""开发成本"等科目，对应"销售费用""应付职工薪酬""其他应付款"等科目，核实企业有无将产品、劳务用于集资、广告、赞助、样品、职工奖励等未做视同销售处理。

（3）检测"产成品""库存商品""开发产品""原材料""固定资产""无形资产""生产成本""开发成本"等科目金额的减少，对应"短期投资""长期股权投资""应付账款""其他应付款""营业外支出"等科目，核实企业有无用非货币性资产对外投资、偿债或对外捐赠等未做视同销售处理。

（4）对房地产开发企业除应将开发产品用于对外投资、职工福利、偿债或对外捐赠业务按规定视同销售外，还要重点检测开发产品结转去向，确定有无将开发产品分配给股东或投资人，或换取其他单位和个人非货币性资产的行为。如果有结转"应付股利""原材料"等非货币性资产项目，也应按规定视同销售。

（5）企业如发生不具有商业交换实质的非货币性资产交换行为，是否按规定依法纳税调整。

（6）检测企业有无合并、分立、股权收购、资产收购等特殊重组业务，判断其是否属于一般性重组，是否存在应确认未确认的资产转让所得或损失。

第二节　对扣除项目的涉税风险检测

一、检测工具和指标

（一）检测工具

报表分析主要围绕企业检测年度企业所得税年度纳税申报表、企业财务报表展开分析。

1.对纳税申报表的检测

企业所得税税前扣除项目主要通过年度纳税申报表（A 类）中的主表第 2 行至第 7 行的"营业成本""税金及附加""销售费用""管理费用""财务费用""资产

减值损失"和第 12 行"营业外支出"及三张成本支出明细表、期间费用明细表进行申报,上述报表项目数据完全来自企业年度利润表,因此无须再单独分析企业利润表。

报表分析时要重点分析一般企业成本支出明细表和期间费用明细表,对企业待查各年营业成本、期间费用等组成项目的绝对数、相对数进行比较分析,如成本、费用及其构成各项目的增减变动超出了正常的变化幅度和曲线值,便可以初步判断这种变动存在某种涉税风险点或问题。

其他与扣除项目检测有关的纳税申报表还包括纳税调整项目明细表中扣除类调整项目,以及纳税调整项目明细表二级附表包括视同销售成本和房地产开发企业特定业务纳税调整明细表、职工薪酬支出及纳税调整明细表、广告费和业务宣传费跨年度纳税调整明细表、捐赠支出及纳税调整明细表、资产损失税前扣除及纳税调整明细表等。上述内容是否存在涉税问题,应在检测实施环节结合企业实际生产经营特点、具体账簿、凭证等资料进行详细检测,检测时主要是审阅其中有无金额大或金额变动大的数据,初步判断是否存在异常。

2.对资产负债表的检测

针对企业扣除项目尤其是营业成本和期间费用的检测,应主要结合同期资产负债表中的存货、货币资金、应付账款(应付票据)、预付账款、应付职工薪酬、短期借款等报表项目的增减变动展开分析,可适当利用存货周转率、应付账款周转率、职工薪酬变动率、流动比率等财务指标辅助分析企业成本、费用的真实性和完整性。

3.对现金流量表的检测

企业所得税扣除项目与同期现金流量表中经营活动、投资活动、筹资活动的现金流出都有钩稽关系,但检测中应重点分析经营活动现金流出中"购买商品、提供劳务所支付的现金流出"项目,结合利润表中营业成本、期间费用的增减变化和构成项目比重变化等进行分析,判断企业有无多列成本费用、扩大税前扣除范围等问题。

(二)检测指标

1.对成本、费用项目的环比检测

主营业务成本变动率＝[(本年主营业务成本－上年主营业务成本)÷上年主营业务成本]×100％

其他业务成本变动率＝[(本年其他业务成本－上年其他业务成本)÷上年其他业务成本]×100％

管理费用变动率＝[（本年管理费用－上年管理费用）÷上年管理费用]×100％

销售费用变动率＝[（本年销售费用－上年销售费用）÷上年销售费用]×100％

财务费用变动率＝[（本年财务费用－上年财务费用）÷上年财务费用]×100％

通过上述指标的逐年变动趋势,可以直观地看出企业待查各年营业成本、期间费用各项目的变化规律和变化幅度,从而快速发现风险点,结合其他指标判断可能存在的涉税问题。

2.对成本、费用项目的配比检测

（1）主营业务成本变动率与主营业务收入变动率的配比值。

（2）期间费用变动率与主营业务成本变动率的配比值。

（3）主营业务利润变动率与主营业务成本变动率的配比值。

（4）其他业务利润变动率与其他业务成本变动率的配比值。

上述指标都是营业成本变动率与相关指标变动率的对比分析,正常情况下两者应基本同步变动。如出现不同步,企业可能存在多列成本费用、扩大税前扣除范围等问题。

3.对成本、费用项目与营业利润的结构检测

（1）主营业务成本占营业利润比重。

（2）其他业务成本占营业利润比重。

（3）税金及附加占营业利润比重。

（4）管理费用占营业利润比重。

（5）销售费用占营业利润比重。

（6）财务费用占营业利润比重。

4.扣除项目各年数据与同行业平均值的比对分析

检测时将企业待查各年报表审阅和指标分析出的成本、费用数值与主管税务当局税收综合征管系统中本地同期同行业的平均数值或风险预警值进行比对,可直观地发现可能存在问题的年份及成本、费用主要风险点。

5.与其他主要税种相关指标的比对分析

企业增值税申报表中进项税额相关信息与企业同期存货和劳务（服务）购进、存货损失及期末库存等有一定的钩稽关系,因此可与所得税申报表中货物（劳务）销售成本、期间费用部分项目等信息进行比对;同时,企业契税、房产税、城镇土地使用税、车船税、印花税、土地增值税等相关税种的纳税申报信息对于比对分析企业扣除项目中的销售成本和期间费用的真实性和准确性等都很有帮助。

二、实施检测

(一)常见涉税风险

(1)利用虚开发票或人工费等虚增成本费用。

(2)擅自改变成本计价及计算方法、存货摊销方法等,调节利润。

(3)收入和成本、费用不配比。

(4)虚增销售数量,多转销售成本。

(5)销货退回只冲减销售收入,不冲减销售成本。

(6)将为本企业非生产部门、非货币性职工薪酬及赠送、对外投资、股东分配、广告等发出的货物计入销售成本。

(7)资本性支出与费用性支出的界限划分不清。

(8)一项支出在成本和费用中重复列支。

(9)费用界限划分不清,变相扩大税前扣除范围和标准。

(10)对不符合税前扣除条件和范围的项目未按照税法规定进行纳税调整。

(11)擅自扩大技术开发费列支范围,多享受加计扣除。

(12)不符合独立交易原则的关联交易费用未按照税法规定进行纳税调整。

(13)虚列损失及其他支出。

(14)已做损失处理的资产,有部分或全部收回的,未做纳税调整处理。

(15)补提、补扣以前年度损失和补缴以前年度税金等,直接当期税前扣除。

检测人员根据检测中筛选出的成本费用主要风险点,结合对企业采购与付款、生产、人事管理及货币资金等内控环节的风险评估和测试结果,拟定检测预案中各年扣除项目检测内容,包括扣除项目的必查内容和选查内容,确定各年成本费用风险点检测的突破点和检测对策。

(二)检测要点

(1)对企业利用虚开发票或虚增人工费等方法虚增成本费用的检测;

(2)对企业将资本支出一次性计入成本费用的检测;

(3)对企业擅自改变存货计价方法调节利润的检测;

(4)对企业收入和成本、费用不配比的检测；

(5)对企业虚计销售数量、多转销售成本的检测；

(6)对企业发生销货退回是否冲减销售成本的检测；

(7)对企业将一项支出在成本和费用中重复列支的检测；

(8)对企业费用划分不清或虚列费用的检测；

(9)对企业多列技术开发费用的检测；

(10)对关联方之间不符合独立交易原则费用支出的检测；

(11)对税金及附加的检测；

(12)对损失和其他支出的检测。

第三节　资产税务处理检测

一、检测工具和方法

(一)检测工具

报表检测主要围绕企业待查各年的企业所得税年度纳税申报表、企业财务报表展开分析。

1.对纳税申报表的检测

企业所得税资产处理主要通过年度纳税申报表(A类)中的主表第15行纳税调整增加额和第16行纳税调整减少额、三张成本支出明细表、期间费用明细表第7行资产折旧摊销费、纳税调整项目明细表中资产类调整项目及其二级附表中的资产折旧摊销及纳税调整明细表、资产损失税前扣除及纳税调整明细表等进行申报。

报表检测时要注意企业所得税纳税申报表主表与一级、二级、三级附表的钩稽关系,结合企业所处行业经营特点、企业实际生产经营规模等合理分析企业申报资产的具体分类、构成比重、资产原值、各年折旧摊销数额、资产损失等是否有不合理之处或异常数据。而与资产处理纳税调整有关的申报内容是否存在具体涉税问题,则需检测人员在检测实施环节对企业重点资产实施细致检测,检测时主要是审阅其中有无金额大或金额变动大的数据,初步筛选涉税风险点。

2.对资产负债表的检测

企业待查年度资产处理与同期资产负债表中长期资产项目有密切钩稽关系,检测人员应重点关注包括固定资产、无形资产、生产性生物资产、油气资产等具体报表构成项目的年初、年末增减变动情况,分析与之对应的货币资金、长期应付款、未确认融资费用、长期应收款、存货、应付账款、长短期借款等报表项目的增减变动情况及相互间的钩稽关系是否合理,可结合"固定资产周转率""总资产周转率""长期资产负债率"等财务指标进行辅助分析。尤其要关注各年的大额和异常变动数据,分析长期资产增、减业务的真实性、合理性,结合指标分析判断是否需要作为检测内容纳入检测预案中。

3.对现金流量表的检测

企业待查年度资产处理与同期现金流量表中的经营活动现金流入、投资活动现金流入、筹资活动现金流入都有钩稽关系,但检测人员应重点关注"投资活动所引起的现金流入""投资活动所引起的现金流出"等具体报表项目。同时,比对资产负债表长期资产增减变化、利润表中期间费用"投资收益""营业外收入""营业外支出"等项目的本期发生额,初步判断企业长期资产增、减业务的真实性和合理性,尤其应关注是否存在长期资产发生非货币性资产交换、对外投资等视同销售行为而未依法申报纳税等问题。

(二)检测指标

1.固定资产分析

(1)固定资产综合折旧率及其变动率与固定资产原值变动率的配比值

固定资产综合折旧率＝本年折旧率÷本年计提折旧的固定资产平均原值

固定资产综合折旧变动率与固定资产平均原值变动率的配比值＝固定资产综合折旧变动率÷固定资产原值变动率

固定资产综合折旧变动率＝[(本期固定资产综合折旧率－上期固定资产综合折旧率)÷上期固定资产综合折旧率]×100%

固定资产原值变动率＝[(本期固定资产原值－上期固定资产原值)÷上期固定资产原值]×100%

如果固定资产综合折旧率与本行业本年(上年)平均水平相差较大,高于上限时,说明企业可能存在税前多扣除折旧的问题。固定资产综合折旧率变动率与固定资产平均原值变动率的配比值,在正常情况下应基本同步变动,当比值大于上限时,说明企业可能存在税前多扣除折旧的问题。

上述指标也可进一步替换为固定资产分类折旧率与分类固定资产原值变动

率的配比分析,可能会更有针对性。

(2)固定资产周转率

固定资产周转率＝当期销售收入÷平均固定资产净值

平均固定资产净值＝(期初固定资产净值＋期末固定资产净值)÷2

如果企业待查期间的固定资产周转率与同行业平均水平相比偏低,则说明企业对固定资产的利用率较低,同时企业也可能有虚列资产的情况存在。

(3)固定资产各年原值的增、减变动的水平分析和趋势分析,结合各年累计折旧、在建工程、固定资产清理等构成项目的增减变化等综合比对分析。

2.投资资产分析

投资资产中尤其要关注长期股权投资的增减变化,结合检测人员采集到的企业股权结构调整等重组信息初步判断是否存在涉税风险和问题。重点要比对分析股东权益变动表中的企业实收资本、资本溢价、利润分配等信息和企业所得税年度纳税申报中的企业基础信息表、年度关联业务往来报告表中的境内外主要股东信息和企业境内外主要投资信息以及境内外关联业务信息等,重点关注是否存在境外投资和境外业务往来,判断是否可能存在不符合独立交易原则的关联业务而未正确纳税调整的问题。

3.无形资产及其他长期资产分析

无形资产及其他长期资产分析指标可比照固定资产原值及折旧额的综合或分类分析指标予以设置,将各年相关指标的趋势分析和结构分析综合起来,综合其他渠道信息从而判断是否存在涉税风险点并纳入检测预案中。

二、实施检测

(一)常见涉税风险

(1)虚增资产计税价值。

(2)属于资产计税价值组成范围的支出未予资本化。

(3)计提折旧、摊销范围不准确。

(4)折旧、摊销计算方法及分配不准确。

(5)资产处置所得未并入应纳税所得额。

(6)不允许税前扣除的资产成本擅自进行了扣除。

(7)关联方人为安排资产交易,调节关联方利润和整体税负。

(二)检测要点

(1)对资产计税基础的检测如下：

①对固定资产、生产性生物资产计税基础的检测；

②对无形资产计税基础的检测；

③对投资资产计税基础的检测。

(2)对资产折旧、摊销范围的检测。

(3)对折旧、摊销计算方法及分配对象的检测。

(4)对资产处置损益处理的检测。

第四节　对应纳税额的涉税风险检测

一、检测工具和指标

(一)检测工具

分析纳税申报表主表时，主要关注应纳税所得额和应纳税额的填报与计算是否合理；与境外所得税收抵免明细表、境外所得纳税调整后所得明细表、企业所得税弥补亏损明细表等的钩稽关系是否合理匹配。

(二)检测指标

1.应税所得率

应税所得率＝[纳税调整后所得÷(主营业务收入＋其他业务收入)]×100％

该指标可以反映企业有无多列期间费用、少计收入和纳税调整是否到位的问题，也可连续环比分析企业待查各年的应税所得率变动率是否合理。

2.所得税变动率与利润变动率的比值

所得税变动率与利润变动率的比值＝实际应缴所得税变动率÷利润变动率

所得税变动率＝[（本期实际应缴所得税－基期实际应缴所得税）÷基期实际应缴所得税]×100％

利润变动率＝[（本期利润总额－基期利润总额）÷基期利润总额]×100％

所得税变动率与利润变动率一般情况下应当同步，如果小于1，则可能存在随意扩大税前扣除范围、减少应纳税所得额的问题。

二、实施检测

（一）常见涉税风险

（1）不征税收入用于支出所形成费用、折旧或财产的摊销额在税前扣除，未做纳税调整。

（2）企业财务、会计处理办法与税收法律、行政法规的规定不一致的，未做纳税调整。

（3）以前年度损益调整事项，未按规定进行纳税处理。

（4）亏损弥补不正确，存在企业自行扩大弥补亏损数额和用境内所得弥补境外营业机构的亏损等问题。

（5）应纳税额计算不正确，存在申报的减免所得税额不符合政策要求、抵免税额的范围及抵免方法不符合税法规定等问题。

（二）检测要点

1.所得额其他项目的检测

（1）对企业不征税收入的检测。

（2）纳税调整是否正确。

（3）以前年度损益调整事项税务处理是否正确。

2.弥补亏损的检测

（1）审查企业申报金额是否正确。

（2）审查弥补亏损年限是否正确。

（3）检测企业是否未将会计利润中包含的减免税项目所得依法进行调减，直接用减免税项目所得弥补了以前年度亏损。

3.应纳税额的检测

检测企业的应纳税额除核实应纳税所得额外,还应注意计算应纳税额所适用的税率、减免税、税收抵免和所得税款的缴纳情况。首先,根据"应交税费—应交所得税"科目贷方发生额,剔除虚列或错记的税款、滞纳金或罚款等因素,确定应缴所得税额后,再确认该科目借方实际缴纳税款,核实原账面欠缴或多缴的税款数;其次,根据检测确定的应缴纳所得税额与账面和申报的应缴税额核对,核实应补缴或申请退还的税款是否正确。

第四章

土地增值税涉税风险检测

第一节 对征税范围的涉税风险检测

一、检测工具和方法

(1)根据税务登记信息中的企业类型,判断企业在生产经营活动中是否存在不动产项目开发或建造。

(2)根据不动产项目登记信息,判断企业是否可能发生不动产的转让行为。根据产权权属证明确认企业所转让不动产的土地权属是否为国有土地使用权。

(3)根据纳税申报表,核实企业是否曾申报缴纳土地增值税。

(4)根据会计报表,核实企业是否存在与不动产相关的资产类科目先增加、后减少的情况。根据《资产负债表》中的存货、固定资产、无形资产、在建工程、投资性房地产的数额变动情况,检测企业是否发生不动产转让行为。

二、实施检测

(一)检测范围

1.检测企业转让的资产是否为国有土地使用权及其地上建筑物和附着物的行为

【例 6-4-1】 某税务师事务所在对某工业企业进行涉税风险检测时,发现该企业"其他应付款—补偿款"科目中有长期挂账金额 70 多万元,经询问,资金来源系三年前该企业对外转让部分闲置厂区,因厂区内有围墙、水泥铺垫的停车场、柏油路和草皮、树木等,就在土地和房屋转让价款之外向购买方单独收取了"补偿费",由于未就"补偿费"向税务机关申报,税务机关代开的销售不动产发票金额中未包含上述金额,该企业始终未结转收入,长期挂往来账款处理。核实情况后,税务师事务所就"补偿费"向该工业企业提出补缴增值税税金及附加、土地增值税、印花税,并调增企业所得税应纳税所得额的建议。

2.检测企业发生的是否为不动产的转让行为

土地增值税是对国有土地使用权及其地上建筑物和附着物的转让行为征税,是否发生房地产权属的变更,是确定是否将其纳入征税范围的一个标准。

3.检测企业在不动产转让中是否取得收入

土地增值税是对转让房地产并取得收入的行为征税。土地增值税的征税范围不包括房地产的权属虽转让,但未取得收入的行为,如房地产的公益性赠与行为。

房地产的赠与不属于土地增值税的征税范围。但这里的"赠"仅限于房产所有人、土地使用权人通过中国境内非营利的社会团体、国家机关将房屋产权、土地使用权赠与教育、民政和其他社会福利、公益事业的行为。

(二)检测要点

(1)检测企业不动产转让合同或协议等,确认不动产转让标的、时间和金额等与涉税处理直接相关的内容。

(2)检测企业是否已办理不动产转让合同的备案登记或过户手续。

(3)根据银行存款日记账、往来款明细账、银行对账单等资料,检测企业是否取得预收款项、分期收款金额或全部价款。

(4)重点检测房地产开发企业将"开发产品"用于出租或自用转至"固定资产"核算、管理后,又对外投资、联营的行为是否申报缴纳土地增值税。

第二节　对土地增值税预缴的检测

一、检测工具和方法

1.对纳税申报表的检测

分析房地产开发企业纳税申报表中土地增值税预缴额的计算基数是否与会计报表中申报的本期预收账款净增加额和营业收入的合计金额相符。

2.对会计报表的检测

(1)对资产负债表的检测

与土地增值税预缴检测相关的数据为预收账款的"期初数"和"期末数",期末数减去期初数的差额为本期"预收账款"的净增加额。

(2)对利润表的检测

与土地增值税预缴检测相关的数据为营业收入的"本期数",分析企业申报的《资产负债表》中"预收账款"期末数减去期初数的负差是否为《利润表》中营业收入的本期发生额。

(3)对现金流量表的检测

与土地增值税预缴检测相关的数据为"经营活动产生的现金流量"中"销售商品、提供劳务收到的现金",测试该金额是否为本期《资产负债表》中"预收账款"的净增加额与《利润表》中营业收入本期发生额的合计数,测试该金额与纳税申报表中土地增值税预缴额的计算基数是否相符。

二、实施检测

(一)检测范围

1.对会计账簿的检测

(1)对"应交税费—应交土地增值税"明细账的检测;

(2)对"预收账款"明细账的检测；

(3)对"主营业务收入"明细账的检测。

2.对土地增值税预缴依据的检测

检测房地产开发企业是否将已签订合同的预售房款和销售房款全额计算申报缴纳土地增值税。

3.对土地增值税预征率的检测

(1)对预征率适用情况的检测；

(2)对公寓等房产适用预征率的检测。

4.对土地增值税预缴时间的检测

略。

(二)检测要点

(1)登录房地产交易网查询合同备案情况，检测商品房预售收入是否及时入账。

(2)检测商品房销售合同，与客户付款记录核对，确认已收取款项是否与开票金额一致。

(3)检测企业开具的预收房款发票和收据金额与申报的预售收入是否一致。

(4)了解企业从销售部门签订合同、到财务部门收取房款再到登记会计账簿的管理流程，将会计记录与发票金额，与明细账、总账和报表金额相核对，检测相关数据是否一致。

(5)检测"其他应付款"的二级明细科目，核实是否与售房款相关的项目。

(6)检测企业是否向销售经纪公司等房地产行业代理机构支付手续费和佣金等费用，调取《销售代理合同》、佣金结算单等资料，根据手续费和佣金的支付比例和金额，反向推算企业通过中介机构实现的销售收入。

(7)实地察看各期楼盘开发销售进展情况，根据"商品房预(销)售许可证"中注明的销售范围和销售面积，对照《销售进度表》等资料，与"主营业务收入"和"预收账款"明细账进行比对，核实预缴土地增值税的计税依据是否完整。

第三节　对应税收入的检测

一、检测工具和方法

(一)检测工具

(1)"商品房预(销)售许可证"等有关项目基础资料;

(2)《房地产开发项目土地增值税清算申报表》主表;

(3)《普通标准住宅转让收入申报表》和《非普通标准住宅和非住宅房地产转让收入申报表》;

(4)开发起始年度至清算年度审计报告或会计报表(包括资产负债表、利润表和现金流量表);

(5)开发起始年度至清算年度企业所得税年报;

(6)开发起始年度至清算年度会计账簿(主要包括其他应付款明细账、预收账款明细账和主营业务收入明细账);

(7)商品房购销合同统计明细表,《商品房买卖合同》《房地产销售合同》《抵债合同》等;

(8)《商品房买卖合同》交易登记备案明细表;

(9)《商品房销售结算款发票》或《销售不动产统一发票》;

(10)以不动产对外投资、联营的合同、章程或协议等;

(11)以不动产(包括开发产品)进行利润分配的《股东会决议》等;

(12)清算项目具体收入情况说明及其他与收入相关的资料。

(二)检测方法

(1)推算房地产项目不同类型开发产品的销售均价,结合房地产开发项目所在区域、房地产开发企业市场知名度、楼盘销售定位等,初步分析企业申报清算收入的合理性。

(2)对房地产项目内不同类型开发产品的市场定价进行结构性分析,判断部分产品类型有无存在价格明显偏低的情形,如别墅的价格只是略高于多层住宅的价格,公建的价格只是略高于住宅的价格或与住宅价格持平,甚至低于住宅价格等,分析是否可能存在隐瞒收入或进行了关联交易等。

(3)了解房地产开发企业取得开发用地的状况,是否存在用部分开发项目对原土地使用权人进行原地回迁的可能;是否存在以本项目换取其他项目开发用地,或对其他项目的被拆迁单位和个人进行异地安置的可能。

(4)对企业的注册资本等开发资金来源进行分析,判断企业是否存在项目开发过程中,由工程施工单位垫款施工,再以部分房地产项目抵顶工程款的可能;判断企业是否存在向其他单位或个人借款,然后再以部分房地产项目抵偿债务的可能。

(5)根据企业实现的盈利状况和股东权益的变动情况,分析企业是否存在以开发产品进行利润分配的可能。

二、实施检测

(一)检测范围

1.对应税收入确认形式的检测

检测中要关注企业是否存在仅按其转让房地产取得的货币收入申报缴纳土地增值税,未将其取得的实物收入和其他收入申报纳税的情形。

2.对应税收入确认范围的检测

(1)对直接销售收入的检测。

(2)对非直接销售收入的检测:检测房地产开发企业是否存在将开发产品用于职工福利、奖励、对外投资、分配给股东或投资人、抵偿债务、换取其他单位和个人的非货币性资产等行为,发生所有权转移时是否视同销售房地产处理。

(3)对代收款项的检测。

(二)检测要点

(1)对应税收入完整性的检测;
(2)对应税收入真实性的检测;
(3)对应税收入准确性的检测。

【例 6-4-2】　某地税务师事务所在对某房地产开发企业开展涉税风险检测时,发现被检测单位"短期借款"科目中登记有 2 000 多万元,但该房地产开发企业无法提供与"短期借款"相关的《借款合同》,且"短期借款"明细账的贷方发生额显示,该借款由数笔银行款项分期汇入形成,"短期借款"明细账的借方发生额显示,每月"短期借款"的金额都在"匀速"减少。经核对原始凭证,每张银行汇款通知书均注明资金来源为"按揭贷款";每张"短期借款"的还款凭证均显示还款账户为个人账户,还款人为个人。经询问房地产开发企业的法定代表人和财务负责人,核实该房地产开发企业为缓解资金紧张、解决贷款难的问题,以公司职工购房名义办理"按揭贷款",获取银行资金,还款义务包括贷款利息全部由公司承担。由于《商品房买卖合同》已经签订,房地产权属已经发生转移,按照我国《物权法》的规定,房地产开发产品在权属上已由房地产开发企业变更为购房者(职工个人),税收法律条款也已经产生效力,因此,检测结果建议将合同金额确认为土地增值税应税收入。

第四节　对扣除项目金额的检测

一、检测工具和方法

(一)检测工具

(1)《房地产开发项目土地增值税清算申报表》;

(2)《扣除项目金额汇总表》;

(3)《取得土地使用权所支付的金额明细表》;

(4)《土地征用及拆迁补偿费明细表》;

(5)《前期工程费明细表》;

(6)《建筑安装工程费明细表》;

(7)《基础设施费明细表》;

(8)《开发间接费用明细表》;

(9)《四项成本统计表》;

(10)《公共配套设施费明细表》;

(11)《利息支出明细表》；

(12)《与转让房地产有关的税金明细表》等；

(13)《开发项目面积明细表》；

(14)《土地使用权出让合同》；

(15)《详细规划总平面图》；

(16)《开发成本计算分摊明细表》；

(17)《大额合同发票(付款)明细表》；

(18)公共配套设施移交法律文书等。

(二)检测方法

(1)分析取得土地使用权支付金额是否存在异常；土地成本在不同类型开发产品间的计算分摊方法是否合理。

(2)了解企业取得项目开发用地的实际状态，是否需要向动迁户支付拆迁补偿费，拆迁补偿费的计算分摊方法与取得土地使用权支付金额所采用的方法是否一致。

(3)分析前期工程费的发生金额占整体开发成本的比例是否合理，在不同类型开发产品间的计算分摊方法是否合理，是采用建筑面积法还是其他方法。

(4)分析基础设施费的发生金额占整体开发成本的比例是否合理，在不同类型开发产品间的计算分摊方法是否合理，是采用建筑面积法还是其他方法。

(5)分析建筑安装工程费的发生金额占整体开发成本的比例是否合理，在不同类型开发产品间的计算分摊方法是否合理，是采用建筑面积法还是其他方法。

(6)分析公共配套设施费的发生金额占整体开发成本的比例是否合理，在不同类型开发产品间的计算分摊方法是否合理，是采用建筑面积法还是其他方法。

(7)分析开发间接费的发生金额占整体开发成本的比例是否合理，在不同类型开发产品间的计算分摊方法是否合理，是采用建筑面积法还是其他方法。

(8)计算房地产开发费用占取得土地使用权支付金额和房地产开发成本合计金额的比例，测算是否超过基数的10%；如果企业在房地产开发费用中据实扣除利息支出，计算利息支出金额占房地产开发成本的比例，测算其是否超过一般银行贷款利率平均水平，如超过，存在企业将无法提供金融机构证明的借款利息或与其他房地产项目相关的借款利息计入其中的可能。

(9)测算不同类型开发产品扣除项目金额中与转让房地产有关的税费是否超过其已售面积对应清算收入应分摊的金额；如超过相应金额，则存在房地产开发企业将与本申报表内的土地增值税应税收入无关的税金及附加或其他税费计入其中的可能。

（10）测算其他扣除项目金额是否超过取得土地使用权支付金额和房地产开发成本合计金额的20％；如未超过，是否可能存在房地产开发成本中包含"代收费用"和其他非不动产开发支出。

二、实施检测

（一）对取得土地使用权所支付金额的检测

1.检测范围

（1）检测企业为取得土地使用权所支付的地价款是否真实有效。

（2）检测企业在取得土地使用权时是否将不属于按国家统一规定缴纳的有关费用计入土地成本。

2.检测要点

（1）检测是否取得合法、有效的凭证。

（2）检测是否取得地价款返还。

（3）检测是否将土地闲置费计入地价款。

（4）检测同一宗土地有多个开发项目，是否予以分摊，分摊办法是否合理、合规，具体金额的计算是否正确。

（5）检测土地变更用途和超面积补交的地价款及相关税费的入账方式是否合法。

（6）检测房地产开发企业是否单独核算专门为地下建筑面积部分补缴的土地出让金和契税。

（7）检测是否存在将房地产开发费用记入取得土地使用权支付金额的情形。

（二）对房地产开发成本的检测

1.对土地征用及拆迁补偿费的检测

（1）检测范围

①对货币补偿形式费用支出的检测；

②对产权调换方式费用支出的检测。

（2）检测要点

①检测房地产开发企业向其支付土地征用及拆迁补偿费的单位和个人是否

均为拆迁补偿范围内合法的产权主体,即检测确认房地产开发企业与其签订的《拆迁补偿协议》是否真实、合法、有效。

②检测房地产开发企业在计算土地增值税时扣除的拆迁补偿费是否实际发生,能否提供真实发生凭据。

③检测拆迁补偿费是否实际发生,有无预提和暂估费用。

④检测房地产开发企业是否将土地使用费、土地闲置费等计入土地征用及拆迁补偿费。

⑤检测房地产开发企业是否存在将房地产开发费用记入土地征用及拆迁补偿费的情形。

⑥检测房地产开发企业土地征用及拆迁补偿费的支付对象中是否存在关联方,有无对关联单位和个人实施"超额"补偿。

⑦同一宗土地有多个开发项目,是否予以分摊,分摊办法是否合理、合规,具体金额的计算是否正确。

2.对前期工程费的检测

(1)检测范围

检测前期工程费的归集内容是否包括与房地产开发项目相关的规划、设计、项目可行性研究、水文、地质、勘察、测绘、"三通一平"等支出,以及项目整体性报批报建(如人防工程建设费和招投标管理费)、临时设施费、预算编审费等,有无将与前期项目开发无关的其他支出并入前期工程费。

(2)检测要点

①检测前期工程费是否真实发生,是否存在虚列情形;

②检测是否将房地产开发费用记入前期工程费;

③检测多个(或分期)项目共同发生的前期工程费,是否按项目合理分摊。

3.对建筑安装工程费的检测

(1)检测范围

检测房地产开发企业的项目开发形式,是出包还是自营,如果是出包,检测建筑安装工程费是否为支付给承包单位的建筑安装工程费;如果是自营,检测建筑安装工程费是否为房地产开发企业直接支付的料工费。对房地产开发企业销售已装修房屋的装修费用实施检测,核实售楼处、样板间等是否为其开发产品的一部分。

(2)检测要点

①检测房地产开发企业发生的建筑安装工程费是否与工程决算报告、工程审计报告、工程结算报告、工程施工合同等资料记载的内容相符;

②检测房地产开发企业自购建筑材料时,"甲供材料"是否存在重复计算

扣除；

③参照当地同期同类开发项目单位平均建筑安装成本或当地建设部门公布的单位定额成本，比较企业建筑安装工程费支出是否存在异常；

④房地产开发企业采用自营方式自行施工建设的，还应当关注有无虚列、多列施工人工费、材料费、机械使用费等情况；

⑤检测建筑安装发票是否由项目所在地税务机关代开或在项目所在地领购；

⑥检测计入建筑安装工程费的装修成本中是否存在非不动产支出，即是否将随同不动产出售的有形动产购置支出一并计入建筑安装工程费；

⑦检测房地产开发企业在工程竣工验收后，按照工程款的一定比例扣留建筑安装施工企业的质量保证金，是否取得发票；检测房地产开发企业有无在计算土地增值税时，将未取得发票的质量保证金金额予以扣除。

4.对基础设施费的检测

（1）检测范围

检测基础设施费是否包括开发项目在开发过程中所发生的各项基础设施支出，包括开发小区内道路、供水、供电、供气、排污、排洪、通信、照明等社区管网工程费和环境卫生、园林绿化等园林环境工程费等，有无将与基础设施项目开发无关的其他支出并入基础设施费。

（2）检测要点

①基础设施费是否真实发生，是否存在虚列情形；

②是否将房地产开发费用计入基础设施费；

③多个（或分期）项目共同发生的基础设施费，是否按项目合理分摊。

5.对公共配套设施费的检测

（1）检测范围

①对公共配套设施认定范围的检测；

②对公共配套设施认定面积的检测；

③对公共配套设施"非营利性"的检测。

（2）检测要点

①检测公共配套设施的界定是否准确，公共配套设施费是否真实发生，有无预提公共配套设施费的情况。

②检测是否将房地产开发费用计入公共配套设施费。

③检测多个（或分期）项目共同发生的公共配套设施费，是否按项目合理分摊。

④检测有无未将公共配套设施（会所、物业管理用房等）进行移交，实际用于

经营的；检测中如果发现房地产开发企业或物业管理公司实际享有占有、使用、收益或处分相关房产、设施的权利，则应检测调整其公共配套设施的成本，不允许其清算扣除。

⑤检测房地产开发企业转让其利用地下基础设施形成的不可售的地下车库（位），其应分担的公共配套设施成本是否在税前扣除，其他未列入可售范围的建筑物等是否比照执行。

6.对开发间接费用的检测

（1）检测范围

检测开发间接费用是否包括房地产开发企业为直接组织和管理开发项目所发生的，且不能将其归属于特定成本对象的成本费用性支出，包括工资、职工福利费、折旧费、修理费、办公费、水电费、劳动保护费、周转房摊销等，检测房地产开发企业有无将期间费用"资本化"计入开发间接费用。

（2）检测要点

①检测是否存在将企业行政管理部门（总部）为组织和管理生产经营活动而发生的管理费用计入开发间接费用的情形，如行政人员薪酬、差旅费、业务招待费、咨询费、顾问费、电话费等。

②检测开发间接费用是否真实发生，有无预提开发间接费用的情况，取得的凭证是否合法有效。

③检测企业是否将开发建设用地缴纳的土地使用税，计入"开发间接费用"扣除。

④检测企业是否将房屋销售期间售楼处缴纳的房产税，计入"开发间接费用"扣除。

⑤检测房地产企业在开发项目主体外修建临时性建筑物作为售楼部、样板房的，是否将其发生的设计、建造、装修等费用，计入"开发间接费用"扣除。

⑥检测房地产开发企业是否将缴纳的房屋交易手续费，计入"开发间接费用"扣除。

【例6-4-3】 某税务师事务所在对某房地产开发企业进行土地增值税检测时发现，被检测单位土地增值税清算申报表中的房地产开发成本申报金额为30 000万元，但房地产开发成本项目里的"开发间接费用"金额显示为3 600万元，占房地产开发成本项目金额的12%，比例较高。经调取该企业"开发间接费用"明细账和相关原始凭证后发现，该企业将开发项目用地土地使用税、售楼处房产税、对工程施工单位和相关部门的业务招待费、项目公司赴异地集团总部进行日常工作汇报的差旅费、行政人员和销售人员的职工薪酬、年度会计审计费、法律顾问费、销售策划费、开发产品完工后的看护费等全部计入"开发间接费用"。经核实,"开发间接费用"中仅有 200 万元系为直接组织和管理开发项目所发生的支出。检测结果做出调减该房地产开发企业房地产开发成本、房地产开发费用和其他扣除项目金额,调增土地增值额,补缴土地增值税的建议。

(三)对房地产开发费用的检测

1.检测工具

(1)《房地产开发项目土地增值税清算申报表》主表;

(2)《利息支出明细表》;

(3)"财务费用—利息支出"明细账;

(4)与金融机构签订的《借款合同》;

(5)与"财务费用—利息支出"相关的记账凭证和原始凭证。

2.检测范围

(1)核实房地产开发企业开发资金的筹集方式,是自筹资金还是项目融资;是向金融企业借款还是向非金融企业或个人融资;有无签订《借款合同》或《资金使用协议》等法律文书;有无取得与利息支出相关的合法、有效的支出凭据。

(2)检测财务费用中的利息支出,是否能够按转让房地产项目计算分摊并提供金融机构证明;检测利息支出的适用利率是否超过按商业银行同类同期贷款利率计算的金额。除利息支出之外的其他房地产开发费用,是否为按照"取得土地使用权所支付的金额"与"房地产开发成本"金额之和的 5% 以内(一般规定为5%)计算扣除,具体适用的比例有无超过项目所在地省级人民政府的规定。

(3)检测房地产开发企业凡不能按转让房地产项目计算分摊利息支出或不能提供金融机构证明的,其房地产开发费用是否按照"取得土地使用权所支付的金额"与"房地产开发成本"金额之和的 10% 以内(一般规定为 10%)计算扣除,具体适用的比例有无超过项目所在地省级人民政府的规定。

(4)检测房地产开发企业全部使用自有资金,没有利息支出的,是否按照"取得土地使用权所支付的金额"与"房地产开发成本"金额之和的 10% 以内计算扣除,有无超比例计算扣除。

(5)检测存量房地产转让中企业依法缴纳的交易手续费,在计征土地增值税时是否在规定的标准内按实际负担的数额扣除;检测有无扣除未实际缴纳的交易手续费和除交易手续费之外的其他无关支出。

3.检测要点

(1)检测房地产开发企业是否将已经计入房地产开发成本的利息支出调整至房地产开发费用;

（2）检测分期开发项目或者同时开发多个项目的房地产开发企业,其取得的一般性贷款的利息支出,是否按照项目合理分摊;

（3）检测房地产开发企业利用闲置专项借款对外投资取得收益的,其收益是否已冲减利息支出;

（4）检测利息的上浮幅度是否按国家的有关规定执行,检测房地产开发企业是否将超过上浮幅度的利息部分进行税前扣除;

（5）检测房地产开发企业是否在税前扣除超过贷款期限的利息部分和加罚的利息部分;

（6）检测房地产开发企业是否在销售费用中一次性列支售楼部、样板房内的资产性购置支出,如空调、电视机等;

（7）检测房地产开发企业是否在销售费用中一次性列支售楼部、样板房内的展示物品,如家具、家电、乐器、工艺饰品、摆件等;

（8）检测房地产开发企业既有向金融机构借款,又有向非金融机构和个人借款的,其房地产开发费用的扣除是否叠加适用了两种房地产开发费用的计算办法;

（9）检测房地产开发企业是否税前扣除了集团内部统借统还贷款计算分摊的利息支出或关联企业贷款后转给房地产开发企业使用而产生的利息支出;

（10）检测房地产开发企业是否在房地产开发费用中单独扣除已缴纳的房屋交易手续费。

（四）对与转让房地产有关税金的检测

1.检测范围

检测与转让房地产有关的税金是否仅限于房地产开发企业在转让本次纳入清算的房地产项目时缴纳的营业税、城市维护建设税、教育费附加,有无将房地产开发企业销售开发产品缴纳的印花税、项目开发期间为项目用地缴纳的土地使用税和售楼处缴纳的房产税等列入"与转让房地产有关税金"项目扣除。

2.检测要点

（1）检测与转让房地产有关税金中是否包括房地产开发企业销售开发产品缴纳的印花税;

（2）检测与转让房地产有关的税金是否已实际发生,是否存在将预提税费、超额预缴税费、欠缴税费和与土地增值税清算收入无关的税费进行扣除的情形;

（3）检测与转让房地产有关税费是否与土地增值税应税收入呈比例关系。

(五)国家规定的其他扣除项目的检测

1.检测范围

检测企业对房地产项目是否进行了实质性开发,是否存在将土地、未竣工房产或已竣工房产购入后未进行开发,直接对外出售的情形;其他扣除项目金额的计算基数是否为从事房地产开发的企业取得土地使用权支付金额与房地产开发成本金额之和。

2.检测要点

(1)检测是否存在非房地产开发企业享受加计扣除的情形;

(2)检测房地产开发企业是否存在转让未开发项目时,如转让通过接受投资、抵债、购置、资产交换等方式取得的房产,享受了加计扣除的情形;

(3)检测是否存在房地产开发企业整体购置未竣工房地产开发项目后,未经投资、建设而直接转让,享受了加计扣除的情形。

(六)扣除项目金额的整体检测要点

(1)检测扣除项目金额中所归集的各项成本和费用,是否为实际发生,房地产开发企业有无将预提(暂估)费用等计入扣除项目金额。

(2)检测房地产开发企业在土地增值税清算中,是否将其实际发生但未取得合法凭据的支出计入扣除项目金额。

(3)检测房地产开发企业是否分别在各项目间准确归集扣除项目金额,是否存在混淆各项开发成本和开发费用的情形。

(4)检测扣除项目金额中所归集的各项成本费用是否在清算项目开发中直接发生或应当分摊的,即检测扣除项目是否能够直接认定;凡不能够直接认定的,检测当期扣除项目金额的分配标准和口径是否一致,是否按照规定合理分摊。

(5)检测房地产开发企业分期开发项目或者同时开发多个项目的,或者同一项目中建造不同类型房地产的,是否按照受益对象,采用合理的分配方法(如按清算项目可售建筑面积占多个项目可售总建筑面积的比例),分摊共同的成本费用。

①检测属于多个房地产项目共同的除土地成本之外的其他成本费用,房地产开发企业是否按照清算项目可售建筑面积占多个项目总可售建筑面积的比例,计算确定清算项目的扣除金额。

②检测属于同一项目的共同成本费用,房地产开发企业是否按照普通标准住宅、非普通标准住宅、非住宅可售建筑面积占总可售建筑面积的比例,计算扣除金额。

(6)检测房地产开发企业对同一类事项,是否采取相同的会计政策或处理方法;当会计核算与税务处理规定不一致时,是否以税务处理规定为准。

(7)对于县级以上人民政府要求房地产开发企业在售房时代收的各项费用,检测其代收费用是否计入房价并向购买方一并收取;当代收费用计入房价时,检测有无将代收费用计入加计扣除以及房地产开发费用计算基数的情形。

(8)检测扣除项目时,重点关注关联企业交易是否按照公允价值和营业常规进行业务往来。

(9)检测并确认房地产开发企业计算扣除项目金额时,是否按照房地产清算单位整体考虑总成本、单位成本、可售面积、累计已售面积、累计已售分摊成本、未售分摊成本等要素。

(10)检测同一开发项目中,既有普通标准住宅,又有非普通标准住宅的,检测房地产开发企业是否按照建筑面积或其他合理方法分摊扣除项目,分别核算增值额。

第五章
个人所得税涉税风险检测

第一节　对非居民个人有限纳税义务承担的涉税风险检测

一、检测要点

（一）对非居民个人的判定

《中华人民共和国个人所得税法》第 1 条第二款规定："在中国境内无住所又不居住，或者无住所而一个纳税年度内在中国境内居住累计不满一百八十三天的个人，为非居民个人。非居民个人从中国境内取得的所得，依照本法规定缴纳个人所得税。"

（二）对无住所个人居住时间的判定

《中华人民共和国个人所得税法实施条例》第 4 条规定："在中国境内无住所的个人，在中国境内居住累计满 183 天的年度连续不满六年的，经向主管税务机关备案，其来源于中国境外且由境外单位或者个人支付的所得，免予缴纳个人所得税；在中国境内居住累计满 183 天的任一年度中有一次离境超过 30 天的，其在中国境内居住累计满 183 天的年度的连续年限重新起算。"

根据财政部、国税总局公告 2019 年第 34 号规定，无住所个人一个纳税年度内在中国境内累计居住天数，按照个人在中国境内累计停留的天数计算。在中国境内停留的当天满 24 小时的,计入中国境内居住天数;在中国境内停留的当天不足 24 小时的,不计入中国境内居住天数。

二、实施检测

(一)检测非居民个人基础信息:

(1)非居民个人的有效身份证照类型及号码、国籍;

(2)任职、受雇单位名称和纳税人识别号;

(3)纳税人在受理申报的任职、受雇单位所担任的职务或其主要职业;

(4)中国境内无住所的纳税人在税款所属期内在华实际停留的总天数。

(二)检测在中国境内任职外籍人员与任职单位签署的合同、薪酬发放资料,对照个人护照记录,了解进出境时间。

(三)检测支付所得的企业"应付职工薪酬""管理费用""制造费用""销售费用"等会计科目。

【例 6-5-1】 李先生为香港居民,2019 年度在深圳工作,每周一早上来深圳上班,周五晚上回香港,周一和周五当天停留都不足 24 小时。

经检测,李先生周一和周五当天停留都不足 24 小时,因此不计入境内居住天数,再加上周六、周日 2 天也不计入,这样,每周可计的天数仅为 3 天,按全年 52 周计算,李先生 2019 年度全年在境内居住天数为 156 天,未超过 183 天,不构成居民个人。

第二节 对综合所得和分类所得划分的涉税风险检测

一、检测要点

(一)综合所得范围

检测居民个人取得综合所得是否按照纳税年度(平时累计预扣,年终汇算清缴)合并计算个人所得税。

(1)工资、薪金所得；

(2)劳务报酬所得；

(3)稿酬所得；

(4)特许权使用费所得。

(二)分类所得范围

检测居民个人取得的分类所得是否分别计算个人所得税。

(1)经营所得；

(2)利息、股息、红利所得；

(3)财产租赁所得；

(4)财产转让所得；

(5)偶然所得。

二、实施检测

(一)对工资、薪金所得征税范围的涉税风险检测

1.检测工资、薪金所得是否为个人因任职或者受雇取得的工资、薪金、奖金、年终加薪、劳动分红、津贴、补贴以及与任职或者受雇有关的其他所得。检测其是否属于非独立个人劳动所得，检测个人所从事的是否为由他人指定、安排并接受管理的劳动、工作，或服务于公司、工厂、行政事业单位(私营企业主除外)的工作。

通过检测员工薪酬发放花名册、签订的劳动用工合同和在社保机构缴纳养老保险金的人员名册等相关资料，核实个人与接受劳务的单位是否存在雇佣与被雇佣关系，如存在雇佣与被雇佣的关系，其所得应按工资、薪金所得的范围征税。

2.检测年终加薪、劳动分红是否不分种类和取得情况，一律按工资、薪金所得计税。

3.检测除下列项目以外的津贴、补贴是否全部纳入工资、薪金范畴：

(1)独生子女补贴；

(2)托儿补助费；

(3)差旅费津贴、误餐补助。

(二)对劳务报酬所得征税范围的涉税风险检测

检测劳务报酬所得是否为个人从事劳务取得的所得,包括从事设计、装潢、安装、制图、化验、测试、医疗、法律、会计、咨询、讲学、翻译、审稿、书画、雕刻、影视、录音、录像、演出、表演、广告、展览、技术服务、介绍服务、经纪服务、代办服务以及其他劳务取得的所得。

1.检测个人担任公司董事、监事且不在公司任职、受雇的,是否按照"劳务报酬所得"项目计税;

2.检测企业在商品营销活动中,对其营销业绩突出的非雇员以培训班、研讨会、工作考察等名义组织旅游活动,通过免收差旅费、旅游费对个人实行的营销业绩奖励(包括实物、有价证券等),是否根据所发生费用的全额作为该营销人员当期的劳务收入,按照"劳务报酬所得"项目征收个人所得税。

(三)对稿酬所得征税范围的涉税风险检测

检测稿酬所得是否为个人因其作品以图书、报刊等形式出版、发表而取得的所得。

检测不以图书、报刊形式出版、发表的翻译、审稿、书画所得是否已按照"劳务报酬所得"计税。

实务中,通过检测出版单位账簿明细,结合相关的合同、协议,查看原始的支付凭证,按照经济行为的实质,分析、核实支付给个人的报酬是否属于稿酬所得征税范围。

(四)对特许权使用费所得征税范围的涉税风险检测

检测特许权使用费所得是否为个人提供专利权、商标权、著作权、非专利技术以及其他特许权的使用权取得的所得。

(五)对经营所得征税范围的涉税风险检测

检测经营所得的来源如下。

1.个体工商户从事生产、经营活动取得的所得,个人独资企业投资人、合伙企业的个人合伙人来源于境内注册的个人独资企业、合伙企业生产、经营的所得:

（1）查看经营者工商营业执照的性质是否为个体工商户，实地调查，确定是否为个人自负盈亏经营，检测个体经营者的生产经营情况，查阅会计核算账簿，核实收入、成本、利润、税金、损失和其他支出等是否真实，是否有隐瞒收入、加大扣除、虚假申报的问题。

（2）检测个人从事彩票代销业务而取得的所得，是否按照"经营所得"项目计算征税。

（3）检测个人独资企业、合伙企业的个人投资者以企业资金为本人、家庭成员及其相关人员支付与企业生产经营无关的消费性支出及购买汽车、住房等财产性支出，是否视为企业对个人投资者利润分配，并入投资者个人的生产经营所得，依照"经营所得"项目计征个人所得税。

2.个人依法从事办学、医疗、咨询以及其他有偿服务活动取得的所得。

3.个人对企业、事业单位承包经营、承租经营以及转包、转租取得的所得。

实务中，根据承包（承租）合同内容，经营者的实际承包（承租）方式、性质和收益归属，以及工商登记情况确定是否属于企事业单位的承包经营、承租经营所得项目的征税范围。

（1）检测被承包、承租企业的工商登记执照的性质，确认该企业发包或出租前后的变更情况。如工商登记仍为企业，则应进一步检测其是否首先按规定申报企业所得税，然后按照承包、承租经营合同（协议）规定取得的所得申报个人所得税；如果工商登记已改变为个体工商户，则应检测是否按个体工商户生产、经营所得项目申报个人所得税。

（2）检测承包（租）人与发包（出租）方签订的承包（租）合同，如果承包、承租人对企业经营成果不拥有所有权，仅是按合同（协议）规定取得一定所得，则确定承包（租）人取得的所得属于工资、薪金所得的征税范围；如果承包、承租人按合同（协议）的规定只向发包、（出租）方交纳一定费用后，企业经营成果归其所有，则承包、承租人取得的所得属于对企事业单位承包经营、承租经营所得的征税范围。

4.个人从事其他生产、经营活动取得的所得。

（六）对利息、股息、红利所得征税范围的涉税风险检测

检测利息、股息、红利所得是否因个人拥有债权、股权等而取得。

检测除个人独资企业、合伙企业以外的其他企业的个人投资者，以企业资金为本人、家庭成员及其相关人员支付与企业生产经营无关的消费性支出及购买汽车、住房等财产性支出，是否视为企业对个人投资者的红利分配，是否依照"利

息、股息、红利所得"项目计征个人所得税。

实务中的检测方法如下。

1.检测"应付股利""应付利息""财务费用"等会计科目,对照申报表等,核实企业有无把支付的利息、股息、红利性质的所得按照工资、薪金所得,少代扣代缴个人所得税。

2.检测企业是否把不属于减税或免税范围的利息、股息、红利所得作为减税或免税处理,少代扣代缴或未代扣代缴个人所得税。

(七)对财产租赁所得征税范围的涉税风险检测

检测财产租赁所得是否为个人出租不动产、机器设备、车船以及其他财产取得的所得。

检测个人是否将取得的财产转租收入按照"财产租赁所得"申报纳税。

(八)对财产转让所得征税范围的涉税风险检测

检测财产转让所得是否为个人转让有价证券、股权、合伙企业中的财产份额、不动产、机器设备、车船以及其他财产取得的所得。

(九)对偶然所得征税范围的涉税风险检测

检测偶然所得是否为个人得奖、中奖、中彩以及其他偶然性质的所得。

1.检测企业"管理费用""营业费用""营业外支出"等科目,针对支付给个人的支出,要正确区分是否属于偶然所得征税项目。

2.检测企业对累积消费达到一定额度的顾客给予额外抽奖机会时,针对个人的获奖所得企业是否按"偶然所得"项目全额适用20%的税率代扣税款。

3.检测企业赠送的礼品是自产产品(服务)的,是否按该产品(服务)的市场销售价格确定个人的应税所得;是外购商品(服务)的,是否按该商品(服务)的实际购置价格确定个人的应税所得。

4.检测对于中奖、中彩或企业举办有奖销售等活动中的中奖者个人,是否按照"偶然所得"项目全额适用20%的税率代扣税款。

5.检测对个人取得企业派发的现金网络红包,是否按照偶然所得项目计算缴纳个人所得税,税款由派发网络红包的企业代扣代缴。

6.检测房屋产权所有人将房屋产权无偿赠与他人的,检测受赠人(非符合免税条件的个人)因无偿受赠房屋取得的受赠所得,是否按照"偶然所得"项目缴纳个人所得税。

第三节　对计税依据的涉税风险检测

一、检测要点

(一)对征税方法的涉税风险检测

1.检测经营所得、居民个人取得的综合所得是否为按年计征;

2.检测非居民个人取得的工资、薪金所得是否为按月计征;

3.检测利息、股息、红利所得,财产租赁所得,偶然所得和非居民个人取得的劳务报酬所得,稿酬所得,特许权使用费所得是否为按次计征。

(二)对每次收入确定的涉税风险检测

1.检测非居民个人取得劳务报酬所得、稿酬所得、特许权使用费所得等不同所得项目适用次的规定是否正确。

(1)对劳务报酬所得的检测

①检测只有一次性收入的,是否以每次提供劳务取得的收入为一次(分月支付一个为一次);

②检测属于同一事项连续取得收入的,是否以一个月内取得的收入为一次。

(2)对稿酬所得的检测

①检测对同一作品再版取得的所得,是否视为另一次稿酬所得计征个人所得税。

②检测对同一作品先在报刊上连载,然后再出版,或者先出版,再在报刊上连载的,是否视为两次稿酬所得征税,即连载作为一次,出版作为另一次;检测同一作品在报刊上连载取得收入的,是否以连载完成后取得的所有收入合并为一次计征个人所得税。

③检测同一作品在出版和发表时,是否以预付稿酬或分次支付稿酬等形式

取得的收入合并计算为一次。

④检测同一作品出版、发表后,因添加印数而追加稿酬的,是否与以前出版、发表时取得的稿酬合并计算为一次计征个人所得税。

(3)对特许权使用费所得的检测

检测是否以每一项使用权的每次转让所取得的收入为一次。检测分笔支付的一项转让收入,是否将各笔收入相加为一次计征个人所得税。

①检测财产租赁所得是否以一个月内取得的收入为一次;

②检测利息、股息、红利所得,是否以支付时取得的收入为一次;

③检测偶然所得,是否以每次收入为一次。

二、实施检测

(一)对工资、薪金所得计税依据的检测

1.检测工资薪金所得适用的累计预扣法是否正确

累计预扣预缴应纳税所得额＝累计收入－累计免税收入－累计减除费用－累计专项扣除－累计专项附加扣除－累计依法确定的其他扣除

(1)检测累计减除费用是否为 5 000 元/月×当年截至本月在本单位的任职受雇月份。

(2)检测专项扣除是否包括居民个人按照国家规定的范围和标准缴纳的基本养老保险、基本医疗保险、失业保险等社会保险费和住房公积金等。

(3)检测专项附加扣除是否包括子女教育、继续教育、大病医疗、住房贷款利息或者住房租金、赡养老人等支出。

①除大病医疗以外,检测子女教育、赡养老人、住房贷款利息、住房租金、继续教育,纳税人是否选择在单位发放工资薪金时,按月享受专项附加扣除政策。

②一个纳税年度内,个人如果没有及时将扣除信息报送任职受雇单位,以致在单位预扣预缴工资、薪金所得税未享受扣除或未足额享受扣除的,检测是否在当年剩余月份内向单位申请补充扣除;检测是否在次年 3 月 1 日至 6 月 30 日内,向汇缴地主管税务机关进行汇算清缴申报时办理扣除。

(4)检测包括个人缴付符合国家规定的企业年金、职业年金,个人购买符合国家规定的商业健康保险、税收递延型商业养老保险的支出,以及国务院规定可以扣除的其他项目扣除是否正确。

（5）检测专项扣除、专项附加扣除和依法确定的其他扣除，是否以居民个人一个纳税年度的应纳税所得额为限额；检测一个纳税年度未扣除完毕的，是否结转到以后年度扣除。

2.实务检测方法

（1）通过调查人力资源信息资料、签署的劳动合同、社会保险机构的劳动保险信息，结合考勤电子记录、岗位生产记录、人员交接班记录等，核实单位的用工人数、用工类别、人员构成结构及分布；然后检测财务部门"工资结算单"中发放工资人数、姓名与企业的实际人数、姓名是否相符，企业有无人为降低高收入者的工资、薪金收入，故意虚增职工人数、分解降低薪酬，或者编造假的工资结算表，人为调剂薪酬发放月份，以达到少扣缴税款或不扣缴税款的目的。

（2）检测"生产成本""制造费用""管理费用""销售费用""在建工程""应付职工薪酬"等科目，核实有无通过以上科目发放奖金、补助等情况；还应注意职工食堂、工会组织等发放的现金伙食补贴、实物福利、节假日福利费等，是否合并计入工资、薪金收入总额中计算扣税。

（3）通过检测劳动保险部门保险缴纳清单和工资明细表，核实企业是否有扩大劳动保险交纳的基数、比率，降低计税依据的问题。如提高住房公积金的缴纳比例，降低计税依据。对效益较好的经营单位，要查看是否为员工建立企业年金计划，是否将为员工缴纳的补充商业险等合并计入工资、薪金所得计税。

（二）对劳务报酬所得计税依据的检测

1.通过检测劳务报酬的支付方，了解具体的支付情况，检测劳务报酬所得的真实性；检测劳务项目的组成及其支付方式、支付时间，与支付单位的会计记录、《个人所得税扣缴申报表》相对照，从中发现是否存在故意隐瞒劳务报酬数额的问题。

2.通过审核劳务报酬协议、合同等，核查其对"每次收入"政策界定的执行情况，检测有无将"一次收入"人为分解减少应纳税所得。

3.通过核实劳务报酬协议，检测支付单位有无将本属于一个人单独取得的收入，虚报为两个或两个以上的个人共同取得收入，导致纳税人利用分别减除费用的规定，多扣减费用少缴税款。

4.核实支付单位与个人签署的合同、协议，根据合同、协议约定的劳务报酬支付时间、支付方式、支付金额等资料，与《个人所得税扣缴申报表》对照，检测个人取得的劳务报酬金额是否符合加成征收条件，检测支付单位是否按规定预扣预缴。

（三）对个体工商户的经营所得计税依据的检测

1.检测经营所得的计算方法是否正确

（1）检测个体工商户是否将不得扣除支出在经营所得中扣除。

（2）检测个体工商户生产经营活动中,是否分别核算生产经营费用和个人、家庭费用。

（3）检测个体工商户与企业联营而分得的利润,是否按利息、股息、红利所得项目征税。

（4）检测个体工商户和从事生产、经营的个人,取得与生产、经营活动无关的各项所得,是否按规定分别计算征收个人所得税。

（5）检测个体工商户按照规定缴纳的摊位费、行政性收费、协会会费等,是否按实际发生数额扣除。

（6）检测个体工商户自申请营业执照之日起至开始生产经营之日止所发生符合规定的费用,除为取得固定资产、无形资产的支出,以及应计入资产价值的汇兑损益、利息支出外,是否作为开办费扣除。

（7）个体工商户通过公益性社会团体或者县级以上人民政府及其部门,用于规定的公益事业的捐赠,检测是否扣除其捐赠额不超过应纳税所得额30％的部分,检测其可以全额在税前扣除的捐赠支出项目是否按有关规定执行。

（8）检测个体工商户研究开发新产品、新技术、新工艺所发生的开发费用,以及研究开发新产品、新技术而购置单台价值在10万元以下的测试仪器和试验性装置的购置费是否选择直接扣除;单台价值在10万元以上(含10万元)的测试仪器和试验性装置,是否按照固定资产管理,是否在当期直接扣除。

2.实务检测方法

（1）对生产、经营收入的检测

个体工商户的生产、经营收入具有现金结算较多、收入不稳定等特点,容易出现收入不入账或者少入账,转移、隐瞒、分解经营收入的情况。在检测中,要通过实地查看、询问等方法,了解掌握个体工商户生产、经营范围、规模等情况,结合对其成本费用、收入账的检测,采取纵向和横向比较分析的办法核实其是否存在账外经营、隐匿收入等行为。

（2）对生产、经营成本和费用的检测

将纳税人的"原材料""生产成本""制造费用""管理费用"等成本、费用明细账与有关会计凭证、原始凭证进行仔细核对,认真分析投入产出比率,参考相关技术数据,核实其各项成本损耗比例是否恰当。对费用列支要审核原始资料及支出用途,检测纳税人税前列支的费用是否合理,比例是否正确,是否属于与企业生产、经营有关的费用,有无超标准列支或故意混淆费用问题。

（3）检测成本、费用账簿及原始单据,核实支出费用的详细去向和类别,有无将家庭购置的资产或发生的费用计入其中。对于生产经营与个人、家庭生活混用难以分清的费用,检测其是否按照40％比例将其视为与生产经营有关费用进行税前扣除。

（4）对照《扣缴个人所得税报告表》,检测"应付职工薪酬"科目、员工薪酬发放表等,核实个体工商户业主的工资发放情况,检测发放的业主工资是否按规定做了纳税调整。

（四）对财产转让所得计税依据的检测

1.通过财产所在地房管部门、车辆管理部门等单位的交易信息和记录了解个人转让建筑物、机器设备、车辆等财产情况。结合财产转让过程中契税、土地增值税等完税情况,核实与个人所得税计税依据是否一致。

2.必要时检测个人储蓄存款账户或银行卡资金往来信息,核实其获取的真实财产转让收入。

3.检测个人提供的财产原值凭证,是否合法、有效,对资产评估增值的,应检测有无合法的资产评估报告。

4.检测个人财产转让时的完税凭证和费用支出凭证,核对这些支出是否与财产转让有关,数额是否合理。

5.检测个人转让债券的原值和相关费用,核对转让债券所得的应纳税所得额计算是否正确。

第四节　对特殊计税方法的涉税风险检测

一、对居民个人取得全年一次性奖金收入的涉税风险检测

检测居民个人取得的全年一次性奖金,是否与综合所得合并申报缴纳个人所得税。

居民个人取得全年一次性奖金,符合《国家税务总局关于调整个人取得全年

一次性奖金等计算征收个人所得税方法问题的通知》(国税发〔2005〕9号)规定的,在2021年12月31日前,不并入当年综合所得,以全年一次性奖金收入除以12个月得到的数额,按照本通知所附按月换算后的综合所得税率表(以下简称月度税率表),确定适用税率和速算扣除数,单独计算纳税。计算公式为:

$$应纳税额＝全年一次性奖金收入×适用税率－速算扣除数$$

自2022年1月1日起,居民个人取得全年一次性奖金,应并入当年综合所得计算缴纳个人所得税。

二、对远洋船员薪金所得个人所得税的涉税风险检测

自2019年1月1日起至2023年12月31日,一个纳税年度内在船航行时间累计满183天的远洋船员,检测其取得的工资薪金收入是否减按50％计入应纳税所得。

三、对个人取得经济补偿金收入的涉税风险检测

1.检测职工从破产企业取得的一次性安置费收入,是否享受免征个人所得税政策。

2.个人与用人单位解除劳动关系取得的一次性补偿收入(包括用人单位发放的经济补偿金、生活补助费等其他补助费用),检测其收入在当地上年职工平均工资3倍以内的部分,是否享受免征个人所得税政策;检测其超过3倍数额部分,是否并入当年综合所得,是否单独适用综合所得税率表来计算纳税。

3.检测个人领取一次性补偿收入时按照国家和地方政府规定的比例实际缴纳的住房公积金、医疗保险费、基本养老保险费、失业保险费,是否在计征其一次性补偿收入的个人所得税时予以扣除。

四、对个人取得公务交通、通信补贴收入的涉税风险检测

检测个人因公务用车和通信制度改革而取得的公务用车、通信补贴收入,扣除一定标准的公务费用后,是否按照"工资、薪金所得"项目征税。

第七编

企业经营中刑事法律风险检测

第一章

企业经营中涉罪与刑事责任

第一节 犯罪构成与刑事责任的承担

一、犯罪构成的基本概念

《中华人民共和国刑法》（以下简称《刑法》）第 13 条规定："一切危害国家主权、领土完整和安全,分裂国家、颠覆人民民主专政的政权和推翻社会主义制度,破坏社会秩序和经济秩序,侵犯国有财产或者劳动群众集体所有的财产,侵犯公民私人所有的财产,侵犯公民的人身权利、民主权利和其他权利,以及其他危害社会的行为,依照法律应当受刑罚处罚的,都是犯罪,但是情节显著轻微危害不大的,不认为是犯罪。"这个定义是对我国社会上形形色色犯罪所做的科学概括,是我们认定犯罪、划分罪与非罪界限的基本依据。

从我国《刑法》第 13 条的规定可以看出,犯罪具有以下三个基本特征:第一,犯罪是危害社会的行为,即具有一定的社会危害性;第二,犯罪是触犯刑律的行为,即具有刑事违法性;第三,犯罪是应受刑罚处罚的行为,即具有应受惩罚性。犯罪的以上三个基本特征是紧密结合的。一定的社会危害性是犯罪最基本的属性,是刑事违法性和应受惩罚性的基础。社会危害性如果没有达到违反刑法、应受刑罚处罚的程度,也就不构成犯罪。因此,这三个特征都是必要的,是任何犯罪都必然具有的,而其他违法行为则不具备这样三个基本特征。① 事实上,其他违法行为虽然也具有一定的社会危害性,但没有达到像犯罪这样严重的程度,它

---

① 高铭暄,马克昌.刑法学.7 版.北京:北京大学出版社,2016:45－47.

们并不触犯刑律，也不应受刑罚处罚。所以，这三个基本特征也就把犯罪与不犯罪、犯罪与其他违法行为从总体上区别开来了。

犯罪构成与犯罪概念是两个既有密切联系又有区别的概念。犯罪概念是犯罪构成的基础，犯罪构成是犯罪概念的具体化。犯罪概念回答的问题是：什么是犯罪？犯罪有哪些基本属性？犯罪构成则进一步回答：犯罪是怎样成立的？它的成立需要具备哪些法定条件？也就是说，它所要解决的是成立犯罪的具体标准、规格问题。通过犯罪构成一系列主客观要件的综合，具体说明什么样的行为是危害社会的、触犯刑律的，因而是应受刑罚处罚的。也就是说，犯罪概念的各个基本属性是通过犯罪构成来具体说明的。犯罪概念是从总体上划清罪与非罪的界限，而犯罪构成则是分清罪与非罪、此罪与彼罪界限的具体标准。犯罪构成，就是依照我国刑法的规定，决定某一具体行为的社会危害性及其程度而为该行为构成犯罪所必需的一切客观和主观要件的有机统一。根据我国《刑法》，任何一种犯罪的成立都必须具备四个方面的构成要件，即犯罪客体、犯罪客观方面、犯罪主体、犯罪主观方面的构成要件。

犯罪客体，是指刑法所保护而为犯罪所侵犯的社会主义社会关系。犯罪客观方面，是指犯罪活动的客观外在表现，包括危害行为、危害结果以及危害行为与危害结果之间的因果关系。有些罪的犯罪构成还要求发生在特定的时间、地点或者使用特定的方法。犯罪主体，是指达到法定刑事责任年龄、具有刑事责任能力、实施危害行为的自然人。有的犯罪构成还要求特殊主体，即具备某种职务或者身份的人。少数犯罪，根据法律的特别规定，企业事业单位、机关、团体也可成为犯罪主体。犯罪主观方面，是指行为人有罪过（包括故意和过失）。有些罪的犯罪构成还要求有特定的犯罪目的或动机。[①] 形形色色的案件，构成犯罪的具体要件不一样，但所有具体要件，都可归属于以上四个方面。

二、企业经营中的个人犯罪与单位犯罪

单位犯罪是指公司、企业、事业单位、机关、团体为单位谋取非法利益或者以单位名义，经单位集体研究决定或者由负责人员决定，故意或者过失实施的犯罪。单位犯罪是个人犯罪的对称。个人犯罪，是指以自然人为主体的犯罪。而单位犯罪，是指以单位为主体的犯罪。我国《刑法》第 30 条规定："公司、企业、事业单位、机关、团体实施的危害社会的行为，法律规定为单位犯罪的，应当负刑事责任。"第 31 条规定："单位犯罪的，对单位判处罚金，并对其直接负责的主管人员和其他直接责任人员判处刑罚。本法分则和其他法律另有规定的，依照

---

① 高铭暄，马克昌.刑法学.7 版.北京：北京大学出版社，2016：45—47.

规定。"

　　在刑法中确立企业犯罪的情况下,对于企业犯罪的性质仍然是刑法理论上值得研究的问题。在论及企业犯罪性质的时候,首先应当明确企业犯罪与个人犯罪的区分。个人犯罪由于犯罪主体是自然人,而自然人具有刑事责任能力,因而应对本人所实施的犯罪行为承担刑事责任。但企业不同于个人,企业是一个组织体,它通过企业组织中的自然人实施某种行为。这种行为虽然是由自然人实施的,之所以能够视为企业行为,主要是因为它符合企业意志,因而这种行为的法律后果也应当由企业承担。笔者认为,企业犯罪具有双重机制:表层是企业代表人的犯罪行为,当这一犯罪行为是由企业做出的决策或者获得企业认可时,就触及了深层企业的犯罪行为。正是在这个意义上,企业代表人的行为具有双层属性:既作为个人犯罪的行为,又作为企业犯罪的行为。

第二节　企业经营中涉及犯罪的刑事责任承担

一、企业犯罪的刑事责任与刑罚类型

　　刑事责任是刑法的基本范畴,是刑事法律规定的,因实施犯罪行为而产生的,由司法机关强制犯罪者承受的刑事惩罚或单纯否定性法律评价的负担。刑事责任具有不同于其他法律责任的如下特征:第一,刑事责任是刑事法律规定的一种负担;第二,刑事责任因实施犯罪行为而产生;第三,刑事责任以刑事惩罚或单纯否定性法律评价为内容;第四,刑事责任只能由犯罪人来承担;第五,刑事责任由代表国家的司法机关强制犯罪人承担。

　　刑事责任与刑罚是两个不同的概念。刑罚是国家创制的、对犯罪分子适用的特殊制裁方法,是对犯罪分子某种利益的剥夺,并且表现出国家对犯罪分子及其行为的否定评价。刑罚同其他法律强制方法相比较,具有以下三个特征:第一,强制程度的严厉性。刑罚是最严厉的一种强制方法,这在它所剥夺的权利与利益上得到充分体现。刑罚可以剥夺犯罪人的权利、财产、人身自由乃至生命,可以说是生杀予夺在此一举,其强制程度的严厉性昭然可见。而其他任何强制方法,都不可能达到这样严厉的程度。第二,适用对象的特定性。刑罚只能对触犯刑律构成犯罪的人适用,无罪的人绝对不受刑事追究。可以说,将刑罚的适用对象限于犯罪人是刑罚正当性的基本前提,这也是刑罚与其他法律强制方法的根本区别之一。第三,法律程序的专门性。刑罚只能由人民法院代表国家依照专门的法律程序适用。为了使刑罚适用公正合理,我国专门颁布了刑事诉讼法。人民法院追究犯罪分子的刑事责任,对犯罪分子适用刑罚必须按照刑事诉讼法所规定管辖权限、诉讼程序进行,否则就是非法的,而其他法律强制方法则按照其他的程序适用,两者有着根本区别。[①]

根据我国《刑法》规定,刑罚可以分为"主刑"与"附加刑"。主刑是对犯罪适用的主要刑罚方法,它只能独立适用,不能附加适用。因此,一个犯罪只能适用一种主刑,不能适用两种以上主刑。在我国《刑法》中,主刑包括:管制、拘役、有期徒刑、无期徒刑和死刑。附加刑,是补充主刑适用的刑罚方法。附加刑既可以附加适用又可以独立适用。在附加适用时,一个犯罪可以同时适用两个以上的附加刑。在我国《刑法》中,附加刑包括:罚金、剥夺政治权利、没收财产、驱逐出境。

二、承担刑事责任对企业经营的危害

在承担刑事责任之后,企业的生产经营活动会遭受到一定的影响。因罪行性质以及刑事责任大小之不同,犯罪对企业后续生产经营活动的影响也会有所不同。如果企业或其董事、监事、高级管理人员最终被判决承担刑事责任,不单单是资本市场的运作要停滞,可能企业无法正常运作。具体而言,承担刑事责任对企业经营的危害主要涉及企业本身与企业管理人员两个方面。

首先,就企业本身而言,企业经营活动中犯罪行为以及高管的职务犯罪将会对企业价值产生影响。一旦犯罪的信息对外公开以后,现有的投资者会降低之前对于企业价值的较高预期,潜在的投资者也会慎重选择,相关的客户以及供应商也将可能终止合作。此外,犯罪行为向投资者传递了一个负面信号,极有可能在未来给企业价值造成更大的损失,投资者、合作伙伴也会慎重考虑而选择结束交易或合作,从而给企业经营带来严重的负面反应。[②]

其次,就企业管理人员个人而言,根据《公司法》第146条规定:"有下列情形之一的,不得担任公司的董事、监事、高级管理人员:(一)……;(二)因贪污、贿赂、侵占财产、挪用财产或者破坏社会主义市场经济秩序,被判处刑罚,执行期满未逾五年,或者因犯罪被剥夺政治权利,执行期满未逾五年;……"如果相关企业管理人员因贪污、贿赂、侵占财产、挪用财产或者破坏社会主义市场经济秩序而被判处刑罚,执行期满未逾五年,或者因犯罪被剥夺政治权利,执行期满未逾五年,将会遭受职业禁止性限制,不得担任公司企业的高级管理人员。

---

① 陈兴良.规范刑法学(上册).4版.北京:中国人民大学出版社,2017:310—311.
② 张蕊,管考磊.企业高管侵占型职务犯罪对企业价值的影响研究.当代财经,2019(10).

第二章
企业经营中常见刑事犯罪种类

第一节　企业内部管理活动中涉及的刑事犯罪类型

一、非国家工作人员受贿罪

(一)犯罪构成

非国家工作人员受贿罪,是指公司、企业或者其他单位的工作人员利用职务上的便利,索取他人财物或者非法收受他人财物,为他人谋取利益,数额较大的行为。

《刑法》第163条第一款规定:"公司、企业或者其他单位的工作人员利用职务上的便利,索取他人财物或者非法收受他人财物,为他人谋取利益,数额较大的,处五年以下有期徒刑或者拘役;数额巨大的,处五年以上有期徒刑,可以并处没收财产。"该条第二款规定:"公司、企业或者其他单位的工作人员在经济往来中,利用职务上的便利,违反国家规定,收受各种名义的回扣、手续费,归个人所有的,依照前款的规定处罚。"

非国家工作人员受贿罪的构成要件包括如下内容。首先,本罪侵犯的客体是公司、企业或者其他单位的正常管理秩序和公司、企业或者其他单位工作人员职务的廉洁性。其次,本罪客观方面表现为行为人利用职务上的便利,索取他人财物或者非法收受他人财物,为他人谋取利益,数额较大的行为。再次,本罪的主体是特殊主体,即公司、企业或者其他单位的工作人员。最后,本罪主观方面是故意。

依据中华人民共和国最高人民法院、最高检察院《关于办理贪污贿赂刑事案件适用法律若干问题的解释》(法释〔2016〕9 号)第 11 条第一款的规定:"刑法第一百六十三条规定的非国家工作人员受贿罪、第二百七十一条规定的职务侵占罪中的'数额较大''数额巨大'的数额起点,按照本解释关于受贿罪、贪污罪相对应的数额标准规定的二倍、五倍执行。"具体而言,6 万元以上为非国家工作人员受贿"数额较大",100 万元以上为非国家工作人员受贿"数额巨大"。

(二)典型案例

1.2014 年至 2015 年间,被告人甲在担任乙有限公司运营中心总经理期间,利用其能够为他人购买到优质橡木的职务上的便利,非法收受他人财物共计 24 万元人民币,为他人购买优质橡木。2017 年 11 月 30 日,被告人甲被传唤到案。到案前,赃款已上缴至乙有限公司,后交由公安机关扣押。

最终,被告人甲犯非国家工作人员受贿罪,判处有期徒刑一年,缓刑一年六个月。[1]

2.被告人丙系丁集团运输部物流科科长。2016 年年初至 2017 年年底期间,丙利用职务便利,为与丁集团有运输业务往来的中外运外包公司提供方便,利用其母亲戊名下的邮政储蓄银行卡通过银行转账的方式索取贿赂款,贿赂款分别累计人民币 42 050 元、76 850 元,共计人民币 118 900 元,被丙挥霍。

最终,被告丙犯非国家工作人员受贿罪,判处有期徒刑八个月,缓刑一年。[2]

二、职务侵占罪

(一)犯罪构成

职务侵占罪,是指公司、企业或者其他单位的人员,利用职务上的便利,将本单位的财物非法占为己有,数额较大的行为。

---

① (2018)辽 0202 刑初 284 号。
② (2018)辽 1004 刑初 65 号。

《刑法》第 271 条第一款规定:"公司、企业或者其他单位的人员,利用职务上的便利,将本单位财物非法占为己有,数额较大的,处五年以下有期徒刑或者拘役;数额巨大的,处五年以上有期徒刑,可以并处没收财产。"

职务侵占罪的构成要件包括如下内容。首先,本罪的客体,是公司、企业或其他单位的财物所有权。其次,本罪的客观方面,表现为利用职务上的便利,将本单位的财物非法占为己有,数额较大的行为。再次,本罪的主体是特殊主体,即限于公司、企业或者其他单位的人员。最后,本罪的主观方面为直接故意,即明知是本单位所有的财物,而希望利用职务之便非法占为己有的心理态度。

最高人民法院、最高人民检察院《关于办理贪污贿赂刑事案件适用法律若干问题的解释》(法释〔2016〕9 号)第 11 条第一款规定:"刑法第一百六十三条规定的非国家工作人员受贿罪、第二百七十一条规定的职务侵占罪中的'数额较大''数额巨大'的数额起点,按照本解释关于受贿罪、贪污罪相对应的数额标准规定的二倍、五倍执行。"具体而言,6 万元以上为职务侵占"数额较大",100 万元以上为职务侵占"数额巨大"。

(二)典型案例

1.被告人甲于 2013 年 11 月在某市某区任主任期间处理旧城区改造项目异地安置房屋补偿工作等事宜。2013 年 11 月 27 日,当被告人甲从该区政府要回财务核算管理中心金额为人民币 560 215 元(拆迁异地安置补偿款)的支票后,谎称乙公司还应向该区某街道办事处返回 20 户已交公司的平价面积款 33 万元,并通过其个人银行卡账户转交。乙公司遂将人民币 33 万元款项转入其个人银行卡账户,被告人甲将该款项占为己有,并用于个人购买理财产品等。嗣后,被告人甲从该公司辞职。

最终,被告人甲犯职务侵占罪,判处有期徒刑二年。[①]

2.被告人丙于 2013 年 3 月期间,利用其为丁公司经理的职务之便,在戊公司承接丁公司装饰工程过程中,通过虚增合同价格方式,骗取丁公司资金人民币 10 万元,被其个人占有并使用。被告人丙被抓捕到案后自愿如实供述自己的罪行。

最终,被告人丙犯职务侵占罪,判处有期徒刑八个月,缓刑一年六个月。

---

① (2019)辽 0402 刑初 196 号。

三、挪用资金罪

(一)犯罪构成

挪用资金罪,是指公司、企业或者其他单位的人员,利用职务上的便利,挪用本单位资金归个人使用或者借贷给他人,数额较大、超过 3 个月未还的,或者虽未超过 3 个月,但数额较大、进行营利活动的,或者进行非法活动的行为。

《刑法》第 272 条第一款规定:"公司、企业或者其他单位的工作人员,利用职务上的便利,挪用本单位资金归个人使用或者借贷给他人,数额较大、超过三个月未还的,或者虽未超过三个月,但数额较大、进行营利活动的,或者进行非法活动的,处三年以下有期徒刑或者拘役;挪用本单位资金数额巨大的,处三年以上七年以下有期徒刑;数额特别巨大的,处七年以上有期徒刑。"[1]

挪用资金罪的构成要件包括如下内容。首先,本罪的客体是公司、企业或其他单位的财产权,具体侵犯的是单位对财产的占有权、使用权和收益权。其次,挪用资金罪的客观方面表现为利用职务上的便利,挪用单位资金归个人使用或者借贷给他人使用。再次,挪用资金罪的主体是特殊主体,即公司、企业或其他单位中从事一定管理性职务的人员。单纯劳务人员,不能成为本罪的主体。最后,挪用资金罪的主观方面是直接故意,且具有非法使用单位资金的目的。

《关于办理贪污贿赂刑事案件适用法律若干问题的解释》(法释〔2016〕9 号)第 11 条第二款规定:"刑法第二百七十二条规定的挪用资金罪中的'数额较大'、'数额巨大'以及'进行非法活动'情形的数额起点,按照本解释关于挪用公款罪'数额较大'、'情节严重'以及'进行非法活动'的数额标准规定的二倍执行。"具体而言,10 万元以上为挪用资金"数额较大",400 万元以上为挪用资金"数额巨大",200 万元以上为挪用资金"数额较大拒不归还";挪用资金进行非法活动的入罪数额标准为 6 万元以上,200 万元以上为挪用资金进行非法活动"数额巨大",100 万元以上为挪用资金进行非法活动"数额较大拒不归还"。

(二)典型案例

1.2014 年 11 月至 2015 年 6 月期间,被告人甲利用其担任乙公司出纳的职

---

[1] (2020)辽 0423 刑初 8 号。

务便利,多次将单位公款私自转到其母亲丙的银行账户内,截至案发前,尚有人民币 1 498 594 元未归还。

最终,被告人甲犯挪用资金罪,判处有期徒刑二年六个月。[1]

2.2018 年 8 月初至 11 月初,时任丁公司行政主管的被告人戊,利用管理公司现金的职务便利,采取将销售商品中现金消费部分记为储值卡消费的办法,延期向总公司上交销售现金,在三个月内戊多次截留销售贷款,累计 595 817 元。后戊将挪用的资金用于归还网络平台借款,至今未归还。2018 年 6 月 5 日已公司微信转账给戊商家进场押金 7 600 元,戊未上交公司。

最终,被告人戊犯挪用资金罪,判处有期徒刑一年六个月。[2]

四、拒不支付劳动报酬罪

(一)犯罪构成

拒不支付劳动报酬罪,是指负有向劳动者支付劳动报酬义务的雇主和用人单位,以转移财产、逃匿等方法逃避支付劳动者的劳动报酬或者有能力支付而不支付劳动者的劳动报酬,数额较大,经政府有关部门责令支付仍不支付的行为。

《刑法》第 276 条之一第一款规定:"以转移财产、逃匿等方法逃避支付劳动者的劳动报酬或者有能力支付而不支付劳动者的劳动报酬,数额较大,经政府有关部门责令支付仍不支付的,处三年以下有期徒刑或者拘役,并处或者单处罚金;造成严重后果的,处三年以上七年以下有期徒刑,并处罚金。"该条第二款、第三款规定:"单位犯前款罪的,对单位判处罚金,并对其直接负责的主管人员和其他直接责任人员,依照前款的规定处罚。""有前两款行为,尚未造成严重后果,在提起公诉前支付劳动者的劳动报酬,并依法承担相应赔偿责任的,可以减轻或者免除处罚。"

拒不支付劳动报酬罪的犯罪客体包括如下内容。首先,犯罪客体是复杂客体,即国家劳动秩序和劳动者获得劳动报酬的权利。其次,犯罪客观方面表现为,以转移财产、逃匿等方法逃避支付劳动者的劳动报酬或者有能力支付而不支付劳动者的劳动报酬,数额较大,经政府有关部门责令支付仍不支付的行为。犯罪主体是特殊主体,即负有向劳动者支付劳动报酬义务的自然人和单位,包括雇

---

[1] (2019)辽 0106 刑初 869 号。
[2] (2019)辽 0781 刑初 238 号。

主和用人单位。犯罪主观方面是故意,即行为人明知负有向劳动者支付劳动报酬的义务而不履行,且经政府有关部门责令履行仍拒不履行的心理态度。

《关于审理拒不支付劳动报酬刑事案件适用法律若干问题的解释》(法释〔2013〕3 号)第 3 条第一款规定:"具有下列情形之一的,应当认定为刑法第二百七十六条之一第一款规定的'数额较大':(一)拒不支付一名劳动者三个月以上的劳动报酬且数额在五千元至二万元以上的;(二)拒不支付十名以上劳动者的劳动报酬且数额累计在三万元至十万元以上的。"该条第二款规定:"各省、自治区、直辖市高级人民法院可以根据本地区经济社会发展状况,在前款规定的数额幅度内,研究确定本地区执行的具体数额标准,报最高人民法院备案。"根据《辽宁省关于确定审理拒不支付劳动报酬刑事案件数额标准的意见》规定:"对拒不支付一名劳动者三个月以上的劳动报酬且数额在一万元以上以及拒不支付十名以上劳动者的劳动报酬且数额累计在五万元以上的为数额较大。"

(二)典型案例

1.2016 年 9 月至 2017 年 6 月期间,甲公司下某分公司拖欠乙等 11 名工人工资共计 107 700 元,经本地劳动监察局下达《人力资源和社会保障监察期限改正指令书》《劳动保障监察责令支付工资通知》,该公司通过劳动监察局发还拖欠的工资 30 000 元,后该公司法定代表人丙失联。经查,被告人丙系该分公司的法定代表人,该公司拖欠的 77 700 元工人工资已全部发还。在提起公诉前,被告人丙将拖欠工人工资已全部发还。

最终,被告人丙犯拒不支付劳动报酬罪,判处有期徒刑一年,缓刑一年,并处罚金人民币 5 000 元。[①]

2.2015 年 7 月至 2017 年 12 月期间,被告人丁作为承建戊公司的荣兴棚改安置小区项目工程的实际施工人,从己公司承包了戊公司荣兴棚改工程项目,雇佣十三个班组工人进行施工。在其收到工程款后,未按照规定足额支付工人工资,拖欠工人工资的数额达 610 767 元。2019 年 4 月 29 日,当地人力资源和社会保障局对丁下达《劳动保障监察限期改正指令书》,丁仍不支付工人工资。

最终,被告人丁犯拒不支付劳动报酬罪,判处有期徒刑二年六个月,并处罚金人民币 100 000 元。[②]

[①](2020)辽 0304 刑初 38 号。
[②](2019)辽 1104 刑初 360 号。

第二节 企业外部生产经营活动中涉及的刑事犯罪类型

一、重大责任事故罪

（一）犯罪构成

重大责任事故罪，是指在生产、作业中违反有关安全管理的规定，因而发生重大伤亡事故或者造成其他严重后果的行为。

《刑法》第 134 条第一款规定："在生产、作业中违反有关安全管理的规定，因而发生重大伤亡事故或者造成其他严重后果的，处三年以下有期徒刑或者拘役；情节特别恶劣的，处三年以上七年以下有期徒刑。"

重大责任事故罪的构成要件包括如下内容。首先，本罪侵犯的客体是生产、作业的安全，即从事生产、作业的不特定或多数人的生命、健康的安全和重大公私财产的安全。其次，本罪的客观方面表现为在生产、作业中，违反有关安全管理的规定，因而发生重大伤亡事故或者造成其他严重后果的行为。再次，本罪的主体为一般主体，主要是从事生产、作业的人员。最后，本罪的主观方面是过失，可以是疏忽大意过失，也可以是过于自信过失。

《公安部关于公安机关管辖的刑事案件立案追诉标准的规定（一）》（公通字〔2008〕36 号）第 8 条规定："在生产、作业中违反有关安全管理的规定，涉嫌下列情形之一的，应予立案追诉：（一）造成死亡一人以上，或者重伤三人以上；（二）造成直接经济损失五十万元以上的；（三）发生矿山生产安全事故，造成直接经济损失一百万元以上的；（四）其他造成严重后果的情形。"

（二）典型案例

1.被告人甲经乙公司某现场施工员（已死亡）安排，为丙公司共同配送中心 3 号低温库地面维修接临时用电。被告人甲在接线过程中存在无证上岗、未设置漏电保护器、未设置警告防护设施、使用了中间带有接头的电缆线、终端使用电气设备超出电缆线负荷等违规行为。上述行为致使丙公司共同配送中心 3 号低温库发生火灾,造成直接经济损失 1 087.02 万元。

最终,被告人甲犯重大责任事故罪,判处有期徒刑三年,缓刑四年。[①]

2.2017 年 10 月 25 日 10 时许,在二手汽车市场内,丁公司雇佣戊对公司卷帘门进行拆卸、安装,被告人戊擅自雇佣己参与施工,戊违章指挥使用不具备施工条件的工具,在施工过程中,戊未提供安全帽和安全带来让己使用,对拆卸作业现场管理不善,未对从业人员己违章操作加以制止,己坠地死亡。根据相关调查组的责任认定和处理意见,戊对事故发生应付直接责任。被告人戊自动投案、如实供述自己的犯罪事实,且积极赔偿被害人家属损失,取得了被害人家属的谅解。

最终,被告人戊犯重大责任事故罪,判处有期徒刑一年,缓刑二年。[②]

二、生产、销售伪劣产品罪

(一)犯罪构成

生产、销售伪劣产品罪,是指生产者、销售者在产品中掺杂、掺假,以假充真,以次充好或者以不合格产品冒充合格产品,销售金额 5 万元以上的行为。

《刑法》第 140 条规定:"生产者、销售者在产品中掺杂、掺假,以假充真,以次充好或者以不合格产品冒充合格产品,销售金额五万元以上不满二十万元的,处二年以下有期徒刑或者拘役,并处或者单处销售金额百分之五十以上二倍以下罚金;销售金额二十万元以上不满五十万元的,处二年以上七年以下有期徒刑,并处销售金额百分之五十以上二倍以下罚金;销售金额五十万元以上不满二百万元的,处七年以上有期徒刑,并处销售金额百分之五十以上二倍以下罚金;销售金额二百万元以上的,处十五年有期徒刑或者无期徒刑,并处销售金额百分之五十以上二倍以下罚金或者没收财产。"

生产、销售伪劣产品罪的构成要件包括如下内容。首先,本罪的客体是复杂客体,即国家对产品质量的监督管理制度、市场管理制度和广大用户、消费者的合法权益。其次,本罪的客观方面表现为生产、销售伪劣产品,销售金额 5 万元

[①] (2019)辽 7103 刑初 22 号。
[②] (2020)辽 0103 刑初 104 号。

以上的行为。生产、销售伪劣产品的行为,主要有四种表现形式:一是在产品中掺杂、掺假,二是以假充真,三是以次充好,四是以不合格产品冒充合格产品。再次,本罪的主体是从事生产、销售伪劣产品的生产者、销售者,属于一般主体,即凡是达到法定年龄、具有责任能力的自然人,都可能成为本罪的主体,单位也可以成为本罪的主体。最后,本罪的主观方面只能是出于故意,即行为人明知生产、销售的是伪劣产品而仍然予以生产或者销售。

此外,生产、销售特殊商品的,诸如药品、食品以及其他商品的,还可能构成《刑法》第 141 条"生产、销售假药罪"、第 142 条"生产、销售劣药罪"、第 143 条"生产、销售不符合安全标准的食品罪"、第 144 条"生产、销售有毒、有害食品罪"、第 145 条"生产、销售不符合标准的卫生器材罪"、第 146 条"生产、销售不符合安全标准的产品罪"、第 147 条"生产、销售伪劣农药、兽药、化肥、种子罪"、第 148 条"生产、销售不符合卫生标准的化妆品罪"。

(二)典型案例

1.2017 年 11 月至 2018 年 4 月期间,被告人甲及其妻子乙(已判刑)从两家石油化工公司购入有机热载体,存储在其经营运输的场院内。在上述时间内,甲将所存储的部分有机热载体冒充柴油对外销售,共计销售有机热载体约 12 吨,销售金额人民币 65 959 元。其中,向丙销售约 2 吨,销售金额人民币 10 450 元;向丁销售约 10 吨,销售金额人民币 55 509 元。经鉴定,甲销售的油品不符合标准。

最终,被告人甲犯销售伪劣产品罪,判处有期徒刑七个月,并处罚金人民币 40 000 元。[①]

2.2016 年 4 月至 2018 年 1 月期间,被告人戊通过已购进庚所生产的玻尿酸类产品销售,其经营数额达 5 万余元。经向当地行政审批局查询,戊未办理第三类医疗器械经营许可证。经当地食品药品监督管理局认定,庚生产、销售的产品均为未取得医疗器械注册证的第三类医疗器械。经辛公司专业人士鉴定,涉案的产品并非该公司在中国大陆销售的真品,也非该公司生产并在国外销售的产品。

最终,被告人戊犯销售伪劣产品罪,判处有期徒刑八个月,缓刑一年,并处罚金人民币 30 000 元。[②]

---

①(2020)辽 0114 刑初 19 号。

②(2019)辽 0302 刑初 409 号。

三、侵犯公民个人信息罪

(一)犯罪构成

侵犯公民个人信息罪,是指行为人违反国家规定,向他人出售或者提供公民个人信息以及窃取或者以其他方法非法获取公民个人信息,情节严重的行为。

《刑法》第 253 条之一第 1 条规定:"违反国家有关规定,向他人出售或者提供公民个人信息,情节严重的,处三年以下有期徒刑或者拘役,并处或者单处罚金;情节特别严重的,处三年以上七年以下有期徒刑,并处罚金。违反国家有关规定,将在履行职责或者提供服务过程中获得的公民个人信息,出售或者提供给他人的,依照前款的规定从重处罚。窃取或者以其他方法非法获取公民个人信息的,依照第一款的规定处罚。单位犯前三款罪的,对单位判处罚金,并对其直接负责的主管人员和其他直接责任人员,依照各该款的规定处罚。"

侵犯公民个人信息罪的构成要件包括如下内容。首先,本罪的客体是公民个人的信息自决权与信息安全。对象是公民个人信息,即指以任何形式存在的、与公民个人存在关联并可以识别特定个人的信息。其次,本罪的客观方面表现为行为人违反国家规定,将其获得的公民个人信息,出售或者非法提供给他人以及窃取或者以其他方法非法获取公民个人信息情节严重的行为。再次,本罪的主体是一般主体,但国家机关或者金融、电信、交通、教育、医疗等单位及其工作人员实施侵犯公民个人信息的行为时应从重处罚。最后,主观方面是故意。

《关于办理侵犯公民个人信息刑事案件适用法律若干问题的解释》(法释〔2017〕10 号)第 5 条规定:"非法获取、出售或者提供公民个人信息,具有下列情形之一的,应当认定为刑法第二百五十三条之一规定的'情节严重':(一)出售或者提供行踪轨迹信息,被他人用于犯罪的;(二)知道或者应当知道他人利用公民个人信息实施犯罪,向其出售或者提供的;(三)非法获取、出售或者提供行踪轨迹信息、通信内容、征信信息、财产信息五十条以上的;(四)非法获取、出售或者提供住宿信息、通信记录、健康生理信息、交易信息等其他可能影响人身、财产安全的公民个人信息五百条以上的;(五)非法获取、出售或者提供第三项、第四项规定以外的公民个人信息五千条以上的;(六)数量未达到第三项至第五项规定标准,但是按相应比例合计达到有关数量标准的;(七)违法所得五千元以上的;(八)将在履行职责或者提供服务过程中获得的公民个人信息出售或者提供给他人,数量或者数额达到第三项至第七项规定标准一半以上的;(九)曾因侵犯公民个人信息受过刑事处罚或者二年内受过行政处罚,又非法获取、出售或者提供公民个人信息的;(十)其他情节严重的情形。"

(二)典型案例

1.2017 年至 2019 年 4 月期间,被告人甲在乙公司政府事业本部任职期间,在公司及其员工不知情的情况下,自行编辑解密程序,破解了本公司多名员工账户密码,并私自登录负责维护公司人力资源系统管理员丙的账户,查看并下载了包括在职员工花名册、工资明细在内的多条公司机密档案。据查,被告人甲在公司内网及外网登录丙账号 900 余次,其中下载的在职员工花名册、工资明细内容包括员工姓名、所在部门、身份证号码、电子邮件、职位、岗位、专业、学历、家庭住址、电话及工资收入、工资卡号等个人信息共计 3 万余条。被告人甲于 2019 年 4 月 15 日被公安机关抓获。

最终,被告人甲犯侵犯公民个人信息罪,判处有期徒刑一年,并处罚金人民币 30 000 元。[①]

2.被告人丁 2017 年至 2019 年在某公安局一分局任辅警,其间因结婚急需用钱,遂利用职务之便出售公民个人信息牟利。2019 年 5 月,通过公安网查询公民个人信息后将查询结果发送给其在 QQ 上认识的人,至少获利人民币 34 160 元。2019 年 6 月,丁通过公安网查询公民个人信息后将查询结果发送给其在聊天软件上认识的人,至少获利人民币 2 000 元。2019 年 6 月,丁通过公安网查询公民个人信息后将查询结果发送给网络上认识的人,至少获利人民币 5 670元。

最终,被告人丁犯侵犯公民个人信息罪,判处有期徒刑一年九个月,并处罚金人民币 50 000 元。

第三节　企业投融资刑事法律风险

一、高利转贷罪

(一)犯罪构成

高利转贷罪,是指违反国家规定,以转贷牟利为目的,套取金融机构信贷资

---

① (2019)辽 0112 刑初 413 号。

金高利转贷他人，违法所得数额较大的行为。

《刑法》第175条规定："以转贷牟利为目的，套取金融机构信贷资金高利转贷他人，违法所得数额较大的，处三年以下有期徒刑或者拘役，并处违法所得一倍以上五倍以下罚金；数额巨大的，处三年以上七年以下有期徒刑，并处违法所得一倍以上五倍以下罚金。单位犯前款罪的，对单位判处罚金，并对其直接负责的主管人员和其他直接责任人员，处三年以下有期徒刑或者拘役。"

高利转贷罪的构成要件包括如下内容。首先，本罪侵犯的客体是国家的信贷资金管理秩序。其次，本罪客观方面表现为套取金融机构信贷资金高利转贷他人，违法所得数额较大的行为。再次，本罪的主体包括任何已满16周岁、具有刑事责任能力的自然人和单位。最后，本罪主观方面只能由故意构成，并且具有转贷牟利的目的。

《关于公安机关管辖的刑事案件立案追诉标准的规定（二）》第26条规定："以转贷牟利为目的，套取金融机构信贷资金高利转贷他人，涉嫌下列情形之一的，应予立案追诉：（一）高利转贷，违法所得数额在十万元以上的；（二）虽未达到上述数额标准，但两年内因高利转贷受过行政处罚二次以上，又高利转贷的。"

（二）典型案例

甲、乙、丙（均另案处理）为筹集某寄卖行寄卖启动资金，向被告人丁借款并许诺给其高额利息。后丁以其名下的门市房作抵押，以买鱼苗为名，向某银行贷款100万元，甲、乙、丙对此提供帮助。该贷款分两笔汇入经丁指定账户，后该款用于该寄卖行对外放贷。2014年12月至2015年12月13日期间，寄卖行共向丁支付利息30万元，扣除丁偿还银行贷款利息，获利114 050元。

最终，被告人丁犯高利转贷罪，判处有期徒刑一年缓刑一年，并处罚金114 050元。[1]

二、骗取贷款、票据承兑、金融票证罪

（一）犯罪构成

骗取贷款、票据承兑、金融票证罪，是指以欺骗手段取得银行或者其他金融机构贷款、票据承兑、信用证、保函等，给银行或者其他金融机构造成重大损失或

---

[1] （2020）辽1481刑初240号。

者有其他严重情节的行为。

《刑法修正案(六)》第 10 条增订的《刑法》第 175 条之一规定:"以欺骗手段取得银行或者其他金融机构贷款、票据承兑、信用证、保函等,给银行或者其他金融机构造成重大损失的,处三年以下有期徒刑或者拘役,并处或者单处罚金;给银行或者其他金融机构造成特别重大损失或者有其他特别严重情节的,处三年以上七年以下有期徒刑,并处罚金。单位犯前款罪的,对单位判处罚金,并对其直接负责的主管人员和其他直接责任人员,依照前款的规定处罚。"

骗取贷款、票据承兑、金融票证罪的构成要件包括如下内容。首先,本罪侵犯的客体是国家对贷款、票据承兑、金融票证的管理秩序。其次,本罪的客观方面表现为行为人以欺骗手段取得银行或者其他金融机构贷款、票据承兑、信用证、保函等,给银行或者其他金融机构造成重大损失或者有其他严重情节。再次,本罪的主体包括任何已满 16 周岁、具有刑事责任能力的自然人和单位。最后,本罪的主观方面表现为故意。

《关于公安机关管辖的刑事案件立案追诉标准的规定(二)》第 27 条规定:"以欺骗手段取得银行或者其他金融机构贷款、票据承兑、信用证、保函等,涉嫌下列情形之一的,应予立案追诉:(一)以欺骗手段取得贷款、票据承兑、信用证、保函等,数额在一百万元以上的;(二)以欺骗手段取得贷款、票据承兑、信用证、保函等,给银行或者其他金融机构造成直接经济损失数额在二十万元以上的;(三)虽未达到上述数额标准,但多次以欺骗手段取得贷款、票据承兑、信用证、保函等的;(四)其他给银行或者其他金融机构造成重大损失或者有其他严重情节的情形。"

(二)典型案例

被告单位甲公司董事长与乙公司前后任董事长(均另案处理),利用乙公司在银行的高额授信,指示被告人丙等财务人员利用虚构的货物购销合同,先后多次从多家银行骗取高额信贷资金共计 446 898 万元,致巨额资金 347 756 万元不能归还,并虚开增值税专用发票 1 701 份。

本案二审维持一审原判,即原审被告人丙犯骗取贷款、票据承兑、金融票证罪,判处有期徒刑三年六个月,并处罚金人民币十万元;原审被告单位甲公司犯骗取贷款、票据承兑、金融票证罪,判处罚金人民币五千万元。①

---

① (2020)皖 04 刑终 83 号。

三、集资诈骗罪

(一)犯罪构成

集资诈骗罪是指以非法占有为目的,违反有关金融法律、法规的规定,使用诈骗方法进行非法集资,扰乱国家正常金融秩序,侵犯公私财产所有权,且数额较大的行为。

《刑法》第192条规定:"以非法占有为目的,使用诈骗方法非法集资,数额较大的,处五年以下有期徒刑或者拘役,并处二万元以上二十万元以下罚金;数额巨大或者有其他严重情节的,处五年以上十年以下有期徒刑,并处五万元以上五十万元以下罚金;数额特别巨大或者有其他特别严重情节的,处十年以上有期徒刑或者无期徒刑,并处五万元以上五十万元以下罚金或者没收财产。"

集资诈骗罪的构成要件包括如下内容。首先,本罪的客体为复杂客体,即国家正常的金融管理秩序和公司财产的所有权。其次,本罪的客观方面表现为使用诈骗方法非法集资,骗取集资款数额较大。再次,本罪的主体为一般主体,包括任何已满16周岁、具有刑事责任能力的自然人和单位。最后,本罪的主观方面表现为故意,并具有非法占有集资款的目的。

《关于公安机关管辖的刑事案件立案追诉标准的规定(二)》第49条规定:"以非法占有为目的,使用诈骗方法非法集资,涉嫌下列情形之一的,应予立案追诉:(一)个人集资诈骗,数额在十万元以上的;(二)单位集资诈骗,数额在五十万元以上的。"

《关于审理非法集资刑事案件具体应用法律若干问题的解释》(法释〔2010〕18号)第5条规定:"个人进行集资诈骗,数额在10万元以上的,应当认定为'数额较大';数额在30万元以上的,应当认定为'数额巨大';数额在100万元以上的,应当认定为'数额特别巨大'。单位进行集资诈骗,数额在50万元以上的,应当认定为'数额较大';数额在150万元以上的,应当认定为'数额巨大';数额在500万元以上的,应当认定为'数额特别巨大'。集资诈骗的数额以行为人实际骗取的数额计算,案发前已归还的数额应予扣除。行为人为实施集资诈骗活动而支付的广告费、中介费、手续费、回扣,或者用于行贿、赠与等费用,不予扣除。行为人为实施集资诈骗活动而支付的利息,除本金未归还可予折抵本金以外,应当计入诈骗数额。"

（二）典型案例

被告人甲、乙预谋向社会集资，先后成立了丙、丁、戊三家公司。甲、乙以发放礼物、支付少量本息、不定期召集活动为诱饵，向投资人进行宣传，与投资人签订出借咨询与服务协议，承诺到期返还本金及年化收益，甲、乙二人集资后除将少量资金用于支付投资者的本息外，其余并未用于公司生产经营活动，而是将财产转移。后丙、丁、戊公司均停业，致使99名被害人的资金被甲、乙二人非法占有。

本案经过两审终审甲犯集资诈骗罪，判处有期徒刑十一年六个月，并处罚金人民币二十万元；乙犯集资诈骗罪，判处有期徒刑十一年六个月，并处罚金人民币二十万元。[①]

四、贷款诈骗罪

（一）犯罪构成

贷款诈骗罪，是指以非法占有为目的，编造引进资金、项目等虚假理由、使用虚假的经济合同、使用虚假的证明文件、使用虚假的产权证明作担保、超出抵押物价值重复担保或者以其他方法，诈骗银行或者其他金融机构的贷款、数额较大的行为。

《刑法》第193条规定："有下列情形之一，以非法占有为目的，诈骗银行或者其他金融机构的贷款，数额较大的，处五年以下有期徒刑或者拘役，并处二万元以上二十万元以下罚金；数额巨大或者有其他严重情节的，处五年以上十年以下有期徒刑，并处五万元以上五十万元以下罚金；数额特别巨大或者有其他特别严重情节的，处十年以上有期徒刑或者无期徒刑，并处五万元以上五十万元以下罚金或者没收财产：（一）编造引进资金、项目等虚假理由的；（二）使用虚假的经济合同的；（三）使用虚假的证明文件的；（四）使用虚假的产权证明作担保或者超出抵押物价值重复担保的；（五）以其他方法诈骗贷款的。"

贷款诈骗罪的构成要件包括如下内容。首先，本罪侵犯的客体是国家正常的贷款管理秩序和金融机构对所出借资金的所有权。其次，本罪的客观方面表

---

① （2020）辽02刑终284号。

现为使用虚假事实、隐瞒真相的诈骗方法骗取银行或者其他金融机构的贷款,并且数额较大。再次,本罪的主体是自然人,对单位及直接负责的主管人员和其他直接责任人员不能以本罪论处。最后,本罪主观表现为故意,并具有非法占有贷款的目的。

《关于公安机关管辖的刑事案件立案追诉标准的规定(二)》第 50 条规定:"以非法占有为目的,诈骗银行或者其他金融机构的贷款,数额在二万元以上的,应予立案追诉。"

司法实践中有着具体的量刑标准。首先,在五年以下有期徒刑、拘役法定刑范围内:贷款诈骗 1 万元以上不满 1.4 万元的,基准刑为拘役刑;1.4 万元的,基准刑为有期徒刑六个月;每增加 600 元,刑期增加一个月。其次,在五年以上十年以下有期徒刑法定刑范围内:(1)贷款诈骗 4 万元以上不足 5 万元,具有下列情形之一的,认定有"其他严重情节"。贷款诈骗 4 万元的,基准刑为有期徒刑五年;每增加 800 元,刑期增加 1 个月;每增加情形之一,刑期增加 6 个月:①为骗取贷款,向银行或金融机构工作人员行贿,数额较大的;②挥霍贷款或者用贷款进行违法活动,致使贷款到期无法偿还的;③隐匿贷款去向,贷款期限届满后,拒不偿还的;④提供虚假担保申请贷款,贷款期限届满后,拒不偿还的;⑤假冒他人名义申请贷款,贷款期限届满后,拒不偿还的。(2)贷款诈骗 5 万元的,基准刑为有期徒刑五年;每增加 3 500 元,刑期增加一个月;每增加第一项规定情形之一,刑期增加 6 个月。最后,在十年以上有期徒刑法定刑范围内:(1)贷款诈骗 16 万元以上不足 20 万元,具有下列情形之一的,认定有"其他特别严重情节"。贷款诈骗 16 万元的,基准刑为有期徒刑十年;每增加 4 000 元,刑期增加一个月;每增加情形之一,刑期增加一年:①为骗取贷款,向银行或金融机构工作人员行贿,数额巨大的;②携带贷款逃跑的;③使用贷款进行犯罪活动的。(2)贷款诈骗 20 万元的,基准刑为有期徒刑十年;每增加 1 万元,刑期增加一个月;每增加前项情形之一,刑期增加一年。

(二)典型案例

被告人甲是乙公司的法定代表人。甲帮助丙(另案处理)、被告人丁在自己经营的汽贸公司签订虚假的购买车辆合同,并提供虚假的购车首付款收据,向中国银行某分行贷款。丙在支付贷款银行手续费 16 100 元后贷款 14 万元,甲将此款提出未用于购买车辆,后此笔贷款进入逾期,经银行多次催收至案发前,拖欠银行本金 129 504 元。丁在支付贷款银行手续费 17 250 元后贷款 15 万元,甲将此贷款提出未用于购买车辆,而是将其中两万元用于偿还丁个人债务,后此笔贷款进入逾期,银行多次催收至案发前,拖欠银行本金 124 881.12 元。案发后,被告人甲主动到公安机关投案,被告人丁被抓捕归案。

本案经过两审终审,最终判决为:被告人甲犯贷款诈骗罪,判处有期徒刑二年,并处罚金人民币五万元;被告人丁犯贷款诈骗罪判处有期徒刑三年,并处罚金人民币五万元。[①]

五、合同诈骗罪

(一)构成要件

合同诈骗罪,是指以非法占有为目的,在签订、履行合同过程中,采取虚构事实或者隐瞒真相等欺骗手段,骗取对方当事人的财物,数额较大的行为。

《刑法》第224条规定:"有下列情形之一,以非法占有为目的,在签订、履行合同过程中,骗取对方当事人财物,数额较大的,处三年以下有期徒刑或者拘役,并处或者单处罚金;数额巨大或者有其他严重情节的,处三年以上十年以下有期徒刑,并处罚金;数额特别巨大或者有其他特别严重情节的,处十年以上有期徒刑或者无期徒刑,并处罚金或者没收财产:(一)以虚构的单位或者冒用他人名义签订合同的;(二)以伪造、变造、作废的票据或者其他虚假的产权证明做担保的;(三)没有实际履行能力,以先履行小额合同或者部分履行合同的方法,诱骗对方当事人继续签订和履行合同的;(四)收受对方当事人给付的货物、货款、预付款或者担保财产后逃匿的;(五)以其他方法骗取对方当事人财物的。"

合同诈骗罪的构成要件包括如下内容。首先,本罪侵犯的客体是复杂客体,即国家对经济合同的管理秩序和公司财产所有权。其次,本罪的客观方面表现为行为人在签订、履行合同中,实行了骗取对方当事人财务的行为,且骗取财物数额较大。再次,本罪的主体包括任何已满16周岁、具有刑事责任能力的自然人和单位。最后,本罪的主观方面表现为直接故意,并具有非法占有他人财物的目的。

《关于公安机关管辖的刑事案件立案追诉标准的规定(二)》第77条规定:"以非法占有为目的,在签订、履行合同过程中,骗取对方当事人财物,数额在二万元以上的,应予立案追诉。"

---

① (2019)辽07刑终30号。

(二)典型案例

上诉人甲在某租车行租赁一辆黑色大众迈腾轿车后,将该车抵押在乙处并签订二手车买卖合同,双方约定借款 6 万元,甲实际得款 5 万元。同月 21 日,甲在另租车行租赁一辆银灰色奥德赛轿车后,将该车抵押在丙处并签订借款协议,双方约定借款 1.5 万元,到期无法还款时以该车抵债,甲实际得款 1.35 万元。以上钱款共计 6.35 万元被甲用于偿还个人债务,并始终未归还两被害人。后租车行自行将上述车辆追回。

本案经过两审终审,甲犯合同诈骗罪,判处有期徒刑二年,并处罚金人民币三万元。[①]

六、非法经营罪

(一)构成要件

非法经营罪,是指违反国家规定,有下列非法经营行为之一的犯罪:(一)未经许可经营法律、行政法规规定的专营、专卖物品或其他限制买卖的物品的;(二)买卖进出口许可证、进出口原产地证明以及其他法律、行政法规规定的经营许可证或者批准文件的;(三)未经国家有关主管部门批准,非法经营证券、期货或者保险业务的,或者非法从事资金结算业务的;(四)从事其他非法经营活动,扰乱市场秩序,情节严重的行为。

《刑法》第 225 条规定:"违反国家规定,有下列非法经营行为之一,扰乱市场秩序,情节严重的,处五年以下有期徒刑或者拘役,并处或者单处违法所得一倍以上五倍以下罚金;情节特别严重的,处五年以上有期徒刑,并处违法所得一倍以上五倍以下罚金或者没收财产:(一)未经许可经营法律、行政法规规定的专营、专卖物品或者其他限制买卖的物品的;(二)买卖进出口许可证、进出口原产地证明以及其他法律、行政法规规定的经营许可证或者批准文件的;(三)未经国家有关主管部门批准非法经营证券、期货、保险业务的,或者非法从事资金支付结算业务的;(四)其他严重扰乱市场秩序的非法经营行为。"

非法经营罪的构成要件包括如下内容。首先,本罪侵犯的客体是市场管理秩序。其次,本罪的客观方面表现为违反国家规定,非法经营,扰乱市场秩序,情

---

① (2021)辽 07 刑终 13 号。

节严重的行为。再次,本罪的主体是一般主体,包括任何已满 16 周岁、具有刑事责任能力的自然人和单位。最后,本罪的主观方面表现为故意。

依据刑法修正案、相关立法解释、司法解释的规定,下列行为以非法经营罪论处:

(1)在国家规定的交易场所外非法买卖外汇、扰乱市场秩序的;

(2)未经国家有关主管部门批准,非法经营证券、期货或者保险业务的;

(3)违反国家规定,出版、印刷、复制、发行严重危害社会秩序和扰乱市场的非法出版物,情节严重的;

(4)非法生产、销售盐酸克仑特罗等禁止在饲料和动物饮用水中使用的药品,扰乱药品市场秩序,情节严重的;

(5)擅自经营国际电信业务或涉及港澳台电信业务进行牟利活动,扰乱电信市场管理秩序的;

(6)伪造、变造、买卖林木采伐许可证,木材运输证件,森林、林木、林地权属证书,占用或者征用林地审核同意书、育林基金等缴费收据以及其他国家机关批准的林业证件构成犯罪的,以伪造、变造、买卖国家机关公文、证件罪定罪处罚;但买卖允许进出口证明书等经营许可证明,同时构成非法经营罪的,依照处罚较重的规定定罪处罚;伪造、变造、买卖国家机关颁发的野生动物允许进出口证明书、特许猎捕证、狩猎证、驯养繁殖许可证等公文、证件构成犯罪的,以伪造、变造、买卖国家机关公文、证件罪定罪处罚;但是实施上述行为构成犯罪,同时构成非法经营罪的,依照处罚较重的规定定罪处罚;

(7)从事传销或变相传销活动,扰乱市场秩序,情节严重的;

(8)擅自经营国际或香港特别行政区、澳门特别行政区、台湾地区电信业务或涉及港澳台电信业务进行牟利活动,扰乱电信市场管理秩序的;

(9)违反国家有关盐业管理规定,非法生产、储运、销售食盐,扰乱市场秩序,情节严重的;

(10)违反国家在预防、控制突发传染病疫情等灾害期间有关市场经营、价格管理等规定,哄抬物价、牟取暴利,严重扰乱市场秩序,违法所得数额较大或者有其他严重情节的,依法从重处罚;

(11)未经国家批准擅自发行、销售彩票,构成犯罪的。

(二)典型案例

2017 年至 2018 年期间,被告人甲、乙、丙三人(系亲属关系)未经烟草专卖许可,通过微信等方式,各自从事买卖电子烟烟弹(加热不燃烧型烟草制品)的经营活动,三人偶有相互介绍货源卖家以及窜货的行为。其间,甲从徐某、董某、王某等人(均另案处理)处购进烟弹合计人民币 852 905 元;乙向吴某、陈某、曲某等人(均另案处理)销售烟弹合计人民币 300 560 元,未及销售的烟弹合计人民币 19 087.56 元;丙从被告人丁某、徐某、温某处(均另案处理)购进烟弹合计人民币 293 540 元,其中丁某向丙销售烟弹合计人民币 85 800 元。

本案最终判决如下:被告人甲犯非法经营罪,判处有期徒刑六年三个月,并处罚金人民币六万元。被告人乙犯非法经营罪,判处有期徒刑五年二个月,并处罚金人民币二万元。被告人丙犯非法经营罪,判处有期徒刑五年九个月,并处罚金人民币三万元。被告人丁某犯非法经营罪,判处有期徒刑七个月,缓刑一年,并处罚金人民币五千元。[①]

七、非法吸收公众存款罪

(一)构成要件

非法吸收公众存款罪是指违反国家金融管理法规非法吸收公众存款或变相吸收公众存款,扰乱金融秩序的行为。

《刑法》第 176 条规定:"非法吸收公众存款或者变相吸收公众存款,扰乱金融秩序的,处三年以下有期徒刑或者拘役,并处或者单处二万元以上二十万元以下罚金;数额巨大或者有其他严重情节的,处三年以上十年以下有期徒刑,并处五万元以上五十万元以下罚金。单位犯前款罪的,对单位判处罚金,并对其直接负责的主管人员和其他直接责任人员,依照前款的规定处罚。"

非法吸收公众存款罪的构成要件包括如下内容。首先,本罪的客体是国家金融管理秩序。其次,本罪的客观方面表现为行为人实施了非法吸收或变相吸收公众存款的行为。再次,本罪的主体包括任何已满 16 周岁、具有刑事责任能力的自然人和单位。最后,本罪的主观方面表现为故意。

《最高人民检察院公安部关于公安机关管辖的刑事案件立案追诉标准的规定(二)》第 28 条规定:"非法吸收公众存款或者变相吸收公众存款,扰乱金融秩序,涉嫌下列情形之一的,应予立案追诉:(一)个人非法吸收或者变相吸收公众存款数额在二十万元以上的,单位非法吸收或者变相吸收公众存款数额在一百万元以上的;(二)个人非法吸收或者变相吸收公众存款三十户以上的,单位非法吸收或者变相吸收公众存款一百五十户以上的;(三)个人非法吸收或者变相吸收公众存款给存款人造成直接经济损失数额在十万元以上的,单位非法吸收或者变相吸收公众存款给存款人造成直接经济损失数额在五十万元以上的;(四)

[①] (2020)辽 02 刑终 61 号。

造成恶劣社会影响的;(五)其他扰乱金融秩序情节严重的情形。"

最高人民法院《关于审理非法集资刑事案件具体应用法律若干问题的解释》第1条规定:"违反国家金融管理法律规定,向社会公众(包括单位和个人)吸收资金的行为,同时具备下列四个条件的,除刑法另有规定的以外,应当认定为刑法第176条规定的'非法吸收公众存款或者变相吸收公众存款':(一)未经有关部门依法批准或者借用合法经营的形式吸收资金;(二)通过媒体、推介会、传单、手机短信等途径向社会公开宣传;(三)承诺在一定期限内以货币、实物、股权等方式还本付息或者给付回报;(四)向社会公众即社会不特定对象吸收资金。未向社会公开宣传,在亲友或者单位内部针对特定对象吸收资金的,不属于非法吸收或者变相吸收公众存款。"

第2条规定:"实施下列行为之一,符合本解释第1条第一款规定的条件的,应当依照刑法第176条的规定,以非法吸收公众存款罪定罪处罚:(一)不具有房产销售的真实内容或者不以房产销售为主要目的,以返本销售、售后包租、约定回购、销售房产份额等方式非法吸收资金的;(二)以转让林权并代为管护等方式非法吸收资金的;(三)以代种植(养殖)、租种植(养殖)、联合种植(养殖)等方式非法吸收资金的;(四)不具有销售商品、提供服务的真实内容或者不以销售商品、提供服务为主要目的,以商品回购、寄存代售等方式非法吸收资金的;(五)不具有发行股票、债券的真实内容,以虚假转让股权、发售虚构债券等方式非法吸收资金的;(六)不具有募集基金的真实内容,以假借境外基金、发售虚构基金等方式非法吸收资金的;(七)不具有销售保险的真实内容,以假冒保险公司、伪造保险单据等方式非法吸收资金的;(八)以投资入股的方式非法吸收资金的;(九)以委托理财的方式非法吸收资金的;(十)利用民间'会''社'等组织非法吸收资金的;(十一)其他非法吸收资金的行为。"

第3条规定:"非法吸收或者变相吸收公众存款,具有下列情形之一的,应当依法追究刑事责任:(一)个人非法吸收或者变相吸收公众存款,数额在20万元以上的,单位非法吸收或者变相吸收公众存款,数额在100万元以上的;(二)个人非法吸收或者变相吸收公众存款对象30人以上的,单位非法吸收或者变相吸收公众存款对象150人以上的;(三)个人非法吸收或者变相吸收公众存款,给存款人造成直接经济损失数额在10万元以上的,单位非法吸收或者变相吸收公众存款,给存款人造成直接经济损失数额在50万元以上的;(四)造成恶劣社会影响或者其他严重后果的。具有下列情形之一的,属于刑法第176条规定的'数额巨大或者有其他严重情节':(一)个人非法吸收或者变相吸收公众存款,数额在100万元以上的,单位非法吸收或者变相吸收公众存款,数额在500万元以上的;(二)个人非法吸收或者变相吸收公众存款对象100人以上的,单位非法吸收或者变相吸收公众存款对象500人以上的;(三)个人非法吸收或者变相吸收公众存款,给存款人造成直接经济损失数额在50万元以上的,单位非法吸收或者变相吸收公众存款,给存款人造成直接经济损失数额在 250 万元以上的;(四)造成特别恶劣社会影响或者其他特别严重后果的。非法吸收或者变相吸收公众存款的数额,以行为人所吸收的资金全额计算。案发前后已归还的数额,可以作为量刑情节酌情考虑。非法吸收或者变相吸收公众存款,主要用于正常的生产经营活动,能够及时清退所吸收资金,可以免予刑事处罚;情节显著轻微的,不作为犯罪处理。"

(二)典型案例

甲与乙(已判刑)系夫妻关系。乙通过他人了解到"美国精准策略集团的资产证券"投资项目。2016 年 12 月至 2017 年 7 月期间,被告人甲与乙在未经有关部门依法批准的情况下,以在多地举办宣传会,以及组建微信群的方式,向他人宣传"美国精准策略集团的资产证券"投资项目,并以高额回报为诱饵,向社会公众筹集资金。经审查,被告人甲同乙共计吸收 16 名被害人投资金额人民币 1 073 573 元,返利人民币 89 796 元,尚欠本金人民币 983 777 元。

本案经过两审终审,判决如下:原审被告人甲犯非法吸收公众存款罪,判有期徒刑三年九个月,并处罚金人民币二十万元。[①]

八、擅自发行股票或者公司、企业债券罪

(一)构成要件

擅自发行股票或者公司、企业债券罪,是指未经国家有关主管部门批准,擅自发行股票或者公司、企业债券,数额巨大、后果严重或者有其他严重情节的行为。

《刑法》第 179 条规定:"未经国家有关主管部门批准,擅自发行股票或者公司、企业债券,数额巨大、后果严重或者有其他严重情节的,处五年以下有期徒刑或者拘役,并处或者单处非法募集资金金额百分之一以上百分之五以下罚金。单位犯前款罪的,对单位判处罚金,并对其直接负责的主管人员和其他直接责任人员,处五年以下有期徒刑或者拘役。"

擅自发行股票或者公司、企业债券罪的构成要件包括如下内容。首先,本罪侵犯的客体是国家对发行股票或者公司、企业债券的管理秩序。其次,本罪的客

---

① (2021)辽 01 刑终 149 号。

观方面表现为未经国家有关主管部门批准,擅自发行股票或者公司、企业债券,数额巨大、后果严重或者有其他严重情节。再次,本罪的主体包括任何已满 16 周岁、具有刑事责任能力的自然人和单位。最后,本罪的主观方面表现为故意。

最高人民检察院、公安部《关于公安机关管辖的刑事案件立案追诉标准的规定(二)》第 34 条规定:"未经国家有关主管部门批准,擅自发行股票或者公司、企业债券,涉嫌下列情形之一的,应予立案追诉:(一)发行数额在五十万元以上的;(二)虽未达到上述数额标准,但擅自发行致使三十人以上的投资者购买了股票或者公司、企业债券的;(三)不能及时清偿或者清退的;(四)其他后果严重或者有其他严重情节的情形。"

(二)典型案例

被告人甲未经证监会批准,召集、组成销售团队,以公司计划在美国纳斯达克上市,购买公司原始股票上市后可以获得高额回报为名,采用通过电话联系、"口口相传"等方式联系投资者,吸引投资者购买该公司发行的股票。同时在多地举办多场股票推介会,介绍、洽谈增发股票业务,并采取播放宣传片夸大收益及发放宣传手册等公开、变相公开方式向社会不特定对象以每股 3.6 元的股价出售公司股票。共向 224 名投资者发行股票 990 万股,收取投资者股本金人民币 2 935.26 万元。其中,130 名投资者为不特定对象,共购买股票 628 万股,总金额 2 267.47 万元。所得赃款均被挥霍。

最终,被告人甲犯擅自发行股票罪,判处有期徒刑四年,并处罚金人民币一百万元。[①]

第四节　知识产权保护中的刑事法律风险

一、侵犯商业秘密罪

(一)构成要件

侵犯商业秘密罪,是指以盗窃、利诱、胁迫或者其他不正当手段获取权利人

---

① (2019)吉 0102 刑初 464 号。

的商业秘密,或者非法披露、使用或者允许他人使用其所掌握的或获取的商业秘密,给商业秘密的权利人造成重大损失的行为。

《刑法》第 219 条规定:"有下列侵犯商业秘密行为之一,情节严重的,处三年以下有期徒刑,并处或者单处罚金;情节特别严重的,处三年以上十年以下有期徒刑,并处罚金:(一)以盗窃、贿赂、欺诈、胁迫、电子侵入或者其他不正当手段获取权利人的商业秘密的;(二)披露、使用或者允许他人使用以前项手段获取的权利人的商业秘密的;(三)违反保密义务或者违反权利人有关保守商业秘密的要求,披露、使用或者允许他人使用其所掌握的商业秘密的。明知前款所列行为,获取、披露、使用或者允许他人使用该商业秘密的,以侵犯商业秘密论。"本规定所称商业秘密,是指不为公众所知悉、能为权利人带来经济利益、具有实用性并经权利人采取保密措施的技术信息和经营信息。本规定所称权利人,是指依法对商业秘密享有所有权或者使用权的公民、法人或者其他组织。

侵犯商业秘密罪的构成要件有如下内容。首先,本罪侵犯的客体是国家著作权管理秩序和他人的著作权。其次,本罪的客观方面表现为行为人实施了侵犯他人著作权的行为,且违法所得数额较大或者有其他严重情节。再次,本罪的主体包括任何已满 16 周岁、具有刑事责任能力的自然人和单位。最后,本罪的主观方面表现为故意,并且具有营利的目的。

《关于办理侵犯知识产权刑事案件具体应用法律若干问题的解释》第 7 条规定:"实施刑法第 219 条规定的行为之一,给商业秘密的权利人造成损失数额在五十万元以上的,属于'给权利人造成重大损失',应当以侵犯商业秘密罪判处三年以下有期徒刑或者拘役,并处或者单处罚金。给商业秘密的权利人造成损失数额在二百五十万元以上的,属于刑法第 219 条规定的'造成特别严重后果',应当以侵犯商业秘密罪判处三年以上七年以下有期徒刑,并处罚金。"

第 15 条规定:"单位实施刑法第 213 条至第 219 条规定的行为,按照本解释规定的相应个人犯罪的定罪量刑标准的三倍定罪量刑。"

第 16 条规定:"明知他人实施侵犯知识产权犯罪,而为其提供贷款、资金、账号、发票、证明、许可证件,或者提供生产、经营场所或运输、储存、代理进出口等便利条件、帮助的,以侵犯知识产权犯罪的共犯论处。"

《关于公安机关管辖的刑事案件立案追诉标准的规定(二)》第 73 条规定:"侵犯商业秘密,涉嫌下列情形之一的,应予立案追诉:(一)给商业秘密权利人造成损失数额在五十万元以上的;(二)因侵犯商业秘密违法所得数额在五十万元以上的;(三)致使商业秘密权利人破产的;(四)其他给商业秘密权利人造成重大损失的情形。"

（二）典型案例

被告人甲、乙伙同丙、丁（均另案处理）等人，在 2018 年 5 月至 2019 年 10 月期间，将某科技公司享有著作权的手机游戏软件私自复制发行获利，非法经营数额共计人民币 30 余万元。

最终，被告人甲犯侵犯著作权罪，判处有期徒刑二年六个月，罚金人民币十万元；被告人乙犯侵犯著作权罪，判处有期徒刑三年，罚金人民币十二万元。[①]

二、假冒注册商标罪

（一）构成要件

假冒注册商标罪，是指违反国家商标管理法规，未经注册商标所有人许可，在同一种商品上使用与其注册商标相同的商标，情节严重的行为。

《刑法》第 213 条规定："未经注册商标所有人许可，在同一种商品上使用与其注册商标相同的商标，情节严重的，处三年以下有期徒刑或者拘役，并处或者单处罚金；情节特别严重的，处三年以上七年以下有期徒刑，并处罚金。"

假冒商标罪的构成要件包括如下内容。首先，本罪侵犯的客体是国家的商标管理秩序和他人注册商标的专用权。其次，本罪的客观方面表现为未经注册商标所有人许可，在同一种商品上使用与其注册商标相同的商标，情节严重的行为。再次，本罪的主体包括任何已满 16 周岁、具有刑事责任能力的自然人和单位。最后，本罪的主观方面表现为故意。

在商标法上，未经注册商标所有人的许可，在同一种商品或类似商品上使用与其注册商标相同或者近似商标的行为均属于假冒商标行为。具体来说，假冒注册商标行为包括以下四种行为：(1)在同一种商品上使用与他人注册商标相同的商标；(2)在同一种商品上使用与他人注册商标近似的商标；(3)在类似商品上使用与他人注册商标相同的商标；(4)在类似商品上使用与他人注册商标近似的商标。但是《刑法》第 213 条仅仅将上述第(1)种行为规定为犯罪，对其他三类假冒注册商标的行为不能以假冒注册商标罪论处，而只能以商标违法行为处理。

依据《关于办理侵犯知识产权刑事案件具体应用法律若干问题的解释》规定："未经注册商标所有人许可，在同一种商品上使用与其注册商标相同的商标，具有下列情形之一的，属于《刑法》第 213 条规定的'情节严重'，应当以假冒注册商标罪判处三年以下有期徒刑或者拘役，并处或者单处罚金：（一）非法经营数额

---

① (2021)京 03 刑终 31 号。

在五万元以上或者违法所得数额在三万元以上的;(二)假冒两种以上注册商标,非法经营数额在三万元以上或者违法所得数额在二万元以上的;(三)其他情节严重的情形。具有下列情形之一的,属于《刑法》第213条规定的'情节特别严重',应当以假冒注册商标罪判处三年以上七年以下有期徒刑,并处罚金:(一)非法经营数额在二十五万元以上或者违法所得数额在十五万元以上的;(二)假冒两种以上注册商标,非法经营数额在十五万元以上或者违法所得数额在十万元以上的;(三)其他情节特别严重的情形。"

　　最高人民检察院、公安部《关于公安机关管辖的刑事案件立案追诉标准的规定(二)》第69条规定:"未经注册商标所有人许可,在同一种商品上使用与其注册商标相同的商标,涉嫌下列情形之一的,应予立案追诉:(一)非法经营数额在五万元以上或者违法所得数额在三万元以上的;(二)假冒两种以上注册商标,非法经营数额在三万元以上或者违法所得数额在二万元以上的;(三)其他情节严重的情形。"

(二)典型案例

　　未经注册商标所有人许可,被告人甲、乙通过淘宝网三家店铺销售假冒美的、苏泊尔和九阳品牌的电磁炉面板,被告人甲负责进货、销售,被告人乙偶尔负责客服及发货,销售金额共计140万余元。被告人丙、丁、戊事先预谋,购入无标识的电磁炉面板及假冒美的、苏泊尔、九阳注册商标的丝网印刷版,并委托被告人己在其经营的电器加工厂进行假冒美的、苏泊尔、九阳商标标识贴标加工。在未经注册商标所有人许可的情况下,被告人己、庚对上述电磁炉面板进行假冒贴标加工,获取加工费33 321.4元。被告人丙、丁、戊未经注册商标所有人许可,将委托被告人己、庚加工完成的假冒电磁炉面板销售给甲、乙,并通过淘宝网上两家店铺销售,被告人丙负责购入原材料、委托加工、接单及销售,被告人丁负责打包、送货,被告人戊负责打包、客服,销售金额共计72万余元。

　　最终,被告人甲犯销售假冒注册商标的商品罪,判处有期徒刑三年,缓刑四年六个月,并处罚金人民币六十六万元;被告人乙犯销售假冒注册商标的商品罪,判处有期徒刑一年,缓刑一年六个月,并处罚金人民币五万元;被告人丙犯假冒注册商标罪,判处有期徒刑三年,缓刑四年,并处罚金人民币二十五万元;被告人丁犯假冒注册商标罪,判处有期徒刑一年六个月,缓刑二年,并处罚金人民币十万元;被告人戊犯假冒注册商标罪,判处有期徒刑一年,缓刑一年六个月,并处罚金人民币五万元;被告人己犯假冒注册商标罪,判处有期徒刑三年,缓刑三年六个月,并处罚金人民币十五万元;被告人庚犯假冒注册商标罪,判处有期徒刑一年,缓刑一年六个月,并处罚金人民币五万元。[①]

---

①(2020)浙0212刑初872号。

参 考 文 献

[1] 包庆华.现代企业法律风险与防范技巧解析.北京:中国纺织出版社,2006.

[2] 王宾容,王霁霞,孙志燕.企业管理中的法律风险及防范.北京:经济管理出版社,2005.

[3] 张晓远,赵小平.合同法学.成都:四川大学出版社,2010.

[4] 陈兴良.规范刑法学(上册).4 版.北京:中国人民大学出版社,2017.

[5] 高铭暄,马克昌.刑法学.7 版.北京:北京大学出版社,2016.

[6] 丁朝阳,孙竑.企业合同管理中的法律风险管理与防范策略探析.法制与社会,2019(10).

[7] 李继东.探讨如何应对电力企业合同管理的法律风险.科技创新导报,2019(29).

[8] 冯晨.合同管理法律风险识别及防范.天津经济,2019(11).

[9] 柴敬,薛美娟.强化合同管理规避法律风险.中国电力企业管理,2019(9).

[10] 张蕊,管考磊.企业高管侵占型职务犯罪对企业价值的影响研究.当代财经,2019(10).

[11] 中华人民共和国民法典.

[12] 中华人民共和国劳动法.

[13] 中华人民共和国劳动合同法.

[14] 中华人民共和国招标投标法实施条例.